노자의 老子
인생 강의

노자의 老子
인생 강의

각자도생의 시대에서 찾은
환대와 공존의 길

신정근 지음

H

환대하는 삶을 살고 있는가

우리는 학교에 다닐 때 교과서를 통해 외모, 성별, 인종, 지연, 학연 등을 이유로 현실에서 다른 사람을 차별하면 안 된다고 배웁니다. 나아가 타자를 환대하자고 배웁니다. 하지만 우리는 현실에서 기회를 찾기 위해 온갖 노력을 다하고 자신이 가진 능력을 최대로 발휘해도 편견에 뿌리를 둔 차별과 납득되지 않는 실패를 반복적으로 경험합니다. 이때 우리는 현실이 교과서(법)와 같을 수 없다는 생생한 교훈을 얻게 됩니다. 이런 상황에서 우리는 교과서로 돌아가야 할까요, 아니면 현실을 인정해야 할까요?

우리는 누군가 일정한 나이가 되거나 군대를 다녀오면 "이제 철이 들었구나!"라는 말을 자주 합니다. 이런 말은 한편으로 대견하게 들립니다. 이제는 앞뒤 사정을 고려하지 않고 마구 고집을 피우지도, 객기를 부리지도 않기 때문이죠. 다른 한편으로 그 말은 쓸쓸하게 들리기도 합니다. 청소년이 자신의 눈으로 세상을 바라보겠다는 뜻을 접고, 이상보다 현실에 순응하게 되었기 때문이죠. 즉 청소년이 성인으로 바뀌면서 현실에서 강고하게 작동하는 기성의 질서를 숙지하여 교과서(법)와 현실의 역관계를 파악했다는 뜻일 것입니다. 이렇게 '현실 중심주의자'가 늘어나고 '교과서 신뢰파'가 줄어들게 됩니다.

철든 사람이 많아지면 교과서를 배운 사람도 하나씩 둘씩 현실이 교과서의 내용과 똑같을 수 있다고 믿지 않습니다. 현실 중심주의자들은 현실에는 교과서에는 없는 내용이 더 많이 있다고 주장합니다. 이 때문에 현실에서 "교과서대로"를 외친다면 "아직 뭘 모른다"며 철이 덜 들었다고 여깁니다.

우리는 보통 일정 학력을 갖추면 취직을 준비하게 됩니다. 이때 현실에 먼저 뛰어든 선배들은 후배들에게 "당신 아니더라도 쓸 사람이 많다."며 차가운 현실을 일깨워줍니다. 취업이 만만치 않다는 사실을 알려주는 말이지만, 그 말에서 사람은 인격을 가진 존재가 아니라 철저히 노동력을 갖춘 인적 자원(Human Resource)으로 고려되고 있습니다. 교과서를 실컷 배운 뒤 사회로 나온 신참은 다시 교과서에 나오지 않은 현실의 원리를 배워야 하는 처지에 놓이게 됩니다. 결국 철든 사람은 이제 꿈(이상)과 희망을 좇는 개성 있는 인물이 아니라 쓸모가 있는 많은 사람 중의 하나가 되려고 합니다.

우리는 교과서에 나오는 대로 늘 공평하게 대우받기를 바라지만, 철든 사람이 많아지면 많아질수록 서로에게 교과서와 반대로 행동하기도 합니다. 때로는 불공평에 저항을 시도하기도 하지만 결국 현실 세계의 강고한 관행에 묻어가게 됩니다. "교과서 따로 현실 따로" 또는 "교과서에 나오지 않은 현실의 위력이 작용하는" 세계가 강고한 질서로 자리 잡게 됩니다. 과거의 친구들이 오랜만에 만나서 "교과서대로 왜 되지 않느냐?"라고 분노하던 시절을 추억으로 떠올립니다. 현실이 될 수 없는 교과서의 가녀린 운명은 언제까지 계속될까요? 2016~2017년 광화문을 비롯해 전국 각지에서 타올랐던 촛불혁명에서 보이듯 현실이 더는 내버려둘 수 없는 최악의 사태에 이르러야 우리는 비로소 교과서를 다시 펼치게 됩니다. "왜 현실이 교과서대로 되지 않느냐?"고 강하게 되묻는 것입니다.

이때 "만약 우리에게 교과서(법)가 없었다면 어떻게 되었을까?"라는 물음을 던질 필요가 있습니다. 위정자가 위법과 탈법을 저지르더라도 교과서가 없으면 시정과 중단을 요청할 수 없습니다. 고통을 겪고 항의를 하며 더 큰 혼란을 피할 수 없습니다. 따라서 아무리 현실이 교과서에 비해 풍부하더라도 '교과서 없는 현실'은 현실 중심주의자에게도 재앙이 될 수 있습니다.

노자도 현실을 위세로 삼아 교과서를 무시하거나 터무니없는 이야기를 지리로 듀갑시키는 신화를 걷어내고자 했습니다. 그 결과 그는 현실이 작용하는 구체적인 메커니즘을 찾아내서 그 안에 차별과 배제의 논리가 작동하고 있다는 것을 밝히고, 새로운 세상을 꿈꾸었습니다. 그이는 차별적으로 돌아가는 현실을 비판하고 공정하고 자유롭게 살 수 있는 세상을 꿈꾸었던 것입니다. 그것이 바로 집필하고 싶지 않았지만 윤희(尹喜)의 부탁으로 쓰게 되었다는 《노자(老子)》의 탄생 맥락입니다. 노자는 세상의 모든 교과서를 없애자고 주장한 적도 없고, 교과서를 맹신하자고 주장한 적도 없습니다. 다만 현실이 어떻게 돌아가는지 정확하게 알려면 차별과 강요의 교과서가 아니라 도(道)가 새겨진 교과서가 부득이하게 필요하다고 보았던 것입니다.

노자는 대와 소, 강과 약, 다와 소, 강(剛)과 유(柔), 남과 여 등 세상의 다양한 이항 대립의 개념짝들 중 하나를 기준으로 세워놓고 사람들을 그쪽으로 몰아가며 다른 쪽에 비난을 퍼붓는 사회를 비판하고 있습니다. 그 사회에서 사람은 세상의 전체가 아니라 일부만 바라볼 수 있습니다. 이처럼 전체를 보지 못하므로 사람들도 자신의 진상이 아니라 가상을 향해 나아가게 됩니다. 가령 강자는 실상 자신의 건강과 영혼을 해치고 있으면서도 성공의 신화에 도취되어 약자를 이해할 수 없는 '무자격자'로 봅니다. 강자는 어부의 그물에 낚여 물을 떠나면서도 소어(小魚)를 향해 '자신의 우람한 몸체'를 자랑하는 대어(大魚)의 신세와 다를 바가 없습니다.

《노자》는 대와 소, 강과 약 등의 개념짝을 선과 악의 도식으로 환원하는 이항 대립의 사고에 길든 망상(網狀) 사회를 벗어나는 길을 제시하고 있습니다. 세상에 쳐진 그물이 참으로 넓어서 우리는 스스로 자유롭다고 착각할 수 있습니다. 하지만 어부가 손아귀에 힘을 넣고 당기기만 하면 그물 속에 든 모든 것은 운신의 폭을 넓히려고 파닥거리며 바로 옆에 있는 것을 건들게 됩니다. 이때 우리는 비로소 부자유의 그물을 의식하게 됩니다.

그물을 찢고 그 밖으로 나가 자유롭게 헤엄칠 것인가, 아니면 계속 파닥거리며 그물 속에서 자신만의 작은 틈새를 찾으려고 몸부림을 칠 것인가? 《노자》에서는 우리가 그물을 벗어나지 않는 한 부자유의 상태를 벗어날 수 없다면서 탈출을 감행하도록 제안하고 있습니다. 교도소가 아무리 최신식 시설에 밥도 잘 나온다고 하더라도 결국 교도소일 뿐입니다. 그물은 늘 우리를 편안히 보호하는 둥지가 아니라 움직일 때마다 옥죄는 사슬에 불과합니다. 그물에서 탈출하는 것은 우리를 억압의 틀로 묶으려는 적대적인 기도를 무산시키는 활동일 뿐만 아니라 우리를 자유의 세상으로 초대하는 길이기도 합니다. 이 때문에 저는 《노자》를 타자를 환대하는 '손님 존재론'의 '객(客)'과 변덕을 부리지 않는 한결같음의 '상(常)' 중심으로 읽어내고자 했습니다.

책에 수록된 사진은 제가 방학을 맞이하여 중국 사상가의 고향과 사적을 돌아다니면서 직접 찍은 자료입니다. 국내에 처음으로 소개되는 경우도 적지 않습니다. 노자의 고향은 베이징이나 상하이처럼 국제적인 대도시가 아니라 외국인이 잘 찾지 않는 소도시이거나 시골입니다. 장소를 이동할 때면 승합차 안에서 중국인과 몸을 맞대고 한참을 가는 일도 허다합니다. 그들은 "도대체 무엇이 볼 게 있다고 이곳을 찾아왔느냐?"는 호기심을 보여줍니다. 이런 이야기를 하면 가족과 지인은 답사를 나서는 저에게 별 탈 없겠냐며 걱정하곤 합니다. 사실 얼마간의 두려움이 왜 없겠습니까만, 지금까지 중국 어디를 가더라도 몇 차례 바가지요금을 뒤집어쓴 경우를 제외하고 외국인이라고 대놓고 차별당하는 경험은 없었습니다.

대부분 낯선 이방인에게 친절하게 안내해주고 똑같은 사람으로 대우해줍니다. 가던 걸음을 멈추고 앞장서서 제가 가고자 하는 곳까지 데려다주는 일도 있습니다. 더러 속는 경우도 있지만, 이것은 중국판 '유홍준'에 해당하는 위치우위(余秋雨) 같은 사람도 다른 도시를 찾아갔을 때 겪는 일입니다. 전체적으로 보면 짧은 시간에 먼 거리를 돌아다니느라 몸은 고달프지만 마음은 편한 여정을 보냈습니다.

노자의 말처럼 '외'국인과 '내'국인에 대한 이항 대립의 사고를 벗어 나서 타자를 따뜻하게 맞이하는 환대(歡待)를 받았다고 할 수 있습니 다. 이처럼 현실에서 차갑게 내치는 냉대(冷待)가 아니라 환대를 경험 했기 때문에 노자의 철학과 이야기가 더 현실성 있게 다가옵니다. 이렇 게 보면 교과서는 물질적 형태의 책자에만 있는 것이 아니라 다양한 형 태로 현실에 존재한다고 할 수 있습니다. 여기서 교과서가 현실과 대립 만 하는 것이 아니라 서로 상승작용을 할 가능성을 발견합니다.

이 책도 전작 《공자의 인생 강의—논어, 인간의 길을 묻다》(2016)와 비슷한 출생의 비밀을 가지고 있습니다. 처음부터 원고 형식으로 집필 되지 않고 인터넷 교육 방송으로 먼저 세상에 모습을 나타냈습니다. 저 는 2015년 하반기에 K-MOOC 《논어》와 비슷한 형식으로 방송통신 대학교 프라임칼리지(prime college) 프로그램 중 '새롭게 보는 동양철 학 노자'의 10회 강연을 맡았습니다. 강연 촬영이 끝나고 그 내용을 녹 취한 뒤 다시 보충과 윤문의 작업을 하고서 책의 꼴을 갖춰서 여러 독 자들에게 인사를 하게 되었습니다. 촬영은 짧은 시간에 끝나지만 그 뒤 에 긴 시간에 걸쳐 《노자》를 읽으며 정리했던 사유의 결실을 원고에 반 영했습니다. 시간의 제약 때문에 촬영 당시에 말하지 못한 내용이 책 에 추가되었습니다. 인터넷의 사이버 공간은 한정된 시간에만 가능한 교실 수업의 한계를 뛰어넘는 새로운 소통의 장이라고 할 수 있습니다. 한 번 촬영하면 언제 어디서든 재활용할 수 있을 뿐만 아니라 평생교육 의 장으로 활용될 수 있는 장점을 가지고 있으니까요.

이 책은 전작의 공자에 이어 중국 고대의 제자백가 중 한 사람인 노자에게 인생 강의를 듣는 형식입니다. 처음에는 예상하지 않았지만 공자와 노자로 인생 강의를 하다 보니 어느새 시리즈 형식이 되어버린 듯합니다. 앞으로 다른 사상가로 계속 이어질지 모른다는 생각이 들기도 합니다. 강의를 하다 보면 준비하고 촬영하며 편집하는 과정에서 많은 것을 배웁니다. 《노자의 인생 강의》도 필자이기도 하면서 최초의 독자이기도 한 시간이었습니다.

이 책의 출간에도 고마운 사람들과의 만남이 빠질 수가 없습니다. 양은아 선생님은 일면식도 없는 저에게 연락하여 노자 강연을 촬영하는 기회를 제공했고, 원고를 녹취하는 노고를 아끼지 않았습니다. 거칠게 녹취된 원고를 다시 방송과 비교하며 확인하는 작업을 하고 편집에 세세하게 공을 들인 휴머니스트 출판사에 감사의 마음을 전합니다. 그리고 연구와 글쓰기 작업을 좀 더 편하게 할 수 있도록 새로운 둥지를 마련해준 든든한 반자(伴者)에게 고맙다는 말을 전합니다. 마지막으로 녹자들께서 책 속에 들어 있는 서툴고 미흡한 주장과 내용을 지적해주신다면 앞으로 수정하도록 하겠습니다.

2017년 가을
느린그릇 만기당(晚器堂) 수어재에서
여여 신정근 씁니다

차례

兵

춘추전국시대에 부는 변화의 바람

반갑습니다. 저는 여러분이 《노자》를 새롭게 읽을 수 있도록 도와드리릴 신정근입니다. 첫 번째로 살펴볼 주제는 춘추전국시대에 부는 변화의 바람입니다. 제자백가가 등장하기 전의 주(周)나라는 천자 중심의 나라였습니다. 하지만 기원전 9세기경부터 천자의 힘이 약해지고 나라 안팎으로 여러 혼란을 겪으면서 주나라의 안정이 흐트러지기 시작합니다. 이 무렵 제자백가가 등장해 혼란을 잠재우고 안정을 되찾기 위해 노력하는데, 그들이 바로 노자와 장자, 공자와 맹자 등이고, 그들이 남긴 책이 오늘날 우리가 읽고 있는 《노자》와 《장자(莊子)》, 《논어(論語)》와 《맹자(孟子)》 등입니다.

본론에 들어가기에 앞서 《노자》를 읽을 때 강조하고 싶은 두 가지 시각이 있습니다. 하나는 '이면적 사고'이고, 다른 하나는 '손님의 환대'입니다. 노자는 다른 사람과 함께 같은 현상을 보더라도 늘 드러나지 않은 이면을 살피려고 했습니다. 예를 들어 원전의 경우 보통 에너지 수급의 관점에서 저비용 고효율을 강조합니다. 결과가 쉽게 드러나서 누구나 볼 수 있는 측면을 강조하는 셈이죠. 이를 정면적 사유 또는 긍정적 사고라고 할 수 있습니다.

반면 원전은 1979년 미국의 스리마일섬 원전 사고, 1986년 소련의 체르노빌 원전 사고, 2011년 일본 후쿠시마 원전 사고에서 보이듯 단 한 번의 사고로도 인간과 생태계에 치명적인 영향을 줍니다. 세 사건을 계기로 원자력 발전소의 효율성에 가려진 안전성이 중요한 문제로 대두되었습니다. 지금 당장 문제가 되지는 않지만 언젠가 커다란 재앙을 몰고 올 위험성을 미리 밝혀내서 세상에 경고한다면 '안전한 원전의 신화'가 그대로 먹혀들지 않습니다. 앞을 보면서 뒤를 캐고, 위를 살피면서 밑을 들추는 것이죠. 이를 이면적 사유 또는 부정적 사고라고 할 수 있습니다. 이면적 사고는 정면적 사고가 멈춘 지점에서 한 걸음 더 들어가서 "과연 괜찮은가?"라는 질문을 던집니다.[1]

《노자》를 읽다 보면 정면적 사유보다 이면적 사유의 자취를 많이 만나게 됩니다. 이 때문에 자칫 노자를 사회의 어두운 면만 보려고 애쓰며 우울하고 비딱한 사람으로 여길 수 있습니다. 사실 노자는 꽤나 명랑하고 유쾌하며 자연을 즐기는 사람입니다. 하지만 그이는 모든 사람이 '예스'라고 하는 상황에서 그대로 따르지 않고 '노'의 가능성을 찾을 정도로 깊은 사유를 하는 인물입니다. 우리도《노자》와 친해지면 어느새 남들이 보지 못하는 이면을 살피는 예리한 눈을 가지게 될 것입니다. 그 눈은 노자가 자신의 글을 읽는 사람에게 주는 선물입니다. 눈들이 많아지면 우리 사회의 어두운 면이 잘 드러나게 될 것입니다.

요즘 일상생활과 철학에서는 주인의 역할과 자세를 강조합니다. 그러다 보니 사람은 자연히 앞으로 나서는 것을 바람직하게 여기고, 너도나도 "저요! 저요!"를 외치며 자신을 바라봐주기를 바랍니다. 앞날을 기획하여 추진력을 발휘하면 주체적으로 활동한다며 긍정적으로 평가합니다. 이러지 않고 뒤로 한걸음 물러나 있거나 일이 풀려나가기를 느긋하게 기다리면 소극적이라거나 수동적이라고 나무라기도 합니다. 심지어 사태에 주체적으로 대응하지 못한 채 이리저리 끌려 다닌다며 노예의 태도라고 부르기도 합니다.

노자는 대열의 선두를 경쟁하고 자신의 뜻대로 미래를 기획하고자 하는 주인(주체)의 태도가 일상과 세계를 효율성과 성취의 지표(index)로 환원하여 발전과 지배의 담론을 펼친다고 봅니다. 하지만 자연을 보면 누가 나서지 않아도 주기와 흐름에 따라 생명 활동이 활발하게 펼쳐지고 있죠. 노자도 주인이 아니면 노예라는 이분법의 틀에서 일상과 세계를 바라보지 않습니다. 오히려 우리에게 갈등을 낳는 과도한 주인 의식을 내려놓고 타자를 환대하는 손님의 관점에서 일상과 세계를 바라보라고 제안하고 있습니다.

일상과 세계는 주인들이 서로 싸워서 이겨 차지하고 운영하는 사유 영토가 아니라 손님들이 서로 거리낌 없이 만나서 노닐며 반기고 어울리는 공유 지대가 됩니다. 사유 영토에서는 주인끼리 거래가 일어나며 성공과 실패의 이야기가 생겨날 때마다 환희와 한숨 소리가 번갈아 들립니다. 반면 공유 지대에서는 손님끼리 조우가 일어나며 자연과 공감이 쉼 없이 일어나고 그때마다 환대와 환영의 소리가 시끌벅적하게 들립니다.

각자 살길을 찾는 시대

이야기를 풀어나가다 보면 황하(黃河) 중하류 지역에서 지배력을 행사했던 나라들 이름이 여러 번 나올 텐데, 미리 정리하지 않으면 헷갈리실 것 같아서 간단하게 설명을 드리도록 하겠습니다.

먼저 은(殷)나라부터 시작해볼까요? 은나라는 기원전 1600년부터 기원전 1066년까지 지배권을 행사한 나라였습니다. 그다음에 주나라로 지배권이 넘어가게 됩니다. 주나라의 통치 기간은 기원전 1066년부터 기원전 221년까지입니다. 그런데 이 기간을 통틀어 주나라로 부르기도 하고, 크게 두 시기로 나누어 기원전 1066년에서 기원전 771년까지를 서주시대, 기원전 770년에서 기원전 221년까지는 동주시대로 부르기도 합니다.

여기까지만 해도 복잡해서 벌써 머리가 아파올 지경인데, 동주시대는 또다시 두 시기로 나뉘게 됩니다. 그러니까 전반부인 기원전 770년에서 기원전 403년까지는 춘추시대로 부르고, 이어서 전국시대가 등장합니다. 기원전 403년부터 기원전 221년까지죠. 그다음에 등장하는 것이 진(秦) 제국입니다. 진시황과 만리장성, 그리고 시안(西安)의 병마

용갱 등으로 잘 알려진 진나라에 의해 통일되는 것이 기원전 221년입니다. 이 이름들과 시기를 미리 파악해둔다면 앞으로 나올 이야기를 이해하는 데 도움이 되실 겁니다.

주나라 시대의 특징을 이해하려면 독특한 사회 신분 제도를 이해해야 합니다. 천자는 한 사람인데, 혼자서 그 넓은 영토를 다 직접 지배할 수는 없지 않습니까? 그러면 이 문제를 어떻게 극복하겠습니까? 자기와 생각이 같은 사람, 자기를 지지할 사람, 자기 분신과 같은 사람, 즉 배신하지 않을 사람들을 군사적으로나 정치적으로 중요한 곳곳에 배치해두면 되겠죠. 무슨 문제가 생기면 이들이 나서서 천자를 대신하여 해결하면 되니까요. 그래서 140여 명의 제후를 중요한 거점에 왕으로 분봉해줍니다. 용어가 낯설어 어렵다면 천자와 제후의 관계를 본사와 지점의 관계에 비교해도 좋습니다. 지점은 해당 지역의 영역을 책임지고 관리하는 반면, 본사는 개별 지점들을 전체적으로 관리하여 회사의 성장을 이끌어나갑니다. 천자가 본사 회장님에 해당된다면 제후는 지점장에 해당되는 셈이죠.

제후도 천자와 마찬가지로 혼자서 넓은 지역을 직접 통치할 수는 없습니다. 그래서 자신의 관할 지역 중 일정 영역의 지배권을 경대부에게 주게 됩니다. 그러면 또 경대부는 사를 통해서 지배권을 행사하고, 그 사는 또다시 경제적인 이익을 낳는 농, 공, 상을 관리합니다. 이러한 신분제도에 의해서 주나라라는 정권이 통치권을 행사했습니다. 결국 주나라 천자는 시대적 한계로 인해 지배 영역을 직접 통치하지 않고 분할하여 위임하는 방식을 채택했던 것입니다. 요즘 말로 하면 천자는 하도급과 재하도급의 과정을 통해 통치 질서를 확립하고자 한 거죠.

지금까지의 내용을 간단하게 지도로 살펴볼까요? 지도 1의 중앙에서 약간 왼쪽으로 가면 호경(鎬京)이 있고, 그 오른쪽에 낙양(洛陽)이 있습니다. 앞서 서주와 동주를 설명했는데, 그러면 호경과 낙양 중 어디가 동쪽이겠습니까? 낙양이죠. 이곳이 바로 동주의 수도였습니다. 당연히 호경이 서주의 수도였고요. 이 낙양은 오늘날 책이 많이 팔릴 경우 "낙양의 지가를 올린다."라는 말에 나오는 바로 그곳입니다.

그다음에 동북쪽으로 연(燕), 제(齊), 노(魯), 송(宋), 진(晉) 등이 있고, 동남쪽으로 오(吳)가 있습니다. 이 나라들은 서주시대에 주나라 천자에 의해서 제후로 봉해진 사람들이 다스리던 제후국이었습니다. 만약 이 제후들이 각자 자신이 맡은 지역을 안정적으로 다스리기만 했다면 주나라가 무너지는 일은 없었겠죠. 그렇다면 왜 서주시대는 초기에 권력을 나누거나 중요한 지역마다 제후를 세워 안정을 누리던 사회질서의 체제가 시간이 흐르면서 혼란을 일으키게 되었을까요?

애초의 계획과 희망대로 제후들이 천자 중심의 세계 질서를 수호하는 울타리 역할, 즉 주나라 수도가 아니라 먼 지역에서 반란이 일어나거나 정치적으로 위기가 있으면 해당 지역에 가까운 제후가 먼저 그 사태를 수습하는 역할에 충실했다면 천자에게 위기가 닥치지 않겠죠. 그런데 시간이 흐르고 제후들이 서로 경쟁하게 되면서 자신의 이해를 앞세우기 시작합니다. 천자의 울타리 역할보다는 자기 제후국을 안정되게 하거나 부강하게 만들겠다는 개인적인 야욕을 품게 되는 거죠. 이제는 제후들이 천자를 보호해야겠다는 공동의 목표를 가지지 않고 각자

연

황하

진 제

노

낙양

송

호경

회수

오

장강

○ 도성
● 주요 제후국 수도

지도 1 서주시대 지도

자립하려는 개별 의식을 가지게 되었다는 겁니다.

처음 서주시대의 140여 개 제후국은 천자의 나라를 수호한다는 공동의 목표와 형제자매의 나라라는 공통 의식을 가졌습니다. 그렇지만 제후국들이 점점 형제자매의 나라보다도 자기 나라를 더 강하게 만들겠다는 경쟁의식을 가지게 되고, 또 시간이 지나면서 혈연 의식은 옅어졌어요. 여러분도 부모와 형제 다음에 사촌이나 팔촌 등으로 넘어가면 친척이라는 의식이 약해지는 것처럼, 제후들도 시간이 흐르면서 혈연 의식이 점점 약해지는 겁니다. 또 개인적인 야심이 생기면서 경쟁이 더 치열하게 되고, 선의의 경쟁에서 벗어나 오로지 승리만 꾀하게 되면서 형제자매의 사이는 멀어져서 다시 친할 수 없는 원수처럼 되어버린 것이죠. 이렇게 연대의 측면은 약해지고 경쟁의 측면은 강해지는 거죠. 그래서 전에는 연대하던 형제의 나라들이 이제는 강한 나라가 약한 나라를 공격하여 멸망시켜버리는, 그래서 자신의 땅으로 차지해버리는 멸국치현(滅國置縣)이 일어난 겁니다.[2]

이렇게 제후국들 사이에 힘의 차이가 점점 더 커지게 되자 각자 생존을 위해서 부국강병(富國强兵) 또는 광토중민(廣土衆民)을 추진하면서 다른 나라에게 뒤처지지 않아야겠다고 생각합니다. 경제력에 의해 뒷받침되는 강병이 생존의 중요한 길로 추진되기 시작한 거죠. 다른 나라에게 뒤처지면 언제 공격당할지 모른다는 위기의식을 가지게 된 겁니다. 그래서 각자도생(各自圖生)의 시대, 즉 공동의 목표를 잃어버리고 각자 살길을 찾는 시대로 변하게 되었던 것입니다.

춘추전국시대에 등장한 제자백가는 이런 시대에 어떻게 하면 서주시대의 정치적인 안정을 재연할 수 있을까 하는 것을 목표로 삼았던 것입니다. 그러기 위해 제자백가는 제일 먼저 부국강병이 유일한 길인지, 아니면 다른 제2, 제3의 길이 있는지 숙고하지 않을 수 없었습니다.

춘추전국시대의 새로운 현상

춘추전국시대에는 서주시대나 그 이전에는 없던 새로운 사회적 현상들이 생겨납니다. 먼저 우리가 알고 있는 공자나 맹자, 장자 같은 사람들의 고향이 어디인지를 알아보도록 하겠습니다. 오늘날 산둥 반도를 보면 해안 쪽에 제나라가 있었고 그 옆에 노나라가 있었습니다. 노나라 취푸(曲阜)가 바로 공자가 태어난 곳입니다. 거기에서 남쪽으로 조금 떨어진 곳에 쩌우청(鄒城), 즉 추나라가 있었습니다. 그곳은 맹자가 활약한 지역입니다. 그 아래쪽에 조(曹)와 송이 있었죠. 그곳이 노자와 장자가 활약한 지역입니다. 그 동남쪽에 오나라가 있었는데, 병법으로 유명한 손자가 활약한 곳입니다.

전국시대에 이르면 국경선이 조금 정돈됩니다. 서주시대만 하더라도 140여 개의 나라가 있었는데, 전국시대에는 일곱 개의 나라만 남게 되니까요. 여러분이 아시는 것처럼 이를 전국칠웅(戰國七雄)이라고 부릅니다. 그러면 춘추시대까지 있던 작지만 많은 나라는 다 어디로 갔을까요? 냉혹하게 들릴지 모르겠지만 이 일곱 개의 나라에 의해 다 멸망되어 현실이 아니라 역사의 대상이 되었습니다. 그러니까 앞선 시대의 많은 나라가 부국강병, 약육강식의 시련을 견디지 못하고 일곱 개의 나라로 정리된 것이죠.

동북쪽 제일 위쪽에 연나라가 있고, 그 오른쪽에 제나라가 있고, 왼쪽에는 조나라, 그 아래에 위나라와 한나라가 있고, 제일 왼쪽에는 진나라, 제일 남쪽에는 초나라가 있습니다. 이렇게 일곱 나라가 다시 경쟁하는 상황이 전국시대입니다. 앞서 말씀드렸듯이 이 일곱 개의 나라가 생존 게임을 하다가 최후의 승자가 된 게 진나라입니다. 진나라가 나머지 여섯 개의 나라를 병합하면서 통일을 하게 되죠.

지금까지 살펴보았던 것들을 숫자로 간명하게 정리해보겠습니다.

140 → 7 → 1

이것은 140에서 7을 거쳐서 1이 되는 변화의 단계를 나타냅니다. 앞서 설명한 것처럼 서주시대에 천자는 오늘날 시안, 즉 호경이라는 곳에 도읍을 두고 있었습니다. 그때 가장 큰 걱정이 무엇이었을까요? 중국 지도를 놓고 보면, 호경은 서쪽에 치우쳐 있습니다. 그래서 동쪽에서 정치적인 문제가 일어나면 대응하기가 어렵죠. 그 때문에 공족이나 혈족을 제후로 삼아 정치나 군사적으로 중요한 거점에 보냈다고 말씀드리지 않았습니까? 이게 140개국이었어요. 그런데 전국시대가 되면 대부분 망하고 겨우 일곱 개의 나라만 남았습니다. 그사이에 133개나 줄어든 겁니다. 이것이 마지막에 1이 되었다는 것은 여섯 개의 나라가 사라진 것입니다. 출발 지점인 서주시대에서 보면 139개의 나라가 줄어든 거죠.

이처럼 140여 개의 나라에서 점점 줄어드는 단계가 있습니다. 여러분이 그때 한 나라의 운명을 책임지고 있는 제후라고 가정해보세요. 그렇다면 여러분은 무엇을 목표로 삼겠습니까? 가만히 앉아서 최후를 기다릴까요? 만약 자신이 어떤 노력을 하더라도 망할 수밖에 없는 운명이라면, 사회 제도를 개혁한다든지 온갖 노력을 다해 부국강병을 꾀하더라도 결국 실패로 끝난다면 어쩔 수 없이 멸망될 수밖에 없겠죠. 하지만 운명을 알 수 없다면요? 과연 당시 제후들은 어떻게 했을까요?

만약 여러분이 학생이라면, 중간고사나 기말고사 같은 시험 일정이 정해지면 어떻게 해요? 다들 계획을 짜서 공부할 생각을 하죠. 그런데 학창 시절 시험 날짜만 잡히면 무슨 일이 많이 일어나지 않던가요? 군 대 갔던 친구가 휴가를 나온다든가, 집에 갑자기 일이 생긴다든가 해서 편안히 공부만 할 수 있는 조건이 갖추어지지를 않아요. 그러면 오늘은 휴가 나온 친구와 놀고, 내일부터 공부해야겠다고 마음을 먹어요. 그런데 다음 날에는 어머니가 편찮으세요. 아, 어쩔 수 없이 공부는 내일 해야겠다고 단념하게 되죠. 이런 식으로 시간을 쓰다 보면 시험공부를 할 시간을 다 놓쳐버리잖아요. 그래서 하루나 이틀밖에 안 남았지만 이때라도 공부하면 되는데, 사람 마음이 그러지 못하죠. 대부분 "이왕 이렇게 된 거 이번에는 놀고 다음에 잘하지 뭐."라고 생각하지 않습니까?

전국시대도 마찬가지라는 거예요. 앉아서 밤낮의 변긴을 기다릴 것인가, 아니면 살아남을 길을 찾을 것인가? 역사의 수레바퀴를 거꾸로 돌려서라도 자신이 망하지 않도록 노력해야 하는데, 아무리 해도 안 된다는 생각이 들면 뭘 해야겠다는 생각을 가지지 못하게 됩니다. 하지만 할 수 있는 건 뭐든 해야 하는 거죠. 방금 시험공부를 예로 들었습니다만, 하루만 남았더라도, 반나절이나 한 시간만 남았더라도 아무것도 하지 않는 것보다는 조금이라도 노력한 다음 시험을 친다면 조금은 더 잘볼 거라고 생각할 수 있지 않습니까? 전국시대에도 마찬가지였다는 겁니다. 아무리 불리한 여건이라도 살아남을 가능성을 찾아야겠다는 겁니다. 내가 어떻게 하느냐에 따라 살아남을 가능성이 높아질 수 있으니까 할 수 있는 모든 방안을 모색하려는 것이죠.

그다음에 미래는 과연 준비하는 자에게 유리하게 모습을 드러내느냐는 것입니다. 한자로 미래는 '아직 未(미)' 자에 '올 來(래)' 자예요. 풀이하면 아직 오지 않은 거죠. 옛사람들은 미래를 전혀 알 수 없는 미지의 세계라고 생각했어요. 그런데 여러분의 경험과 한 번 비교해서 생각해보세요. 만약에 여러분이 돈을 모아 해외여행을 간다면, 어떤 사람이 여행을 갈 수 있을까요? 미리 목적지를 정하고, 인터넷에서 정보를 찾아보고 관련 서적을 구해 읽으며 비용을 차근차근 모은 사람이 여행을 가는 거잖아요. 그러면 해외여행지는 가보지 않아 전혀 알 수 없는 미지이거나 완전히 깜깜한 세계가 아니라, 평소에 내가 어떻게 하느냐에 따라서 어디든지 여행을 갈 수 있는 미래의 장소가 되는 거죠.

그래서 요즈음 사람들은 미래가 어떤 식으로 되리라고 확언할 수는 없지만, 전혀 알 수 없는 깜깜한 것은 아니라고 생각합니다. 예컨대 여러분이 평소에 아무런 준비도 하지 않다가 어느 날 갑자기 해외여행을 갈 수는 없습니다. 해외여행을 가겠다고 준비하는 사람이 멀리 떠날 수 있지, 마을에 산책 갈 준비만 하는 사람이 어느 날 갑자기 해외여행을 갈 수는 없죠. 준비하지 않은 사람에게 올 미래가 아니라는 겁니다. 그래서 요즈음은 미래란 내가 방향을 정해서 목표를 향해 가면 다가올 수 있다고 생각하는 거죠.

마찬가지로 전국시대를 앞둔 140여 개 나라의 제후들은 무엇을 생각해야 될까요? 당시 가만히 앉아 있어도 사방에서 주변 나라의 정황에 대한 이야기가 들려옵니다. A라는 나라가 다른 나라한테 공격을 받아서 망했다는 소식은 그 나라만의 이야기가 아니라 언젠가 내 이야기가 될 수도 있는 거죠. 그런 상황에서 고려할 수 있는 길은 대체로 세 가지가 있습니다. 첫 번째는 이왕 망할 거니까 그냥 가만히 앉아서 최후를 기다리겠다는 생각입니다. 이렇게 하면 역사의 수레바퀴에서 사라지겠죠. 사라진 139개의 나라에 포함되는 거예요. 이와 달리 어떻게 하면 살아남을 수 있을까 길을 찾는 방법도 있는데, 그게 반드시 성공한다는 보장은 없습니다. 그래도 할 수 있는 것은 다 한다는 태도입니다. 이것이 두 번째 노선입니다. 세 번째는 평소 차곡차곡 준비해서 끝까지 살아남는 자가 되는 거죠. 그러니 140여 개의 나라에서 일곱 개의 나라로, 다시 진시황에 의해서 하나의 나라로 통일된 게 우연이 아니라는 겁니다. 우리는 진시황이 폭군이었다는 것만 알고 있는데, 진시황은 차곡차곡 준비를 했기 때문에 처음의 140여 개 나라가 결국 진나라로 귀결되는 일이 일어나게 되었습니다.[5]

여러분도 자신의 미래에 대해서 관심이 많을 겁니다. 확정되지 않은 미래가 어떤 모습으로 다가올 것인지 불안하기도 하고 궁금하기도 하고 기대가 되기도 할 텐데, 그 미래는 그저 다가오는 것이 아니라 여러분의 노력에 따라 다른 모습으로 다가올 수 있습니다.

제자백가의 세 가지 대응

앞에서 서주시대의 안정된 국면에서 어떻게 춘추전국시대라는 혼란한 국면으로 들어왔고, 제자백가나 제후들은 각자 목표를 무엇으로 정해야 될까 고민할 수밖에 없던 시대였다고 말씀드렸는데, 고민만 하면 뭐해요? 답을 찾아내야 되는 거잖아요. 고민만 하고 앞으로 나아가지 않으면 해결될 리가 없죠. 청춘의 특권이 회의이기는 하지만, 회의만 한다고 자기의 문제나 시대의 문제가 해결되는 것은 아니죠. 해답의 실마리를 찾아야 합니다.

그렇다면 제자백가는 이런 혼란의 시대를 풀어가기 위해서 어떤 해답을 찾았는지 살펴보도록 하겠습니다. 그 답들의 가장 중요한 계기가 자기 보존과 부국강병입니다. 주변의 여러 나라가 점점 망해가니까 어떻게 하면 내 나라는 망하지 않고 살아남을 것인가 고민하는 겁니다. 대학생 같으면 은행 잔고를 생각하면 되죠. 은행 잔고가 점점 줄어들어 10만 원에서 1만 원으로, 다시 1천 원으로 떨어지면 어떻게 하면 다시 10만 원으로 늘릴 수 있을까 생각하는 것처럼, 어떻게 하면 내 나라가 망하지 않고 살아남을 수 있을까 하고 생각하는 겁니다. 그에 대한 답이 바로 부국강병이었다는 거죠.

이런 시대의 과제를 간단히 말하면 멸국치현의 상황에서 자기 보존의 길을 찾는 것입니다. 멸국치현은 약한 나라를 멸망시켜서 강한 나라의 부속 행정 단위로 만들어버린다는 뜻이죠. 아마 약육강식이라는 말은 많이 들어봤을 겁니다. 강한 나라가 약한 나라를 집어삼켜 버리는 거예요. 이런 상황이니 어떻게 하면 내 나라가 이웃 또는 멀리 있는 강한 나라에게 망하지 않고 살아남을 수 있을까 하는 것을 목표로 정할 텐데, 그게 자기 보존이라는 것입니다. 진화론으로 표현한다면 적자생존이 되겠죠. 그 시대에 적응할 수 있는, 살아남는 비결이라든지 방법을 찾는 겁니다. 어떻게 하면 힘을 비축할 것인가 고민하는 거죠.

그러한 물음에 대한 답들을 모두 살펴볼 수는 없지만, 세 학파 정도로 나누어볼 수 있습니다. 첫 번째는 부국강병이 답이라고 제시한 법가(法家)입니다. 그들은 글자 그대로 나라를 부유하게 하고 군사를 강하게 하라고 주장했습니다. 누구나 약한 나라를 호시탐탐 엿보면서 쳐들어갈 궁리를 하지, 군인과 무기가 많고 경제적으로도 부유한 나라를 쳐들어갈 생각을 하지는 않겠죠. 그래서 이 시대에 살아남으려면 부국강병을 추구해야 된다는 겁니다.

두 번째로 노자의 경우에는 다운사이징으로 삶과 공동체의 규모를 줄이자는 주장을 했습니다. 규모를 키우는 것이 사람과 사람 사이에, 나라와 나라 사이에 갈등을 일으키는 요인이라면, 오히려 나라의 규모를 줄이면 싸움이 일어나기가 어렵다는 십니다. 그게서 노자는 소국과민(小國寡民)이 오히려 실현 가능하고 추진해야 할 길이라고 생각한 것입니다.

세 번째로 공자나 맹자는 인자무적(仁者無敵)을 주장합니다. 상대를 사랑하게 되면 싸울 일이 없다는 겁니다. 여러분의 친구들 중에도 그런 사람이 있지 않나요? "쟤한테는 함부로 말을 못 하겠어. 뭐든지 호의적이고 웃으니까 저 친구에게 뭐라고 나쁜 소리를 하려고 해도 차마 그럴 수 없어."라고 말하잖아요. 인자무적도 같은 맥락의 주장입니다. 늘 다른 사람들에게 도움을 주고 호의적으로 대하니, 그가 나쁘다거나 한번 손을 봐야겠다고 생각하는 사람이 없다는 거죠.

어떻게 하면 살아남을지가 가장 큰 고민이었던 춘추전국시대에 대한 답을 크게 부국강병과 소국과민, 인자무적으로 나눌 수 있습니다.

맹자의 선택, 인자무적

당시의 상황을 상징적으로 보여주는 지도를 보면서 설명을 드리죠. 지도 2를 보면 왼쪽에 진나라가 있고, 그 옆에 조나라와 위나라, 한나라가 세로 방향으로 쭉 있지 않습니까? 여기서 위나라를 주목해보세요. 지도에 표시되어 있듯이 위나라는 안읍(安邑)에서 대량(大梁)으로 수도를 옮깁니다. 이 천도는 위나라가 처한 슬픈 운명을 말해줍니다. 위나라는 옆에 강한 진나라가 있기 때문에 늘 전쟁에 시달리고 수도가 불안한 거예요. 그러니까 언제 망할지 모른다는 생각이 들어서 왕이 수도를 안읍(安邑)에서 대량(大梁)으로 옮긴 겁니다. 우리나라 삼국시대에 백제가 고구려의 공격에 시달리다가 한양에서 웅진(공주)으로 도성을 옮긴 것도 위나라(양나라)와 같은 운명을 겪은 것이지요.

혹시 《맹자》를 읽어보신 분이 있는지 모르겠는데, 《맹자》의 제일 첫 번째 편이 〈양혜왕(梁惠王)〉이에요. 여기서 '梁(양)'이라는 게 중요합니다. '梁'은 원래 '魏(위)'예요. 그런데 대량으로 도읍을 옮기면서 양나라가 된 거예요. 원래는 '魏惠王(위혜왕)'이 되어야 했던 거죠. 이런 상징적인 상황이 말해주는 것은 결국 스스로 지킬 힘이 없으면 수도를 옮기거나 자기 나라의 땅을 일부 떼어주며 쳐들어오지 말라고 부탁해야 하

지도 2 위나라의 상황

는 운명에 놓이게 된다는 겁니다. 약한 나라는 결국 강한 나라에게 당할 수밖에 없는 운명에 놓이게 된다는 거죠.

이렇게 대량으로 수도를 옮기면서 위나라가 양나라가 되었는데, 맹자가 그 양나라 혜왕을 찾아가는 내용이 그려진 것이 바로《맹자성적도(孟子聖迹圖)》에 나옵니다. 맹자의 사상을 알 수 있는 것은《맹자》라는 책입니다만, 맹자의 일생에서 중요한 국면들을 그림으로 나타낸 게《맹자성적도》입니다.[4]

그림 1의 〈유견양혜(遊見梁惠)〉는 맹자가 양나라 혜왕을 찾아가서 이

그림 1 《맹자성적도》 중 〈유견양혜〉

야기하는 장면을 담은 그림입니다. 《맹자》의 제일 첫 편, 첫 대화 상대
가 바로 양혜왕입니다. 앞서 살펴본 시대적 맥락을 보면 왜 〈양혜왕〉이
《맹자》의 첫 편을 장식하는지 알 수가 있겠죠. 맹자가 찾아오자 혜왕이
이렇게 말합니다.

王曰: 叟, 不遠千里而來, 亦將有以利吾國乎?
왕 왈: 수, 불 원 천 리 이 래, 역 장 유 이 리 오 국 호?

노자의 인생 강의

孟子對曰：王何必曰利？亦有仁義而已.
맹 자 대 왈： 왕 하 필 왈 리？ 역 유 인 의 이 이.

왕이 물었다. "노인장, 천 리를 멀게 여기지 않고 우리나라로 오셨는데, 어떻게 하면 우리나라를 이롭게 할 수 있을까요?"

맹자가 대답했다. "왕은 하필 이익 문제를 먼저 말하십니까? 인의, 즉 사랑과 정의의 도덕이 있을 뿐입니다."

혜왕이 물은 '利吾國(리오국)'이 바로 법가가 말한 부국강병입니다. 어떻게 하면 양나라가 부국강병을 달성할 수 있느냐고 질문을 던진 거예요. 당시 많은 제후가 추구하던 노선을 혜왕도 따랐던 거죠. 그런데 맹자는 혜왕의 노선에 동의하지 않죠. 그래서 혜왕이 질문을 던지자마자 왜 하필이면 '利'를 먼저 묻느냐고 대꾸합니다. 동양 고전 문헌 중에서 '何必(하필)'이라는 말이 이처럼 잘 쓰인 곳이 없습니다. '하필'은 맹자가 혜왕의 말을 받아치며 그딴 걸 묻느냐는 힐난의 어감을 진하게 담아내고 있기 때문입니다. 하필이 아니고는 다른 어떤 말도 이러한 어감을 나타낼 수 없습니다.

왕이 어떻게 하면 나라를 이롭게 할지 고민한다면, 그 밑에 있는 경대부는 '何以利吾家(하이리오가)', '어떻게 하면 우리 집안을 이롭게 할까요?'라고 물을 것이고, 그 밑에 있던 사서인은 '何以利吾身(하이리오신)', '어떻게 하면 나 자신을 이롭게 할까요?'를 물을 거라는 겁니다. 윗사람이나 아랫사람이나 모두 자신의 이익을 추구하기 위해 싸움을 벌이게 된다는 거죠. 즉 공동의 목표를 추구하는 게 아니라 아래의 대부는 자기 위의 제후를 공격하고, 아래의 사서인은 자기 위의 대부를 공격하는 거죠. 이러다 보니 위와 아래가 서로 돕기는커녕 사소한 일도 양보하지 않고 하나같이 먹고 먹히는 상황에 놓이게 되어 나라가 위태로워질 수밖에 없습니다.

맹자는 이 시대의 부국강병이 왜 사회의 혼란으로 이어지는지를 말하는 겁니다. 사람들이 모두 지나치게 자신의 이익만 추구하다 보니 오히려 갈등을 낳았고, 그 때문에 전쟁이 벌어졌다고 보는 겁니다. 이처럼 맹자는 자기 보존의 강력한 방법으로 등장한 부국강병이 결국 문제를 해결하는 답이 아니라 오히려 문제를 일으킬 수밖에 없다고 주장합니다. 부국강병 노선에 대해서 회의하고 있는 거죠.

노자의 선택, 소국과민

노자는 부국강병 노선에 대해 동의했을까요, 부정했을까요? 앞서 노자는 소국과민을 주장했다고 말씀드렸죠. 그러니 당연히 부국강병 노선에 대해 반대한 셈이죠. 노자는 앞서 살펴본 맹자와 어떤 점에서 달랐는지, 노자의 특징은 무엇인지 살펴보겠습니다. 맹자는 군사적인 방법에 대해서도 부정했는데, 노자도 마찬가지였습니다.

以道佐人主者, 不以兵强天下, 其事好還.
이도좌인주자, 불이병강천하, 기사호환.

師之所處, 荊棘生焉. 大軍之後, 必有凶年.
사 지소처, 형극생언. 대군지후, 필유흉년.

– 《노자》 30장

도에 따라 군주를 돕는 사람은 군사력에 기대 세상 사람을 이래라 저래라 강제하려고 하지 않는다. 그러한 처리는 대가를 치르기 마련이다. 군대가 머문 자리에 가시덤불이 무성하고 대군을 일으킨 뒤 반드시 흉년이 든다.

우리가 술김에 화가 나서 옆 사람을 때리면 어떻게 되죠? 다음 날 파출소에 가야 되잖아요. 주먹을 휘두를 때는 시원할지 몰라도, 그로 인해서 돌아오는 결과가 있습니다. 즉 "당신이 다른 사람을 때렸으니까 그것에 대해 책임을 지시오."라는 게 돌아옵니다. 나라 사이도 마찬가지라는 겁니다. 군사적인 방식을 쓰면 반드시 나에게로 돌아오는 후환이 있다는 거죠.

두 번째 이어지는 내용이 전쟁의 참상을 생생하게 전달합니다. 군대가 머물렀던 곳에는 뭐가 생긴다는 거죠? 가시덤불이 생겨납니다. '大軍(대군)'은 1만 명, 2만 명, 10만 명의 병사를 말합니다. 이렇게 많은 병사가 휩쓸고 간 자리에는 곡식이 자랄 수 없으니 매해 흉년이 뒤따른다는 거예요. 이처럼 전쟁은 사람에게 엄청난 재앙을 가져옵니다. 맹자가 전쟁을 비판한 것과 비슷한 맥락이죠. 노자도 전쟁이 사람들에게 얼마나 커다란 삶의 위기를 몰고 오는지에 대해 말하고 있습니다. 군사적인 방법으로 해결하려고 했다가 천지가 폐허가 되어버리는 상황을 초래하기 때문이죠. 이런 측면에서 노자는 군사적인 방법이나 신무기 개발 같은 것을 상당히 반대합니다.

兵者, 不祥之器, 非君子之器. 不得已而用之, 恬淡爲上, 勝而不美.
병자, 불상지기, 비군자지기. 부득이이용지, 염담위상, 승이불미.

而美之者, 是樂殺人. 夫樂殺人者, 則不可得志於天下矣.
이미지자, 시락살인. 부락살인자, 즉불가득지어천하의.

- 《노자》 31장

무기는 재앙을 가져오는 물건이므로 군자가 쓸 물건이 아니다. 어쩔 수 없는 경우에만 제한적으로 쓰더라도 조용하고 담담함을 으뜸으로 여겨야지, 승리했다고 우쭐거려서는 안 된다. 우쭐거린다면 살인을 즐기는 셈이다. 살인을 즐기는 사람은 천하에서 뜻을 얻을 수 없다.[5]

모든 무기는 상서롭지 않은, 불행을 가져오는 도구라는 거예요. 그러니까 군자, 이 세상을 진정으로 걱정하는 사람이라면 함부로 쓸 도구가 아니라는 거죠. 그러니 다른 나라가 쳐들어온다든지 하는 어쩔 수 없는 경우에만 쓰고, 적극적으로 쓰지는 말라는 겁니다. 그러면서 자극적이고 호전적인 것들을 숭상하는 게 아니라 조용하고 담담하게 평화로운 것을 숭상하라는 겁니다.

보통 전쟁에서 승리하면 징병들은 개선문을 통과하고, 왕은 축하연을 열어 공을 세운 사람에게 훈장을 주는 의식을 치릅니다. 그런데 노자는 그럴 필요도 없고, 그래서도 안 된다는 거죠. 전쟁에서 공을 세웠다는 것은 많은 사람을 죽였다는 뜻이잖아요. 세상에 뜻을 두었다면 이렇게 사람을 죽이는 것을 즐겨서는 안 된다는 겁니다.

결국 싸움에서 이기는 것을 아름다운 일, 좋은 일로 여겨서 우쭐거리지 말라는 거예요. 전쟁은 많은 사람을 죽이는 거잖아요. 그러니까 전쟁에서 많은 사람을 죽인 자를 영웅으로 떠받들지 말라는 겁니다. 사람 죽이는 것을 좋아하는 사람은 천하에 대해서 뜻을 두어서는 안 된다는 겁니다. 이처럼 노자도 춘추전국시대의 상황을 군사적인 방법으로 해결하려는 입장에 대해서 상당히 부정적인 태도를 가지고 있습니다.

요즘 사람들은 땅 위에서 써먹는 무기만이 아니라 우주 공간에서 써먹을 수 있는 첨단 무기를 개발하자고 밀어는데, 무기가 첨단화될수록 더 큰 재앙을 가져오죠. 우리나라도 지금 국방비가 어마어마하게 들어갑니다. 군비 경쟁을 벌이느라 해마다 대량 살상 무기를 만들거나 구입하죠. 만약 사람들이 서로 믿는다면, 지금 군비에 들어가는 돈을 좀 더 생산적인 분야에 쓸 수 있을 겁니다. 다리를 만들고, 굶주리는 아이에게 음식을 주고, 학교를 짓고, 어려운 사람들이 자립할 수 있도록 돕는 재단을 만들 수도 있습니다. 그런데 우리는 사회적 불안을 이런 식으로 해결하지 못하죠. 결국 더 많은 무기를 마련해서 상대가 나에게 덤비지 못하게 만들자는 주장이 득세를 하니까요. 한쪽에 굶어 죽는 사람이 있더라도 나라의 자원과 재화가 그곳에 쓰이지 못하고 차가운 무기를 만드는 데 쓰이고 있습니다. 노자가 그런 현상을 비판하는 거예요.

한 시대의 문제를 해결하는 길은 여러 가지가 있을 수 있잖아요. 오늘날에도 취업을 준비하면서 외국어를 잘해야겠다고 생각하는데, 발상의 전환을 하면 외국어가 필요 없는 직업도 있어요. 그러면 외국어 공부를 안 하고 대학에 다니면서 자기 삶을 영위할 수 있잖아요. 마찬가지로 노자의 시대에도 모든 사람이 부국강병을 부르짖는데, 노자가 곰곰이 생각해본 거예요. '부국강병? 무기도 많아지고, 사람도 많고, 식량도 많고. 그러면 좋은 일일까?' 그런데 그게 다가 아니라는 거예요.

예를 들어 홍수가 났어요. 식량과 가옥이 다 물에 떠내려가 버렸어요. 그러면 당장 먹을 것이 없잖아요. 그런데 국가는 다음 달에 있을 전쟁을 대비하기 위해서 군량미를 창고에 쌓아뒀어요. 그러면 어떻게 해야 돼요? 창고에 있는 곡식을 풀어서 사람들에게 줘야 돼요, 안 줘야 돼요? 이를 부국강병론자들은 쉽게 결정하기 어려운 곤경으로 봅니다.

노자는 그렇게 보지 않습니다. 도대체 왜 그 상황에서 백성에게 식량을 안 주느냐는 거예요. 지금 당장 사람이 굶어 죽는데, 다음 달에 있을 전쟁 때문에 안 준다는 게 말이 되냐는 거죠. 또 이런 상황에서 전쟁을 한다는 게 합리적이냐는 거예요. 그러니까 부국강병이 언뜻 보면 맞는 말 같지만, 이리저리 따져보면 많은 모순을 안고 있다는 겁니다. 가장 큰 모순은 부국강병을 해서 성공한다는 것은 결국 적의 나라의 많은 사람을 죽인다는 거잖아요. 노자가 부국강병으로 생길 수 있는 논리적인 문제를 쭉 추론해보니까 결국 사람을 죽이는 데로 귀결되므로 받아들일 수 없다는 거죠. 이것이 바로 이면적 사고에 능한 노자의 결론입니다.

그러면 노자가 어떻게 해야 될까요? 세상은 전부 군사적인 방법을 목표로 삼고 있는데, 노자 혼자 피켓을 들고 전쟁을 반대한다고 해서 세상이 바뀌지는 않잖아요? 그래서 노자는 이 세상에서 자신의 역할이 없다고 판단한 겁니다. 그러면서 은둔을 택합니다. 사회에서 스스로 물러나는 거죠. 사회적인 자살이에요. 실제로 생명을 끊는다는 것은 아니고, 요즘 말로 하면 사회적으로 존재감이 없으니까 그곳에 있을 이유가 더는 없는 겁니다. 그래서 부국강병 노선이 판을 치는 세상에서 노자는 사라져버린다는 거예요. 자신은 그런 세상의 흐름에 동의하지 않는데, 그 속에 있다 보면 그러한 흐름에 휩쓸릴 수밖에 없죠. 이에 노자는 은둔을 해야겠다고 판단했습니다.

지금까지 이야기한 내용을 정리해보면, 주나라는 일족과 공신을 제후로 분봉해서 요지에 보냄으로써 사회 길서를 유지하고자 했지만, 점차 시간이 지나면서 공동의 목표를 잃어버리고 혼란에 빠집니다. 주나라의 안정된 기반이 서주시대에 무너지고 춘추전국시대가 시작되면서 새로운 바람, 새로운 사회적 흐름이 생겼습니다. 그래서 140여 개의 제후국이 약육강식의 상황에서 생사를 건 전쟁을 벌이는 혼란의 시대로 들어섰고, 그런 혼란을 어떻게 극복할 것인가 하는 문제를 풀고자 했던 것이 바로 제자백가였습니다. 이때 가장 주목을 받은 것이 부국강병이었습니다. 하지만 노자는 맹자와 마찬가지로 군사적인 해결 방안이 정당하지 않다고 주장합니다. 군사적인 해결 방안은 결국 살인을 정당화하는 것이라고 본 겁니다. 그래서 부국강병을 반대했습니다.

隱

혼란스러운 세상을 떠나다

이번 강의는 노자라는 사람과 책을 둘러싸고 제기되는 다양한 이야기를 살펴보려고 합니다. 노자가 세계적으로 유명한 인물인 만큼 가족, 친구, 학맥, 활약상, 사망 등 전기 내용이 잘 정비되었으리라 기대할 수 있습니다. 기대와 달리 실상은 미스터리라고 할 정도로 모든 정보가 불확실합니다. 노자는 사회 활동에 참여하여 누구랑 만났다는 기록이 없을 뿐만 아니라 만년에 은둔의 길을 걸었습니다. 이 때문에 노자의 종적을 다른 자료에서도 찾기 어렵습니다. 여러분과 함께 탐정이 된 심정으로 미스터리에 쌓인 의혹을 하나씩 밝혀내고자 합니다. 그 결과 노자가 왜 자신의 모습을 사람들의 시선으로부터 숨기려고 했는지 그 비밀을 알게 될 것입니다.

우리가 새로운 사람을 만날 때, 특히 이성을 소개받을 때 제일 먼저 무엇을 묻습니까? 상대의 개인적인 정보를 먼저 묻죠. 고향이라든가 취미, 직업 등을 물어서 상대방이 어떤 사람인지 파악합니다. 그러면서 상대방이 계속 만날 만한 사람인지 아닌지 알아보는 시간을 갖습니다. 노자를 배울 때도 마찬가지 과정이 필요합니다. 그에 대한 기본적인 정보를 알아볼 필요가 있죠. 그래서 이번 주제는 노자의 미스터리와 《노자》의 구조입니다.

노자의 이름은 무엇인가

노자는 동양 철학에서 이름이 널리 알려진 사람입니다. 그런데도 그 사람에 대한 정보는 그다지 많지 않습니다. 오히려 그에 대해 관심을 갖고 파고들수록 미스터리를 만나게 됩니다. 도대체 그의 성(姓)이 무엇인지, 이름은 무엇인지 분명한 것이 하나도 없습니다. 그러니 노자를 계속 만나야 될지 아닐지 헷갈릴 수 있습니다. 노자에 대해 가장 기본적인 정보부터 살펴보도록 하겠습니다.

오늘날 그를 '노자(老子)'라고 부르고 있으니, 아마 여러분은 그의 성이 당연히 '노(老)'라고 생각할 겁니다. 그런데 그렇지가 않습니다. 노자에 대해서 가장 기본적인 정보를 알려주는 것이 사마천(司馬遷)의 《사기(史記)》라는 책입니다.[1] 《사기》의 〈노자한비열전(老子韓非列傳)〉에 따르면 노자는 '노' 씨가 아니라 '이(李)' 씨이고, 이름은 '이(耳)'이고, 자는 '담(聃)'입니다.[2] 노자의 원래 이름은 '이이(李耳)'라는 거예요. 여러분도 알다시피 제자백가 중에 '공자(孔子)'나 '손자(孫子)'가 있습니다. 이런 호칭에 따르면 노자도 당연히 '이자(李子)'가 되어야 합니다. 그런데도 우리는 '노자'라고 부르고 있습니다. 왜 그럴까요? 관행과 다르니 이것도 미스터리라고 할 수 있습니다.

사마천이 노자의 이름과 성을 밝히기는 했지만, 자신이 취득한 그 정보를 스스로 의심스러워합니다. 같은 책에 노자에 대한 또 다른 정보를 싣고 있습니다. 공자가 죽은 뒤에 태사 담(太史儋)이라는 사람이 출현한 적이 있습니다. 사마천은 이 사람이 노자일지도 모른다고 적어놓았어요. 사마천은 처음에 노자라고 했다가, 다음에 이 씨라고 했다가, 그 다음에 아예 태사 담이 노자가 아닐까 하는 이야기까지 소개하고 있습니다. 양파처럼 까면 깔수록 새로운 이야기가 쏟아져 나오는 겁니다.

이렇게 실컷 이런저런 이야기를 늘어놓은 사마천은 〈노자한비열전〉 제일 마지막을 노자가 어떤 사람인지 잘 모르겠다는 말로 마무리하고 있습니다. 사마천도 사실상 자신보다 300~400년 전에 활약했던 노자에 대한 정확한 정보를 가지고 있지 않았던 거죠. 그사이 전쟁도 많았고 기록도 정확하게 전해지지 않았기에 사마천만 탓할 수는 없습니다. 이렇게 보면 한나라 초기에 '노자'는 이미 개인 정보가 분명하지 않아서 미스터리에 싸여 있는 사람이었음을 알 수가 있습니다. 지금까지 《노자》라는 책을 '노자'가 지었다고 굳게 믿고 있었던 분들이라면 이런 이야기를 듣고 조금 충격을 받지 않았을까 살짝 걱정이 됩니다.

여기서 의문이 하나 생깁니다. 사마천도 잘 모르겠다고 하기는 했지만, 만약 노자가 원래부터 이 씨였다면 당연히 이자라고 불려야 하는

데, 왜 노자라고 불리고 있을까요? 이 질문에 대해 여러 가지 대답을 찾을 수 있습니다. 그중 장수절(張守節)이라는 사람이 《사기》에 대해 주석을 쓴 《사기정의(史記正義)》라는 책이 있습니다. 그 책 속에 인용되어 있는 장군상(張君相)이라는 사람의 주장에 따르면 '노자'란 이름이 아니라 '호(號)'라고 합니다.[3]

먼저 '호(號)'가 무엇인지 살펴볼까요? 옛날 사람들은 서로의 이름을 부르지 않았어요. 사람들끼리 서로 이름을 부르면, 그 소리를 귀신이 듣는다고 생각했거든요. 귀신이 들으면 저승으로 일찍 데려가는 안 좋은 일이 생길 수도 있으니 실제 이름 대신 아명(兒名) 등 별칭을 만들어 썼습니다. 성인이 된 뒤에도 이름 대신 자(字)나 호(號)를 부르고 죽은 뒤에는 시호(諡號)를 불렀습니다. 시호란 어떤 사람이 죽은 뒤에 그의 업적을 종합적으로 평가해서 붙이는 이름인데, '충무공(忠武公) 이순신'에서 '충무(忠武)'가 이순신의 시호인 거죠. 이처럼 '老子'도 《노자》라는 책을 쓴 사람의 호라는 겁니다.

그렇다면 '老子'라는 호에는 어떤 뜻이 담겨 있을까요? 장군상의 설명에 따른다면 '老'는 '살피다, 밝히다'라는 뜻이고, '子'는 '낳다, 불어나다'라는 뜻입니다.[4] 따라서 '老子'란 모든 이치를 살펴서 가르치고, 거룩한 변화를 이루어낸다는 뜻입니다. 그러니까 '老子'란 이 세상의 비밀을 풀어낸 사람에 대한 일반적인 호칭이지, 개인의 이름으로 쓰인 것이 아니라는 게 장군상의 설명입니다.

노자는 철학사에서 어느 학파에 속하죠? 바로 도가(道家)입니다. 도가에 속하는 또 한 명의 유명한 학자가 있죠. 장자(莊子) 말이에요. 노자와 장자는 '노장(老莊)'이나 '노장사상(老莊思想)'처럼 한 쌍으로 불리는 경우가 많죠. 일반적으로 두 사람을 도가의 창시자 또는 이론적인 완성을 이룬 사람으로 보고 있습니다. 그래서 '老子'가 도가라는 사상을 창시한 인물을 가리키는 이름이라는 겁니다.

노자 출생의 비밀

노자의 이름에 얽힌 미스터리를 살펴보았으니, 이번에는 노자의 고향을 한번 살펴보겠습니다. 역시 사마천의 〈노자한비열전〉을 보면 노자를 초(楚)나라 고현(苦懸) 여향(厲鄕) 곡인리(曲仁里)의 사람으로 소개하고 있습니다.[5] 옛날에는 지명이 오랫동안 바뀌지 않는 경우가 있었죠. 영국의 경우 '런던(London)'이라는 지명은 2000년 정도 되었다고 합니다.[6] 반면 우리나라의 경우에 '서울'이라는 이름은 조선시대의 한성(漢城)이 현대에 이르러 바뀐 것이죠.

곡인리의 경우는 옛날 지명입니다. 현재는 어느 지역에 해당될까요? 이와 관련해서 여러 사람의 주장이 엇갈립니다. 노자가 중국만이 아니라 세계적으로 널리 알려진 사람이다 보니, 서로 자기 고장 출신이라고 주장하는 경우가 많습니다. 특히 요즘처럼 문화 상품이 중요한 때는 더 민감한 문제입니다. 노자가 자기 고장 출신이면 이를 이용한 문화 상품을 개발할 수 있잖아요. 지금 중국에는 자기네가 노자의 고향이라고 주장하는 지역이 많습니다. 그 가운데 대표적인 곳을 두 군데

사진 1 타이칭궁 앞 문화 광장의 노자 동상

소개한다면 허난(河南)성 루이(鹿邑)현의 타이칭(太淸)궁과 안후이(安
徽)성 귀양(渦陽)현의 톈징(天靜)궁입니다. 저는 시간이 나면 제자백가
를 비롯한 고대와 현대 사상가의 고향을 찾아다니는 것을 취미로 삼고
있어서 이 두 곳도 모두 가봤습니다. 두 곳에 가면 노자와 관련된 이야
기나 유적들이 남아 있고, 각자 노자가 자기 고장 출신이라고 주장하
고 있습니다.

　사진 1에 보이는 곳이 노자의 고향이라고 주장하는 곳 가운데 하나인
루이현의 타이칭궁 앞입니다. 그곳에는 노자 문화 광장이라는 아주 널
따란 광장이 조성되어 있고, 그곳에 모든 사람의 시선을 사로잡을 만한

사진 2 타이칭궁 노자 탄생처

거대한 동상이 있습니다. '천하제일(天下第一)'이라는 글씨가 쓰여 있는 동상이죠. 생김새가 험악해 보여서 노자라는 인물에게 다가가기 어려운 느낌을 줄지도 모르겠는데, 실제 이런 모습이었다기보다는 아마 이렇게 생겼을 거라고 추정해서 그린 초상화를 바탕으로 만들어진 동상이죠.

　사진 2는 타이칭궁에 있는 노자 탄생처입니다. 허난성 루이현 사람들은 바로 이곳에서 노자가 태어났다고 생각하는 겁니다. 하지만 방금 살펴보았듯이 노자의 이름이라든가 출생, 고향과 관련된 어떤 정보도 확실한 게 없습니다. 다만 오랜 시간에 걸쳐서 전해진 이야기를 바탕으로

노자가 어떤 사람이었는지 이해해볼 수 있다는 거죠. 그 이야기들이 한 점의 의혹도 없는 역사적인 증거라고 주장하면 조금 곤란해집니다. 만약 노자가 루이현에서 태어난 게 사실이라면, 그의 고향은 한 군데여야 하잖아요. 그런데 그게 확실하지 않으니까 루이현 외에 서너 곳에서 각자 자기네 고장이 노자의 고향이라고 주장하고 있는 겁니다. 그러니 오늘날의 분분한 주장들을 사실이라고 믿기보다는 노자를 이해하는 실마리로 보는 게 적절할 것입니다.

노자의 고향에 가봤으니, 그의 부모에 대해서 관심을 가져볼 만하지 않습니까? 아직까지는 노자의 아버지나 어머니가 누구인지 정확한 정보는 없습니다. 만약 〈노자한비열전〉에 나와 있는 것처럼 노자가 이 씨가 맞는다면, 아버지도 이 씨이겠지만요. 그 외에 노자와 관련해서 몇 가지 남아 있는 정보를 살핀다면, '이모(李母)'라는 기록입니다. 성이 '李'인 어머니라는 뜻이죠. 어머니가 81세에 임신을 하고, 오얏나무 아래를 거닐다가 산기를 느꼈는데, 노자가 왼쪽 겨드랑이를 찢고 태어났다고 설명합니다.[7] 노자와 관련해서 하나같이 믿기 어려운 이야기만 전하고 있습니다.

그렇다면 노자가 '李' 씨라는 것은 두 가지 의미가 겹치고 있음을 알 수 있습니다. '李母', 즉 아이를 낳았다는 여인의 성이 '李'라는 것과 오얏나무(李)를 뜻하고 있다는 거죠. 옛날에는 탄생과 관련된 현상이나 역사적 사실 또는 시간 등을 가지고 성이나 이름을 짓는 경향이 있었습니다. 노자 또한 어머니의 성이나 오얏나무와 관련이 있기 때문에 '李' 씨가 아니겠느냐는 거죠. 또 다른 설로는 노자가 태어나서 오얏나무를 가리켰다는 게 있는데, 이건 태어나자마자 "천상천하유아독존(天上天下唯我獨尊)"을 외쳤다는 부처의 출생담과 비슷하죠?

이처럼 노자의 출생과 관련해서 분명한 사실은 알 수가 없습니다. 그렇다고 실망할 필요는 없습니다. 이런 이야기를 통해 오늘날까지 노자라는 사람에 대한 기본 정보를 사람들이 어떻게 이해해왔는지에 대해서는 실마리를 찾을 수 있으니까요.

노자는 공자를 만났는가

노자와 관련해서 역사적으로 많은 사람의 궁금증을 자아내는 미스터리가 또 하나 있습니다. 노자가 과연 공자를 만났는지에 대한 궁금증입니다. 이번에도 우리는 〈노자한비열전〉, 즉 사마천의 증언에 기댈 수밖에 없습니다. 사마천 이외의 다른 사람은 이와 관련된 정보나 사실을 전달하고 있지 않으니까요. 〈노자한비열전〉을 보면 "周守藏室之史(주수장실지사)"라고 되어 있습니다. 노자가 주나라 왕실의 도서를 관리하던 사관이었다는 거죠. 노자는 공자처럼 오랫동안 실직자로 지낸 게 아니라 나름 인정받는 직업에 종사했음을 알 수 있습니다. 여기서 도서관의 사관이라는 게 재미있죠. 도서관은 과거의 지혜를 축적하여 과거와 현재, 그리고 미래가 이어질 수 있는 센터이죠. 노자가 그 센터에 있고 공자가 그곳을 찾으니 두 사람의 만남이 왠지 격조에 어울리는 느낌을 줍니다.

노자와 공자가 실제로 만났을까요? 달리 말해서 공자가 노자를 찾아가서 가르침을 청했을까요? 사마천은 《사기》에서 공자가 노자를 만난 것을 기정사실로 취급하고 있습니다. 이와 관련해서 〈노자한비열전〉을 보면 "孔子適周(공자적주), 將問禮於老子(장문례어노자)"라는 구절이 나옵니다. 공자가 주나라 수도인 낙양으로 가서 노자를 만났다는 것입니다. 만나서 무슨 이야기를 나누었을까요? '禮(예)'에 대해 질문을 하려고 했다는 거죠. 이 예가 바로 고대인들이 사람답게 살기 위해 실천하고 세대를 걸쳐 전승해온 지혜의 총체라고 할 수 있습니다.

사마천의 말처럼 공자와 노자가 만났다면 무슨 이야기를 나누었는지 궁금하지 않을 수 없습니다. 두 사람이 사업을 의논하거나 술을 마시기 위해 만난 것은 아닐 테니까요. 이어지는 기록을 살펴보도록 하겠습니다. 공자가 예에 대해 질문했다고 했으니, 노자의 대답도 그에 대한 것이겠죠.

子所言者, 其人與骨皆已朽矣, 獨其言在耳. 且君子得其時則駕,
자소언자, 기인여골개이후의, 독기언재이. 차군자득기시즉가.

不得其時則蓬累而行. …… 去子之驕氣與多欲, 態色與淫志,
부득기시즉봉루이행. …… 거자지교기여다욕, 태색여음지,

是皆無益於子之身. 吾所以告子, 若是而已.
시개무익어자지신. 오소이고자, 약시이이.

– 《사기》 〈노자한비열전〉

당신이 말끝마다 들먹이는 성현들은 몸과 뼈가 이미 썩었고 그들의 말만 겨우 남아 있을 뿐이오. 군자도 때를 만나면 관직에 나아가지만 때를 만나지 못하면 다북쑥처럼 떠돌아다니지요. …… 당신의 교만과 욕망, 허세와 지나친 포부를 버리시오. 이것은 모두 당신에게 아무런 도움이 되지 않소. 내가 당신에게 해줄 수 있는 말은 이것뿐이오.

공자는 아마 노자를 만나 예와 관련해서 긍정적인 내용을 들을 거라고 기대했겠죠. 그런데 노자가 공자에게 해준 말은, 공자가 배우는 텍스트들은 이미 지나간 사람들의 뼈다귀에 불과하니까 거기서 뭔가를 배울 생각을 그만두라는 겁니다. 공자 입장에서는 망치로 한 대 얻어맞은 느낌이었을지도 모르겠습니다.

노자와 헤어진 공자가 숙소로 돌아오자 제자들이 공자 주위로 몰려들어 뭉었습니다. 노자의 인상은 어땠는지, 무슨 이야기를 나누었는지 궁금했을 테죠. 그러자 공자가 대답합니다.

走者可以爲罔, 游者可以爲綸, 飛者可以爲矰.
주자가이위망, 유자가이위륜, 비자가이위증.

至於龍, 吾不能知其乘風雲而上天. 吾今日見老子, 其猶龍邪!
지어룡, 오불능지기승풍운이상천. 오금일견노자, 기유룡야!

－《사기》〈노자한비열전〉

달리는 들짐승은 그물로 잡을 수 있고, 헤엄치는 물고기는 낚시로 잡을 수 있고, 나는 새는 화살로 잡을 수 있다. 용은 구름과 바람을 타고 하늘을 나르니, 나는 어떻게 할지 모르겠다. 내가 오늘 노자를 만나보니 그는 마치 용과 같구나!

공자는 자신이 달리는 짐승이나 헤엄치는 물고기나 날아다니는 새가 무엇인지 파악할 정도의 지식을 가지고 있었다는 거죠. 반면 자신의 지식으로는 노자를 이해할 수 없다는 겁니다. 노자는 용과 같이 변화무쌍하여 그 정체를 파악하기가 쉽지 않았기 때문이죠.

노자와 공자의 만남이 역사적 사실인지에 대해서는 여러 가지 주장이 엇갈리고 있습니다. 그중에는 사마천의 전언을 사실로 받아들이는 입장도 있습니다. 그림 2는 공자의 일생을 그려놓은 《공자성적도(孔子聖迹圖)》 중 〈문례노담(問禮老聃)〉입니다. 공자가 노담(老聃)을 찾아가서 예에 대해 묻는 장면을 그려 넣음으로써 사마천의 전언을 그대로 받아들이고 있는 거죠.

오늘날 중국에서는 공자가 실제로 노자를 만났느냐, 안 만났느냐에 대해 두 가지 주장이 맞서고 있는데, 유가와 도가를 대표하는 이들의 만남은 여러 사람의 호기심을 자극하기에 알맞은 사건이고, 그와 관련해서 많은 이야기가 탄생한 배경에는 사마천의 〈노자한비열전〉이 있던 것입니다.

그렇다면 우리는 노자와 공자가 만났다는 설에 대해 어떻게 생각하면 좋을까요? 두 사람의 만남에 대해 논쟁이 끊이지 않는 것은 그것이 단순히 만났다는 사실만 가리키는 것은 아니기 때문입니다. 〈노자한비

그림 2 《공자성적도》 중 〈문례노담〉

열전〉의 내용대로 공자가 노자에게 물었다는 것은 노자가 공자보다 나이기 많고, 노가이 사상이 먼저 형성되었다는 뜻이 됩니다. 그래서 도가 계통의 사람들은 노자가 공자의 선배 또는 스승이라고 주장하는 겁니다. 반대로 유가의 사상이 먼저 형성되었다고 생각하는 사람들은 노자와 공자의 만남이 사실이라고 믿고 싶지 않겠죠. 두 가지는 각자 나름의 근거가 있으므로 더 결정적인 증거를 찾지 못한다면 앞으로도 계속 논란을 되풀이할 듯합니다.

논쟁에서 이기려면 자존심이 아니라 증거를 가지고 합리적인 주장을 펼쳐야겠죠. 노자의 책과 공자의 책을 살펴보면, 노자는 인용하고 각주를 달지 않지만 끊임없이 공자가 말하는 인의예지(仁義禮智)와 같은 도덕적 가치와 덕목을 부정하고 있습니다. 그러니 두 사람이 전혀 몰랐다거나 서로를 의식하지 않았다고 말할 수는 없습니다. 서로 비판하고 있다는 것은 그만큼 상대를 의식하고 있었다는 뜻이기도 하니까요.[8]

여기서는 지면의 한계 때문에 누가 누구보다 나이가 많은가, 또는 누가 누구의 선배인가 하는 문제를 판정할 수는 없습니다. 다만 노자와 공자가 서로의 이론과 주장에 대해 알고 있었고, 둘이 서로의 약점을 공격하기도 하고, 상대를 통해서 자신이 모르던 것을 배웠다고 말할 수는 있습니다. 그렇지 않다면 두 사람이 각자의 책에서 상대방의 사상을 비판하고 있는 점을 설명할 수 없기 때문입니다.

현실에서 노자와 공자의 만남을 실증할 수 없다고 하더라도 사상사에서 두 사람은 끊임없이 만날 수밖에 없었습니다. 두 사람은 각각 도가와 유가를 대표하기 때문이죠. 따라서 두 사람은 유가와 도가의 사상이 완숙해지고 발전하는 과정에서 서로 모른 척할 수 없고, 서로 대결하는 무대에서 주연으로 등장할 수밖에 없습니다. 이렇게 보면 제자백가의 단계에서 공자와 노자는 두 갈래의 사상을 대변한다고 할 수 있습니다. 즉 공자는 인간을 역사의 주체로 보아 더 좋은 문명(예악)의 세상을 기획하고자 했다면, 노자는 문명이야말로 사람을 특정한 방향으로 몰고 가는 억압의 기제라고 보고 자연 발생적으로 진화하는 자연의 가치를 역설했습니다. 이로 인해 노자는 세상에 나서서 "나를 따라라!"고 외치지 않고 홀로 세상을 떠나는 은(隱)의 길을 걸었습니다. 반면 공자는 세상이 자신을 받아주지 않더라도 끊임없이 세상 속으로 들어서기 위해 노력하는 현(顯)의 길을 걸었던 것입니다.

윤희, 노자에게 책의 집필을 청하다

앞서 노자가 낙양에서 주나라 왕실 도서관의 사관으로 있었다고 말씀드렸는데, 그때 노자도 당시에 일어나는 여러 사회 현상을 관심을 가지고 지켜보고 있었습니다. 여러분도 시대가 좋아지거나 자신이 하는 일이 잘 풀리면 살맛이 난다고 하죠. 하지만 세상이 점점 나빠지거나 자신이 하는 일마다 실패하면 얼마나 고되겠습니까? 노자도 세상이 점점 혼란스러워지고 도무지 해결될 기미가 보이지 않자 고민을 하게 됩니다. 밥벌이 수단으로 도서관 사서 직책을 계속 유지할지, 아니면 퇴직을 해야 할지, 스스로 물러난다면 살던 곳에서 조용히 지낼지, 아니면 먼 곳으로 떠나서 은둔을 할지 고민이 깊어졌습니다.

어리분도 살아가다 보면 늘 잘나가는 것도 아니고 늘 못나가는 것도 아니지 않습니까? 못나갈 때는 언젠가 잘될 날이 올 거라고 기대를 걸기도 하고, 실망하기도 하고, 다시 일어서기도 하잖아요. 그러면서 순간순간 하던 일을 그만두어야 할지, 아니면 계속해서 해야 할지 고민하다가 세월이 흐르고 나이가 들게 됩니다. 이렇게 살아가는 것이 보통 사람의 삶이죠. 그런데 노자는 보통 사람들과 달리 고민 끝에 결단을 내립니다. 자신이 속한 사회에서 자신이 맡은 역할이 의미가 없다는 판단이 들자 그곳을 떠나기로 결심한 겁니다. 또 주나라 천자가 제 역할을 하지 못하고, 세상은 점점 타락하고, 이런 일이 장기화되니까 더는 희망을 갖지 못하는 거죠.

노자가 은둔하기 위해 서쪽으로 떠나는 여정을 '노자출관(老子出關)'이라고 합니다. 이때 '관(關)'은 '관문, 국경 초소'라는 뜻입니다. 오늘날 우리가 다른 나라에 가려면 공항에서 출입국 수속을 밟듯이, 당시에도 관문이나 초소를 지나면서 검문검색을 받게 됩니다. 노자가 은거하기 위해 낙양을 떠나 서쪽으로 가다가 함곡관(函谷關)에 이르렀습니다. 노자는 바로 이 함곡관을 넘어 은둔의 세상으로 나아가고자 했습니다.

그런데 당시 노자는 함곡관을 어떻게 지나갔을까요? 배낭을 메고 걸어서 갔을까요? 아니에요. 소를 타고 갔습니다. 이런 장면을 그린 것을 '노자출관도(老子出關圖)'라고도 하고, 푸른 소를 타고 갔다고 해서 '노자청우도(老子靑牛圖)'라고 하기도 합니다.

노자가 함곡관에 도착하여 출입국 심사를 끝내고 곧바로 사라지지 않습니다. 이때 기억해야 할 인물이 등장합니다. 바로 국경의 관문을 지키는 수비대장 윤희(尹喜)입니다. 만약 이 사람이 없었다면 오늘날 우리는 《노자》라는 책을 구경할 수 없었을 겁니다. 노자가 낙양을 떠날 때는 아무것도 남기지 않았거든요. 그런데 함곡관에서 만난 윤희가 노자에게 부탁을 한 겁니다. 함곡관을 지키던 윤희는 소를 타고 온 이가 유명한 사상가인 줄 알아차린 거예요. 아니면 미리 소문을 듣고 노자가 이곳을 지나리라 예상하고 기다리고 있었는지도 모릅니다. 하여간 윤희는 노자를 만나서 신분 확인을 하고 부탁을 하게 됩니다.

子將隱矣, 强爲我著書.
자 장은의. 강위아저서.

- 《사기》〈노자한비열전〉

선생께서 장차 은둔하려고 하시니, 수고스럽지만 저를 위해 책을 써주십시오.

노자가 은거를 하면 이 세상에서 노자라는 사람이 지워져 버리는 거 잖아요. 그러니까 힘들겠지만 자신을 위해서 책을 써주면 안 되겠느냐고 요청하고 있는 겁니다. 윤희의 부탁에 노자가 책을 써줌으로써 《노자》가 탄생하게 된 것입니다. 만약 여러분이라면 어떻게 했을까요? 노자가 은둔을 하려던 참이었으니, 윤희의 부탁을 거절하고 책을 짓지 말아야 했을까요? 그랬더라면 《노자》라는 책은 전해지지 않았겠죠. 조금 극적으로 보일지도 모르겠는데, 제자백가 중에 이처럼 책의 탄생과 관련된 이야기가 전하는 것은 없습니다.

여러분도 살다 보면 어떤 선택을 계속 미루는 경우가 있을 거예요. 어떤 장벽에 계속 부딪치면서 좌절하는 사람도 있지만, 계속 좌절만 할 수는 없잖아요. 그럴 때는 과감하게 포기하고 다른 길을 찾아서 가야 되잖아요. 그런 측면에서 이 노자출관이라는 모티브의 주체는 노자이지만, 어떻게 보면 자문자답(自問自答)하는 것일 수도 있습니다. "너는 지금 네 길을 제대로 가고 있느냐?" 하고 묻는 거죠. 이런 문제는 상당한 압박이 되기도 하죠. 내가 지금 이 길을 계속 갈 것인가, 아니면 다

그림 3 임이, 〈노자수경도〉

른 길을 택할 것인가. 여러분도 마음이 복잡할 때 여행을 가곤 하지 않습니까? 지금 노자도 중요한 선택을 앞두고 있는 겁니다. 그래서 여행을 떠나는 거죠. 동양 회화가 색깔도 강렬하지 않고 아무 재미가 없는 듯해도, 그림을 이해한 뒤에 본다면 내게 어떤 이야기를 건네고 있는지 느낄 수 있을 거예요.

노자가 윤희의 요청에 따라 책을 지어주는 장면도 동양 회화에서 자주 채택되는 소재입니다. 아마 오늘날이라면 사진이나 동영상으로 그 장면을 기록했을 테죠. 그런 장면을 그린 것이 바로 임이(任頤)의 '노자수경도(老子授經圖)'입니다. '경(經)'은 '텍스트, 문헌, 책'이라는 뜻이고, '수(授)'는 '주다'는 뜻이죠. 그림 3의 윗부분에 앉아 있는 사람이 노자이고, 아랫부분에 노란 옷을 입은 사람이 윤희입니다. 윤희가 노자에게 책을 써주십사 요청하고 노자가 그 요청을 받아들여 책을 쓰려는 장면이죠. 이처럼 동양 철학의 중요한 장면이 회화의 소재가 됨으로써 사람들의 이해

노자의 인생 강의

그림 4 정선, 〈노자출관도〉

를 돕고 있습니다. 그래서 노자처럼 사람이나 책이나 모두 미스터리에 싸여 있을 때 그림을 같이 보는 것도 좋은 길잡이가 됩니다.

노자의 고향이라고 알려져 있는 허난성의 루이현에 가면 명도궁(明道 宮)이 있습니다. 그곳 헌원전의 전각에도 노자가 함곡관을 떠나는 장면 을 그린 그림이 있죠. 이 일화는 동아시아의 많은 화가가 그림의 주제

그림 5 김홍도, 〈노자출관도〉

로 삼았습니다. 조국 산천을 그린 겸재 정선(1676~1759)도, 조선 후기에 풍속화를 많이 그린 단원 김홍도(1745~?)도 〈노자출관도〉를 그렸습니다. 풍속화를 그리던 김홍도도 이 그림을 남긴 것을 보면 이 주제가 화가들에게 상당히 흥미로운 것임을 알 수 있습니다.

화가들은 오래된 시대의 이야기를 왜 자꾸만 그림으로 그렸을까요?

아마 노자의 사상을 높이 평가해서 그랬을 수도 있습니다. 한 인물을 존경하면 그 사람이 걸어온 인생의 중요 모티브를 그림으로 그리고 싶은 욕망이 생겨날 수 있는 거죠. 하지만 그런 욕망은 《노자》를 읽은 것만으로도 해결될 수 있습니다. 그런데도 굳이 그림을 그리고자 했던 것은 그림으로만 전달할 수 있는 또 다른 욕망이 있기 때문일 거예요. 노자의 시대든 다른 시대든 사람은 자신이 사는 시대에서 고초를 겪으며 실망하기도 하고, 성공을 누리며 행복을 즐길 수도 있습니다. 만약 어떤 이가 헤어날 수 없는 좌절을 겪을 때 자신이 속해 있는 곳을 떠나고 싶지만 떠날 수 없다면 어떻게 할까요? 그런 사람이 〈노자출관도〉를 본다면 "노자도 저랬는데."라며 위로를 받지 않았을까요?

《노자》를 둘러싼 미스터리

이제 《노자》라는 책을 이해하기 위한 실마리가 풀리지 않았습니까? 이 책은 노자가 은둔하기 직전에 윤희라는 사람을 만나서 짧은 시간 안에 써준 책입니다. 이를 통해 노자가 천재임을 알 수 있습니다. 글을 써본 분은 알 겁니다. 보통 사람은 연애편지처럼 짧은 글을 하나 쓰는 데도 밤새 끙끙 앓는데, 노자는 자신의 사상을 담은 책을 짧은 시간 안에 써냈잖아요. 아니면 평소 자신의 생각을 응축하여 머릿속에 담고 있다가 그냥 쏟아낸 것인지도 모르죠. 그러니 내용이 길면 이상하겠죠. 하여간 노자가 대단한 능력을 가진 사람이라는 것을 알 수 있죠.

대개 《노자》를 말할 때 '5천 자'라는 말을 씁니다. 《논어》는 1만 2천 자 정도 되는데, 《노자》는 그 절반도 못 되는 분량이죠. 《논어》는 대화 형식으로 되어 있습니다. 공자의 제자나 다른 사람의 질문이 있고, 그에 대한 공자의 대답이 있는 형식이죠. 그런데 《노자》는 노자의 말이 운문으로 쭉 이어져 있습니다. 주제가 세분화된 것도 아니고, '도'나 '덕'이라는 포괄적인 주제에 집중되어 있어서 다른 책들보다 상당히 어렵습니다.

자, 그럼 이렇게 극적으로 태어난 책을 살펴보겠습니다. 먼저 '노자'라는 말이 여러 가지를 가리킨다는 점에 유의해야 합니다. '노자'는 역사적 인물을 가리키기도 하고, 그의 호이기도 하고, 책을 지은 사람이기도 합니다. 그리고 그가 지은 책을 가리키기도 합니다. '노자'라는 단어가 맥락에 따라 가리키는 것이 다를 수 있는 거죠.

책도 '노자' 외에 '도덕경(道德經)'이라고 불리기도 합니다. '도덕경'이라는 이름은 책의 내용과 관련이 있습니다. 이 책은 모두 81장으로 되어 있는데, 1장에서 37장까지를 상경(上經)이라고 하고, 38장부터 81장까지를 하경(下經)이라 합니다. 내용을 살펴보면 상경은 주로 도(道)에 대해 다루고, 하경은 주로 덕(德)에 대해 다루고 있습니다. 그래서 1장부터 37장까지의 상경을 '도경(道經)'이라고 하고, 38장에서 81장까지의 하경을 '덕경(德經)'이라고 하죠. 두 개를 합치면 '도덕경(道德經)'이 됩니다. 그래서 책을 가리킬 때 '노자'라고 하기도 하고 '도덕경'이라고 하기도 합니다.

그런데 이 책에는 또 다른 이름이 있습니다. 미스터리에 싸여 있는 저자와 마찬가지로 책을 둘러싼 미스터리도 만만치 않습니다. 결론부터 말하면 '도덕경'을 '덕도경(德道經)'이라고도 합니다. '도' 자와 '덕' 자의 순서만 바뀐 것이니 간단해 보입니다. 하지만 그 속사정은 그리 간단치 않습니다. 《노자》를 비롯한 고전은 보통 책이라는 물질 형태로 전해졌습니다. 이를 전승 문헌 또는 문헌 자료라고 합니다. 이 원전에 후대 사람이 주석을 달고, 그 후대 사람이 또다시 새로운 주석을 다는 식으로 한 세대에서 다음 세대로 전해지곤 했죠. 이와 달리 땅 속에 묻혀 있다가 현대에 들어 발굴되는 자료들도 있습니다. 이를 출토 문헌이라고 합니다. 그런데 《노자》의 경우 출토 문헌을 조사해보니 도경과 덕경의 순서로 되어 있는 게 아니더라는 겁니다. 덕경이 먼저 쓰였고, 도경이 나중에 쓰였던 겁니다. 그래서 '도덕경'이 아니라 '덕도경'이 되기도 합니다.

그 외에 '노자'가 '도덕경'을 합쳐서 '노자도덕경'이라고 부르기도 합니다. 정리를 해보면, '노자', '도덕경', '덕도경', '노자도덕경'이 모두 노자라는 인물이 쓴 한 가지 책을 가리키고 있는 겁니다.

이제 전승 문헌의 《노자》와 출토 문헌의 《노자》를 좀 더 자세히 살펴보겠습니다. 전승 문헌은 대부분 종이로 만든 책 형태로 전해지고 있습니다. 오늘날 우리가 알고 있는 책의 형태에 가깝습니다. 그런데 《노자》는 종이 형태로만 전해지는 것이 아닙니다. 오늘날 우리가 어떤 일을 기록하려면 종이나 컴퓨터 등을 이용합니다. 이제는 종이도 이미 낡은 매체가 되어버렸습니다만, 노자가 살던 시대만 하더라도 최신이자 최고의 매체였습니다. 그렇다면 옛날에는 종이 외에 무엇을 이용해 기록을 남겼을까요? 가장 초기에는 동물들의 넓은 뼈 부위에 기록을 했습니다. 시간이 좀 지나자 대나무를 길게 쪼개서 적기도 하고, 비단에 적기도 했습니다.

요즈음 중국은 인프라를 구축하기 위해 댐을 건설하거나 도로를 내는 등 다양한 토목 공사를 벌이고 있습니다. 그러니 자연히 땅을 헤집지 않겠습니까? 그런 공사를 하다 보니 1천 년, 2천 년 땅 속에 묻혀 있던 것들이 햇빛을 보게 되는 거죠. 그래서 《노자》를 비롯해 많은 문헌 자료가 발굴된 겁니다.

출토 문헌 중 《노자》는 상당히 중요한 의미를 가지고 있습니다. 지금도 여러 판본의 《노자》가 계속 발견되고 있기 때문입니다. 그중에서 학술계의 주목을 가장 많이 끌었던 것들 몇 개를 간단히 살펴보겠습니다. 1973년 11월 후난(湖南)성 창사(長沙)시에서 마왕두이(馬王堆)라는 한묘(漢墓), 즉 한나라 사람들의 묘에서 백서(帛書)가 대규모로 발견되었습니다. 종이가 아니라 비단에 쓰인 글이 발굴된 거죠. 그래서 이를 출토 문헌이라고 합니다. 이 마왕두이의 백서는 갑본(甲本)과 을본(乙本) 두 가지가 있습니다.

마왕두이 백서의 중요한 점이 뭘까요? 앞서 노자의 책을 '도덕경'이라고도 하고 '덕도경'이라고도 한다고 말씀드리지 않았습니까? 전승 문헌은 '도'를 먼저 다루고 '덕'을 뒤에 다루기 때문에 '도덕경'이라고 하지만, 출토 문헌은 '덕'이 먼저 다루어지기 때문에 '덕도경'이라고 불린다고 말씀드렸습니다. 그 근거가 되는 것이 바로 마왕두이 백서입니다.

비전문가가 마왕두이 갑본과 을본이 언제 쓰였는지 판정하기는 참으로 어렵겠죠. 당시 무덤에 CCTV가 있었던 것도 아니고, 우리나라 사람은 한자도 잘 모르는데 그걸 어떻게 알겠어요? 그런데 예상 외로 쉬운 방법이 있습니다. 바로 피휘(避諱)입니다. 피휘란 왕처럼 신분이 높은 사람의 이름을 써야 할 경우, 그 사람의 이름을 적지 않고 비슷한 뜻의 다른 글자를 쓰는 것을 말합니다. 예를 들어 한나라를 통일한 사람은 유방(劉邦)입니다. 그의 이름이 '방(邦)'이잖아요. 그래서 문서에 '邦' 자를 써야 할 일이 있으면 '國(국)'이나 '域(역)'처럼 비슷한 뜻을 가진 다른 글자로 대체하는 겁니다. 따라서 어떤 문헌에 '邦' 자가 쓰여야 할 자리에 '國'이나 '域' 자가 쓰였다면 유방이 황제로 있던 시대와 관련된 문헌이라고 판정할 수 있는 겁니다. 이렇게 피휘는 시대를 구분하는 아주 핵심적인 근거가 되는데, 마왕두이 갑본은 피휘를 하지 않았지만 을본은 피휘를 하고 있다는 점에서 차이를 보이고 있습니다.[9]

마왕두이 한묘가 발굴되고 20년이 지난 뒤인 1993년 10월 후베이(湖北)성 징먼(荊門)시 궈뎬(郭店)에서 초간(楚簡)이 발견되었습니다. 마왕두이 백서는 비단이고, 궈뎬 초간은 대나무 조각입니다. 대나무 조각에 《노자》라는 텍스트가 쓰여 있는 것이죠. 이 문헌의 피휘나 서체 등을 종합적으로 검토해보니, 초간본이 백서본 《노자》보다 먼저 쓰였다는 것을 알 수 있었습니다.[10]

이렇게 《노자》는 전승 문헌만이 아니라 출토 문헌을 통해서 여러 판본을 확인할 수 있습니다. 전승 문헌의 경우 과거 판본이 새로 발견될 가능성이 적지만, 새로운 출토 문헌의 발굴 가능성은 아직도 남아 있습니다. 《노자》의 가장 초기 판본이 발견될 수도 있는 거죠. 그러면 다양한 판본을 시간 순으로 배열해서 《노자》라는 텍스트가 시기별로 어떻게 확장되었는가를 확인할 수 있습니다. 앞으로 다양한 판본이 발굴되어 그런 확인 작업이 실현되기를 기대합니다.

70　　　노자의 인생 강의

有無

경쟁과 갈등으로 내모는 시대

사람은 자신과 다른 사람을 만나면 크게 두 가지 반응을 보입니다. 다른 사람을 설득하여 자신과 같게 만들거나 아니면 각자 생각이 다르더라도 그냥 내버려두는 것이죠. 이러한 차이는 노자와 공자의 경우에도 그대로 나타납니다. 소인과 군자의 사례로 두 사람의 차이를 살펴봅시다.

운전할 때 갑자기 다른 차가 끼어들 경우 느긋하면 화를 내지 않지만 다급하면 욕설을 하기도 합니다. 저도 마찬가지입니다. 어떤 상황에 놓이느냐에 따라서 소인의 성향이 드러나기도 하고, 대인의 성향이 드러나기도 한다는 거죠. 공자는 이처럼 소인의 성향은 없앨 수 있는 게 아니라 인간이라면 누구나 가지고 있는 성향이라고 보았습니다. 하지만 그는 사람이 서로 어울려 살려면 자신만 앞세우는 소인 성향을 다른 사람과 함께 나눌 수 있는 군자 성향으로 바꾸어야 한다고 봅니다. 내 마음 속에 다른 사람을 담는, 마음이 넓어지는 사람이 되라는 겁니다.

노자는 사람을 소인과 군자로 나눠 전자를 후자로 바꿔야 한다는 일방향성을 긍정하지 않습니다. 소인과 군자 중 어느 쪽이 더 좋다고 할 수 없을 뿐만 아니라 군자를 사람이 나아가야 할 정점으로 설정할 수 없기 때문이죠. 아울러 이렇게 하나의 방향을 정해놓으면 삶의 다른 가능성을 부정하게 되는 거죠. 그래서 노자는 공자의 이분법이 논리적으로 소인을 다 없애서 군자로 만들려는 사고로 보았습니다. 소인은 갖추어야 할 것을 가지지 못하거나 갖추지 말아야 할 것을 과잉으로 가지고 있어서 개조의 대상이 되는 셈입니다. 이번 강의에서는 이분법이 얼마나 진상을 왜곡하고 사람을 불편하게 만드는지 살펴보고자 합니다.

사람들은 왜 싸우는가

노자가 살았던 시대를 춘추전국시대(春秋戰國時代)라고 부르는데, 그중에 '전국(戰國)'이라는 말이 특이합니다. '싸울 戰' 자에 '나라 國' 자, 번역하면 '싸우는 나라들'의 시대라는 뜻이죠. 그래서 춘추전국시대에 활약했던 제자백가는 공통적으로 "왜 사람이 사회를 이루면서 경쟁과 갈등 관계로 빠질 수밖에 없느냐?", "그걸 벗어나려면 어떤 해결책을 제시해야 되느냐?"에 대해 관심을 가질 수밖에 없었습니다. 노자는 그 원인을 이항 대립의 사고(thought of binary opposition)에서 찾았습니다.

'이항 대립의 사고'라는 말이 낯설어 어렵게 여겨질 수 있습니다. 이항 대립은 일반 개념을 한 단계 낮은 차원에서 한 쌍의 대립 개념으로 배치하여 양자 관계를 대립적으로 구성하고 규정하는 사고를 가리킵니다. 예컨대 사람을 인간 일반에게 적용되는 본성 또는 종적 특성에 주목하지 않고, 남과 여, 노와 소, 흑과 백이라는 성, 나이, 인종에 초점을 두고 양자의 특성을 대립적으로 규정할 때 이항 대립의 사고가 작동합니다. 이항 대립의 사고는 개념을 이분법으로 나눠 현상을 명확히 파악하게 하는 장점이 있습니다. 이 논리는 원시 사유에서 나타날 정도로 오랜 연원을 가지고 있지만 합리적 토론을 부정하고 "이거냐 저거냐?"라는 흑백 논리로 비약될 때 민족적·인종적 편견을 정당화하는 치명적 한계를 갖습니다.

사람의 키를 예로 생각해볼 수 있습니다. 어떤 사람은 키가 크고, 어떤 사람은 작습니다. 이럴 때 작은 키는 안 좋다거나 불리하다고 생각하면 큰 키가 되려고 하지 않겠습니까? 한때 '남자 키가 180센티미터를 넘지 않으면 루저(loser)'라는 말이 많은 사람의 입에 오르내린 적이 있었죠. 이건 양쪽 끝을 설정해놓고 한쪽은 긍정적인 것, 다른 쪽은 부정적인 것으로 분류한 뒤, 부정적인 것을 떠나서 긍정적인 것으로 나아가야 한다고 생각하는 것입니다. 만약 키가 작은 것이 부정적인 것이라고 설정한다면, 키가 작은 분들은 어떻게 할까요? 신발 속에 깔창이라도 넣어서 크게 보이려고 하겠죠. 노자는 이런 상황을 이야기하는 거예요. 사람을 두 개의 대립적인 항으로 나누어서 바라보는 것이 사람을 불편하게 만들고, 사람과 사람이 경쟁하도록 만든다고 생각한 거예요.

우리나라 선거에서도 색깔론과 종북의 프레임을 설정하여 나와 남을 경쟁자가 아니라 아군과 적군의 관계로 바라보게 만듭니다. 극보수와 종북의 혐의를 씌워두면 그 사람의 정책과 인물에 집중하지 못하게 만들죠. 이것도 진영을 단순화시키는 점에서 사고를 효율적으로 진행하게 하지만, 선입견에 휘둘려서 후보의 장단점을 제대로 검증하지 못하게 만들게 됩니다.

노자는 제자백가와 정치 지도자들이 기본적으로 이항 대립의 사고에 빠져 있다고 보았습니다. 노자가 보기에 공자도 사람을 소인과 군자로 나누는 이항 대립의 사고를 펼쳤습니다. 공자 이외에 묵자(墨子)도 그렇습니다. 묵자는 겸애(兼愛)와 별애(別愛)를 구분했습니다. 별애는 내 아이나 내 부모처럼 자기 가족만 사랑의 범위로 삼는 것이고, 겸애는 도움이 필요한 사람이 있으면 그가 나의 가족이든 아니든 도움을 주는 것입니다. 그러면 방향이 어떻게 됩니까? 당연히 별애라는 상태에서 겸애라는 방향으로 나아가야 한다는 거죠.[1]

이처럼 공자나 묵자의 경우 소인이나 별애란 그 자체로 가치가 있는 것이 아니라 다음 단계, 즉 소인은 대인으로, 별애는 겸애로 나아가야 되는 출발점이자 버려야 할 상태로 보는 것입니다. 이런 견해가 대인과 소인의 갈등, 겸애와 별애의 갈등을 일으킨다고 노자는 생각했습니다.

그림 6은 송나라의 이당(李唐)이라는 화가가 그린 〈채미도(採薇圖)〉입니다. 백이(伯夷)와 숙제(叔齊)가 고사리를 뜯어 먹었다는 이야기를 그린 것이죠. 백이와 숙제는 고죽국(孤竹國)의 왕자였습니다. 아버지가 돌아가시면 왕이 될 운명이었죠. 그런데 아버지가 노년에 셋째 아들 숙

그림 6 이당, 〈채미도〉 부분

제에게 왕위를 물려주려고 했습니다. 숙제는 형 백이가 있는데 동생인
자신이 왕위를 이을 수 없다고 사양하고, 백이는 아버지의 말씀을 어길
수 없다고 사양하여 결국 둘째 아들이 왕위를 이었습니다. 백이와 숙제
두 사람은 모두 조국을 떠나 주나라 무왕(武王)에게 갔는데, 무왕이 은
나라 주왕(紂王)을 상대로 전쟁을 펼치자 그들은 신하가 임금을 정벌하
는 것은 하극상이라며 반대했습니다. 무왕이 자신들의 간언을 받아들
이지 않자 두 사람은 그와 뜻을 같이할 수 없다며 수양산에 들어가 숨

어버립니다. 백이와 숙제는 세상에서 자신들이 할 일이 없어지자 은둔의 길을 선택한 거죠. 2강에 살펴본 노자의 은둔과 닮아 보입니다. 주나라 무왕이 천자로 등극한 뒤에 두 사람에게 벼슬자리를 주겠다며 그들을 설득했지만, 주나라의 곡식을 먹지 않겠다며 나물만 뜯어 먹다가 굶어 죽었다는 이야기입니다.

백이와 숙제에게는 인생에서 꼭 나아가야 하거나 나아가지 말아야 하는 방향이 있었던 겁니다. 그들은 이래도 좋고 저래도 좋다는 식으로 말하지 않습니다. "나는 신하의 직분을 지켜야 한다."는 것은 반드시 해야 할 일이고, "내가 왕의 자리를 잇는 것은 합당하지 않다."는 것은 절대로 해서는 안 되는 일이었던 것이죠. 그들은 지금 자기가 있는 위치에서 특정한 방향으로 끊임없이 나아가고 있는 겁니다. 그 방향으로 나아가면서 설사 육체적으로 고통을 겪는다고 할지라도 그것을 고통이라고 생각하지 않는 거죠. 두 사람은 자신의 방식으로 힘겹게 살다가 천수를 누리지 못합니다.

백이와 숙제의 사고방식에 찬성하지 않는 사람의 입장에서 생각해보세요. 이 좋은 세상에 태어나서 다른 가능성이 있을 텐데 왜 굶어 죽느냐고 반론을 펼칠 수 있을 겁니다. 그런 사고의 바탕에는 백이와 숙제처럼 자기가 지키려는 가치가 있고, 그 방향으로 자기의 삶을 몰아가는 것을 거부하는 마음이 있는 겁니다. 그렇지만 백이와 숙제는 자신들의 삶이 의미가 있으려면 아무리 맛있는 걸 먹고 싶은 생각이 들더라도 억제하고 자기가 지켜야 될 가치나 질서를 우선해야 한다고 생각한 거죠. 이런 게 사람과 사람 사이에서 충돌이 일어나는 이유가 되는 거고요.

중국 철학사에는 양주(楊朱)라는 사람이 있습니다. 혹시 '양주'라는 이름을 들었을 때 마시는 술을 먼저 떠올릴지도 모르겠습니다. 그만큼 일반 사람들에게는 잘 알려지지 않은 인물이에요. 이 사람은 '경물중생(輕物重生)'이라는 아주 획기적인 주장을 했습니다. 물질적이거나 경제적인 이익을 가볍게 여기고, 자신의 생명을 가장 우선시해야 한다는 주장이죠. 양주라면 백이와 숙제의 삶을 동경하지도 않을 뿐만 아니라 "나라면 그렇게 살지 않을 거야!"라며 반대 의사를 분명히 할 것입니다.

우리 주변에는 열심히 살아가는 분이 많습니다. 예컨대 음식점을 운영하고 있다면 아침 일찍 준비를 시작해서 밤늦게까지 영업을 합니다. 이런 생활을 한 10년쯤 하면 웬만큼 재산을 모을 수 있지만, 간혹 건강을 잃는 경우도 있죠. 이때 "자네는 돈을 벌었을지는 모르지만, 그 대가로 건강을 잃지 않았느냐?"고 말하는 친구가 있기도 하죠. 이처럼 양주는 건강을 해치면서 악착같이 돈을 버는 삶을 바람직하지 않다고 생각한 거예요. 그는 당시 사람들에게 질문을 던졌습니다. "도대체 왜 사느냐?" "삶에서 물질적인 이익을 가장 위에 놓아야 하느냐?" "삶에서 건전하고 건강하게 사는 게 더 중요하지 않으냐?" 왜 이런 질문을 던지게 되었을까요? 양주는 사람의 삶이 가벼움에서 무거움의 방향으로 나아가야 된다고 생각한 겁니다.

제자백가가 활약했던 춘추전국시대에 이항 대립의 사고가 얼마나 만연했는지 알 수 있는 고사성어가 있습니다. 상앙(商鞅)이 나무를 옮긴 사람에게 상금을 줘서 새로운 사회 운영 시스템, 즉 법치(法治)의 신뢰를 쌓았다는 사목립신(徙木立信) 또는 이목지신(移木之信)을 말합니다.

상앙은 진(秦)나라에 가서 재상이 된 뒤에 백성에게 앞으로는 법에 의거해서 모든 판단을 하겠다고 공표했습니다. 백성이 반신반의하자 상앙은 백성의 신뢰를 얻을 방법을 고심합니다. 그러다가 도성 남문에 장대를 세워놓고 이 장대를 북문으로 옮기는 사람에게 꽤 큰돈인 10금(金)을 주겠다고 합니다. 백성 입장에서는 아주 간단한 돈벌이라고 할 수 있겠죠. 그런데도 사람들은 상앙의 말을 믿지 못하고 장대를 옮기지 않습니다. 그러자 상앙이 상금을 거금 50금으로 올립니다. 1금을 오늘날 화폐가치로 정확하게 환산하기는 어렵지만 사람들이 주저한 점을 보면 꽤 큰돈이었으리라고 추측할 수 있습니다.[2]

그림 7을 보면 아래쪽에 '술 주(酒)' 자가 적힌 깃발이 보입니다. 깃발이 오늘날 간판을 대신한 셈이죠. 장대 옆에 서 있는 사람은 옷을 풀어 헤친 상태이군요. 아마 주막에서 술을 한잔하고 기분이 좋은 상태인가 봅니다. 이 사람이 술김에 장대를 북문으로 옮겼습니다. 그러자 상앙이 정말로 그에게 50금을 상금으로 주었습니다. 이 일로 상앙은 자신의 법치주의가 실제로 실행될 거라는 믿음을 사람들에게 심어줄 수 있었습니다.

이것은 결국 사람들에게 기존의 관행인 예(禮)를 버리고 법(法)이라는 기준으로 나아가도록 만든 겁니다. 이때 기득권을 가진 사람 중에 새로운 법이 자신에게 피해를 준다고 생각하는 사람은 그것을 반기지 않을 것이고, 새로운 법에 의해서 이익을 보는 사람은 법을 반길 것입니다. 이처럼 사람을 한 방향에서 다른 방향으로 몰고 가려고 할 때 갈등이 일어날 수 있습니다. 이항 대립의 사고는 이래도 좋고 저래도 좋

그림 7 〈사목립신〉

다는 방식이 아니라 반드시 특정한 방향을 정해놓고 그 방향을 지킬 때만 긍정적인 대접을 받고, 그러지 않으면 아무런 가치가 없다고 봅니다. 이것이 바로 이항 대립적 사고의 중요한 특징입니다.

국가와 사회는 어떻게 운영되죠? 사람으로 하여금 끊임없이 어떤 방향으로 나아가도록 끼어들죠. 왜 이 방향으로 가지 않느냐고 끊임없이 간섭을 합니다. 가장 쉬운 예가 공부예요. 아이들이 놀고 있으면 부모님이 끼어들잖아요. 아이 입장에서는 방금 놀기 시작했는데 또 공부하라고 하니까 부모와 자식 사이에 갈등이 생기는 겁니다. 이때 부모는 자신들의 개입이 아이의 성장과 발전을 위한 불가피한 선택이라는 계몽의 논리를 펼치게 됩니다.

이런 이항 대립의 사고가 계속 작용하면 이익을 얻는 사람도 있겠지만 피해를 보고 고통을 겪는 사람도 나옵니다. 키가 크거나 작거나 그 상태 그대로 인정하고 키 자체에 주목하지 않으면 작은 키 때문에 고통을 받지 않습니다. 그런데 180센티미터는 되어야 한다는 방향을 세워놓으면 거기에 미치지 못하는 사람은 고통스럽습니다. 이항 대립의 사고가 있는 한 사람은 누구라도 고통을 겪을 수밖에 없다는 거죠.

이항 대립적 사고의 폭력성[3]

노자는 왜 이 시대가 경쟁과 갈등으로 나아가고 있느냐고 질문을 던졌고, 그 원인으로 이항 대립의 사고를 꼽았습니다. 이런 사고가 생활과 세계 속에 깊숙하게 들어 있기 때문에 경쟁과 갈등이 생긴다고 본 것이죠. 그래서 노자는 이런 사고 속에 도대체 무슨 문제가 있는지 이론적으로 밝혀내고자 했습니다. 노자의 이론에서 중요한 것은 이항 대립의 사고에 폭력이 들어 있다는 통찰입니다. 키가 작은 사람이 신발에 깔창을 끼우는 정도는 그렇다고 치더라도 약을 먹거나 수술을 하는 등 키가 커지기 위해 신체의 고통까지 감수한다면 문제는 예사로 넘길 수 없습니다. 그렇다면 우리는 어떻게 해야 할까요? 그런 이항 대립의 사고를 벗어나야 하지 않겠습니까?

키가 작든 크든 사회적으로나 개인적으로 아무 문제가 없다면 키를 높이기 위해 노력하는 대신 다른 일에 집중할 수 있습니다. 진짜 자기가 하고 싶은 일을 하면 됩니다. 그런데 키가 큰 것이 바람직하다고 받아들이니까 그 기준에, 그 방향에 미치지 못하는 사람은 원하건 원하지 않건 무조건 그 방향으로 가야 한다고 생각하는 거죠. 부재(不在)한 것을 채우기[有] 위해 움직이게 되죠. 고통이 뒤따를 수밖에 없습니다. 하고 싶지 않아도 해야 하는 게 바로 폭력이잖아요. 범죄 영화를 보면 악당이 주인공의 머리에 총을 들이대면서 뭔가를 하라고 강요하는 장면이 나오곤 합니다. 그런 상황에서 목숨을 지키려면 원하지 않는 일도 해야 되지 않습니까? 이처럼 이항 대립의 사고는 내가 원하지 않더라도 그쪽으로 자꾸만 끌고 가는 폭력성을 가지고 있다는 거예요. 나의 감정, 의사는 조금도 중요하지 않습니다.

노자는 그걸 어떻게 깨부술까 고민한 사람입니다. 이항 대립의 사고는 우리의 몸과 사고를 포괄하여 거의 모든 영역에 걸쳐 폭력적으로 끼어들고 있기 때문입니다. 《노자》는 5천 자밖에 되지 않는데도 많은 부분에서 이런 이항 대립의 사고를 비판하고 있습니다.

失道而後德, 失德而後仁, 失仁而後義, 失義而後禮.
실도이후덕, 실덕이후인, 실인이후의, 실의이후례.

- 《노자》 38장

도를 잃은 뒤에 덕을 찾게 되고, 덕을 잃은 뒤에 인을 찾게 되고, 인을 잃은 뒤에 의를 찾게 되고, 의를 잃은 뒤에 예를 찾게 된다.

여기서 도(道)를 가장 앞에 두었고, 그다음에 순서대로 덕(德), 인(仁), 의(義), 예(禮)를 두고 있습니다. 상도(上道)와 상덕(上德)의 경우에는 어떤 것을 하든지 말든지 각자에게 맡겨져 있는 반면에 인, 의, 예의 단계로 오면 상황이 완전히 달라집니다. 그것에 맞춰서 하도록 개입하고 끊임없이 강제를 하는 거예요. 쉬지 않고 죽도록 일하고 싶은 사람이 얼마나 되겠어요? 그래도 일하지 않으면 누가 옆에서 일하라고 끊임없이 말하지 않습니까? 그러는 것이 예의 단계라는 거예요. 그래서 노자는 이어서 이런 말을 합니다.

夫禮者, 忠信之薄, 而亂之首.
부 례 자, 충 신 지 박, 이 난 지 수.

- 《노자》 38장

예는 사람 사이에 충실과 신뢰가 얇아져서 생겨나고, 어지러움이 일어나는 원인이다.

공자는 예를 아주 높은 것으로 여겼습니다만, 노자는 그것이 진실한 마음이 가장 얇아졌을 때 억지로 하는 것이라고 봤습니다. 진실한 마음이 가장 가벼워졌을 때, 사람과 사람 사이를 편안하게 하는 것이 아니라 어지럽게 만드는 원인이라고 보는 거예요.

규범이라는 것이 사람들에게 어떻게 받아들여지는가 하는 점에 주목한 노자는 그것이 원해서가 아니라 강제로 할 수밖에 없도록 만든다고 본 겁니다. 여러분도 "사회적으로 도덕성이 타락했다", "도덕이 땅에 떨어졌다"라는 말들을 많이 듣지 않았습니까? 그러면서 "도덕성을 회복해야 된다"고들 하는데, 노자는 그런 소리가 나온다는 것 자체가 타락의 징후라고 보는 거예요.

大道廢, 有仁義. 慧智出, 有大僞. 六親不和, 有慈孝. 國家昏亂, 有忠臣.
대도폐, 유인의. 혜지출, 유대위. 육친불화, 유자효. 국가혼란, 유충신.

– 《노자》 18장

큰 도가 없어지니 인의가 생겨난다. 지혜가 나오니 큰 위선이 생겨난다. 가족과 친척이 다투니 자애와 효노의 중요성이 생겨난다. 국가가 혼란하니 충신의 할 일이 생겨난다.

도(道)에 대한 질서, 도에 대한 사회적인 관계가 점점 얇아지니까 뭐가 나왔다는 거죠? 인의(仁義)가 나왔다는 겁니다. '사랑을 해라', '의리를 지켜라' 이런 소리가 나온다는 거예요. 인과 의를 말한다는 것은 이미 도와 덕에 의한 삶의 질서가 무너졌다는 뜻이라는 거예요. 그다음에 지혜가 나오니까 그 지혜를 무기로 사람을 속이는 거예요. 사기라는 게 다른 사람이 헤아리지 못한 것을 먼저 알아서 그 사람을 속여먹는 거잖아요. 또 사람과 사람 사이가 화목하지 못하게 되니까 효도와 자애에 대한 이야기가 나오고, 국가가 혼란스러워지니까 충신의 가치를 찾는다는 거죠. 만약 국가가 혼란하지 않으면 굳이 충신을 찾는 소리가 나올 필요가 없는 거잖아요. 가족끼리 화목하면 효도나 자애에 대한 요구가 나오지 않는다는 거예요.

이처럼 노자는 사회 현상을 거꾸로 읽습니다. 1강에서 말한 이면적 사고라고 할 수 있습니다. 사회적으로 뭔가 주문이 많아진다는 것은 결국 그것이 지켜지지 않는다는 거예요. 일하라는 말이 나온다는 건 결국 일을 하지 않았다는 거죠. 일을 하지 않으니까 일하라는 말을 하는 거잖아요. 그럼 가장 좋은 상태는 뭘까요? 일하라고 말하지 않아도 스스로 하는 거죠. 그러면 일하라는 말이 나올 리가 없잖아요. 노자는 결국 뭔가 지켜지지 않고 존중되지 않으니까 사람들을 그 방향으로 몰고 가기 위해서 그런 다양한 소리가 나온다고 본 겁니다.

이런 측면에 대해 공자라면 어떻게 생각할까요?

歲寒然後, 知松柏之後彫.
세 한 연 후, 지 송 백 지 후 조.

- 《논어》 〈자한(子罕)〉 28(238)

날씨가 추워진 다음에야 소나무와 측백나무가 가장 나중에 시들어 떨어진다는 걸 알 수 있다네.[4]

志士仁人, 無求生以害仁, 有殺身以成仁.
지사인인, 무구생이해인, 유살신이성인.

- 《논어》〈위령공(衛靈公)〉9(404)

뜻을 세운 지식인과 화합을 일구는 사람은 목숨을 구걸하느라 화합을 해치지
않고, 목숨을 바쳐서라도 화합을 이룩하려고 한다.

날씨가 추워진 다음에야 소나무와 측백나무가 다른 나무보다 뒤에
시든다는 걸 안다는 거죠. 지사(志士)와 인인(仁人), 즉 뜻있는 선비와
사람다운 사람은 자기가 살기 위해서 평화라든지 화합을 해치지 않고,
자기 몸을 죽여서 평화로운 사상을 가꾼다는 겁니다. 이 구절을 보면
공자는 노자와 달리 사람을 어떤 방향으로 몰아가고 있습니다. 인을 지
키기 위해서 생명을 뛰어넘어야 된다고 주장하고 있는 것이죠.

많은 사람이 좋아하는 김정희의 〈세한도(歲寒圖)〉가 바로 공자의 이
말에서 따온 내용입니다. 발문(跋文)을 보면 김정희가 제주도로 유배
온 뒤에도 자신에게 변함없는 애정을 간직한 우선(藕船) 이상적(李尙
迪)을 위해 그림을 그렸습니다. 그림 제목 '세한도' 옆에 세로로 '우선
시상(藕船是賞)'을 써서 이상적에게 감상해보라는 말을 남깁니다. 그럼
우리는 그림을 어떻게 이해해야 할까요? 노자의 입장에서 보자면 공자
가 특정한 방향으로 가야 된다고 주장한다는 건 곧 타락의 징후라고 할
수 있잖아요. 이에 따르면 〈세한도〉는 상당히 불편한 그림이 됩니다.
고통에 있으면서도 고통을 느끼지 못하거나 고통을 이겨내고자 자신을

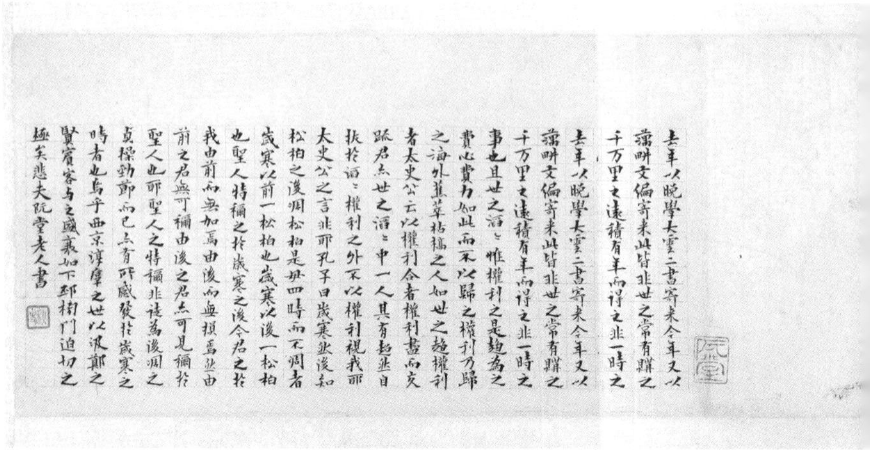
去年以晚學大雲二書寄來今年又以
藕畊文編寄來此皆非世之常有購之
千万里之遠積有年而得之非一時之
去年以晚學大雲二書寄來今年又以
藕畊文編寄來此皆非世之常有購之
千万里之遠積有年而得之非一時之
事也且世之滔滔惟權利之是趨為之
費心費力如此而不以歸之權利乃歸
之海外蕉萃枯槁之人如世之趨權利
者太史公云以權利合者權利盡而交
疏君亦世之滔滔中一人其有超然自
拔於滔滔權利之外不以權利視我耶
太史公之言非耶孔子曰歲寒然後知
松柏之後凋松柏是毋四時而不凋者
歲寒以前一松柏也歲寒以後一松柏
也聖人特稱之於歲寒之後今君之於
我由前而無加焉由後而無損焉然由
前之君無可稱由後之君亦可見稱於
聖人也耶聖人之特稱非徒為後凋之
貞操勁節而已亦有所感發於歲寒之
時者也烏乎西京淳厚之世以汲鄭之
賢賓客與之盛衰如下邳榭門迫切之
極矣悲夫阮堂老人書

그림 8 김정희, 〈세한도〉

한 방향으로 모질게 몰아가는 거죠. 인간이 극복(초월)하지 않아도 될 자신을 극복하느라 분투하고 있으니, 노자의 눈에 〈세한도〉는 걸작으로 보이지 않을 수 있습니다.

그런데 만약 내가 어떤 방향으로 나아가려는 게 외부의 개입에 의해서 그렇게 하는 것이 아니라 내가 원해서라면 어떨까요? 6강에서 자연을 살펴보겠지만 그런 상황도 가능하잖아요. 그런 측면에서 우리는 노자의 입장에서 공자를 비판할 수도 있습니다만, 거꾸로 공자의 입장에서 노자를 비판할 수도 있습니다. 동양의 사상을 읽을 때 한쪽 입장에서만 보면 다른 쪽이 틀린 것처럼 보일 수도 있지만, 두 사상을 겹쳐서 읽어보면 이런 측면에서도 볼 수 있고 저런 측면에서도 볼 수 있는 공론의 장이 생기는 것입니다.

큰 보폭으로는 오래 밀을 수 없다

왜 사람과 사람 사이가 힘들게 될까요? 노자는 자신의 시대에서 그 원인을 찾으려고 했습니다. 그리고 노자가 찾은 원인이 바로 한쪽 지점에 머무르지 못하고 끊임없이 다른 지점으로 나아가야 한다는 것이었습니다. 그것은 이항 대립의 사고, 즉 한쪽을 부정적으로 보고 다른 쪽을 긍정적으로 보려는 관행입니다. 반면 노자는 다르다는 이유로 차별받지 않고 모든 것이 공존하는 게 바람직하다고 생각했습니다. 노자는 모순 없는 차이라는 관점에서 이런 사고를 키워갔습니다.

企者不立, 跨者不行, 自見者不明, 自是者不彰, 自伐者無功,
기 자 불 립 , 과 자 불 행 , 자 견 자 불 명 , 자 시 자 불 창 , 자 벌 자 무 공 .

自矜者不長. 其在道也, 曰餘食贅行. 物或惡之, 故有道者不處.
자 긍 자 부 장 . 기 재 도 야 , 왈 여 식 췌 행 . 물 혹 오 지 , 고 유 도 자 불 처 .

– 《노자》 24장

발돋움하는 사람은 오래 서지 못하고, 큰 걸음으로 걷는 사람은 오래 가지 못한다. 자신만 본다고 하는 사람은 밝지 못하고, 자신만 옳다고 하는 사람은 빛나지 못한다. 스스로 떠벌리는 사람은 공이 없고, 스스로 뻐기는 사람은 어른이 되지 못한다. 도의 차원에서 보면 남은 밥이나 쓸데없는 행위에 지나지 않는다. 만물은 이러한 것을 싫어한다. 그러므로 도를 가진 자는 이런 곳에 머무르지 않는다.

사람이 서 있다는 것은 발바닥이 전부 땅에 닿아 있는 것입니다. '企者(기자)'란 사람이 발뒤꿈치를 드는 거예요. 우리말에 까치발을 한다는 게 있죠? 특히 키가 작은 분이 사람이 많이 모인 곳에서 구경을 하려고 하면 까치발을 하게 되잖아요. 저는 시골에서 자랐는데, 어머니와 아버지가 외출을 하셨다가 해질녘에도 돌아오지 않으시면 마당을 서성거리기도 하고 담장 너머를 멀리 바라보기도 했습니다. 요즘 같으면 전화를 하거나 카카오톡으로 연락해서 언제 온다고 미리 알려주겠지만, 그때는 전화기가 흔하지 않았죠. 그래서 해질녘이 되면 까치발로 담장 너머를 살피며 부모님이 어디쯤 오시나 멀리 바라보곤 했습니다. 그때 제

키가 얼마나 되었겠어요? 140센티미터 안팎이었겠죠. 그러니 멀리 쳐다보려고 해도 담이 시야를 가려 보이지 않잖아요. 자연히 뒤꿈치를 들어서 담장 너머를 쳐다봅니다. 발바닥 전체를 땅에 대고 서 있어도 지칠 수 있는데, 까치발을 하면 얼마나 오래 있겠어요? 뒤꿈치를 들었다가도 금방 내릴 수밖에 없잖아요. '企者不立(기자불립)'은 그만큼 오래 갈 수 없다는 거예요.

그리고 '跨者(과자)'는 보통 보폭보다 훨씬 큰 걸음으로 걷는 거예요. 사람마다 보폭의 차이가 있지만 대개 어깨넓이인 30~40센티미터 정도의 보폭으로 걷습니다. '跨者'는 그보다 훨씬 큰 70~80센티미터의 보폭으로 걸으니까 처음에는 빨리 갈 수 있을 것 같습니다. 물론 운동을 하기 위해 일부러 큰 걸음을 걷는 사람도 있습니다. 하지만 그렇게 큰 보폭으로 오랫동안 걸을 수는 없습니다. 그러니 사람을 계몽해서 어떤 방향으로 이끌어가는 것이 힘들 수밖에 없습니다. 처음에는 성공할지 모르겠지만, 결국 성공할 수 없음을 말하고 있는 것이죠. 계몽을 맡은 사람들은 자신이 목표를 정했으니까 다른 사람들이 안 따라오면 팔을 비틀어서라도 그 방향으로 가자고 합니다. 처음에는 그것이 얼마간 성공할 수 있습니다만, 결코 오래갈 수 없다는 것이죠.

이게 바로 노자가 말하고 싶은 거예요. 사람들이 하고 싶지 않은데 억지로 어떤 방향으로 나아가게 재촉하는 것이 바로 '企'와 '跨'라는 거죠. 발돋움을 하도록 하고, 큰 걸음으로 걷게 하는 거예요. 처음 얼마간은 발돋움을 하고 서 있거나 보폭을 넓힐 수 있습니다만, 오랫동안 계속 그럴 수는 없다는 거예요. 어떤 방향을 정해놓고 사람이 원하든 원하지 않든 그쪽으로 몰아가는 것이 가능하지 않다는 게 노자가 끊임없이 강조하는 점입니다. 그래서 자기 혼자만 보려고 하면 밝지 못하고, 자기 혼자만 옳다고 생각하면 빛나지 못하고, 자기 스스로를 자랑하면 공이 세워지지 않고, 자기 스스로 우쭐거리면 오래가지 못한다는 거죠. 이처럼 사람을 관리하고 계몽해서 억지로 이끌어가려는 게 성공할 수 있을까요? 노자는 '企者不立'과 '跨者不行'을 이유로 제시하며 실패한다고 단정하고 있습니다. '기자'와 '과자'는 일시적으로 가능한 길이지만 6강에서 살펴볼 '常(상)'의 길이 될 수 없다는 것입니다.

노자는 다른 것들과 맞물려서 가야지, 저 혼자 제멋대로 하려고 하면 오래갈 수 없다고 봅니다. 힘이나 권력을 바탕으로 일시적으로 자신의 뜻을 펼칠 수 있겠지만, 결코 지속할 수 없다는 겁니다. 이런 점에서 노자는 공자와 전혀 다릅니다. 노자가 보기에 공자가 추구하는 가치가 이항 대립의 사고를 낳는 원인이잖아요.

그렇다면 노자는 어떻게 할까요?

絶聖棄智, 民利百倍. 絶仁棄義, 民復孝慈. 絶巧棄利, 盜賊無有.
절성기지, 민리백배. 절인기의, 민복효자. 절교기리, 도적무유.

此三者, 以爲文不足, 故令有所屬, 見素抱樸, 少私寡欲.
차삼자, 이위문부족, 고령유소속, 견소포박, 소사과욕.

- 《노자》 19장

성인과 관계를 끊고 지혜를 내버리면 오히려 백성의 이익이 백 배가 될 것이다. 인인과 관계를 끊고 도의를 내버리면 오히려 백성이 효성과 자비를 회복할 것이다. 교인(巧人)과 관계를 끊고 이익을 내버리면 오히려 도적이 사라질 것이다. 이 세 가지는 장식물과 같아서 충분하지 않다. 그러므로 가령 복종해야 할 바가 있다. 수수함을 드러내고 소박함을 껴안으며 이기심을 적게 하고 욕심을 버려야 한다.

'聖(성)'이나 '智(지)', '仁(인)', '義(의)' 등은 공자가 중요하게 여기는 긍정적인 가치이자 사람들이 그 방향으로 나아가야 된다고 생각하는 목표예요. 그런데 노자는 '棄(기)'를 말합니다. '棄'는 내버린다는 뜻이에요. 즉 하지 말라는 뜻이죠. 그러니까 성이나 지, 인과 의를 귀중하게 여기지 말라는 거예요. 그렇게 하면 오히려 백성의 이익이 백 배나 늘어나고, 백성이 다시 효도를 하고, 자애로운 상태가 된다는 거죠.

노자의 말은 어렵지 않습니다. 싫은 일도 하라거나 하지 말라고 개입하지 않으면, 즉 내버려두면 스스로 마음이 움직여서 하게 됩니다. 청소를 예로 들어봅시다. 청소를 좋아하는 사람도 있지만 싫어하는 사람도 많죠. 싫어하는 사람이라도 스스로 청소를 한번 해야겠다고 생각하면 한 시간이라도 청소할 수 있습니다. 그런데 부모님이 청소 좀 하라고 잔소리를 하면, 갑자기 청소하고 싶은 마음이 사라지면서 괜히 반항을 하게 되어버리잖아요. 노자는 지금 그 말을 하는 거예요. 자꾸 청소하는 방향으로 사람을 몰고 가니까 오히려 안 하는데, 그냥 내버려두면 스스로 마음이 움직여서 청소를 하게 된다는 거죠. 이처럼 노자와 공자는 사람과 관계를 맺는 방식이나 방향성, 목적, 특색이 다릅니다.

만약 모든 사람의 키가 똑같다거나 모든 나무의 높이가 똑같다면, 우리의 눈은 복잡하지 않을 겁니다. 그리고 애써 구별할 필요도 없겠죠. 노자는 똑같은 것이 과연 아름답겠느냐고 묻습니다. 모두에게 동일한 기준을 적용한다면, 즉 나무의 높이가 150센티미터여야 한다는 기준을 정하면, 이 기준을 넘는 나무는 어떻게 해야 할까요? 모두 잘라버려야 해요. 그래서 모든 나무가 150센티미터에서 멈춰서 있게 됩니다. 구별할 일도 없죠.

사람도 마찬가지예요. 모든 사람의 키가 170센티미터여야 한다는 기준이 세워진다면 어떻게 되겠어요? 초등학교 입학식에 가보면, 다 같은 나이인데도 아이들의 키는 제각각이에요. 아주 작은 아이도 있고, 중학생처럼 큰 아이도 있죠. 하나하나 다 달라요. 달라서 좋은 점 가운데 하나는 구분할 수 있다는 거죠. 키가 다 똑같고, 생김새가 쌍둥이처럼 다 똑같다면 구분하기 어렵잖아요. 그런데 키가 다르거나 코가 다르거나 눈이 다르면 헷갈릴 염려가 없죠. 노자는 바로 이게 중요하다고 본 거예요. 다른 것이 자연스럽고 아름답지, 억지로 같게 만든 것은 부자연스럽고 추하다는 거예요.

노자는 이항 대립의 사고의 궁극적 형태가 모든 사람의 생각을 똑같이 만든다고 봅니다. 그런데 왜 하나의 기준을 정해놓고 모두 그 높이에 도달해야만 바람직한 것이고, 거기에 못 미치면 뭔가 문제가 있다거나 잘못됐다고 보느냐는 거예요. 왜 강제로 기준 쪽으로 몰아가려고 하냐는 거죠. 가기 싫은 사람의 엉덩이를 때려서라도 몰고 가려고 하니 사람과 세상이 힘들게 된다는 겁니다. 그보다는 각자의 크기, 각자의 특징을 가지고 있는 게 더 아름답고 좋다고 보는 게 노자의 생각입니다. 노자는 같음을 내세워 사람을 줄 세우지도 않고 다름을 이유로 대립을 부채질하지도 않고자 했습니다. 그는 다름을 인정하는 '모순 없는 차이'의 길을 통해 세상에 공존의 해법을 제시했습니다.

우리는 서로 대립하는 두 사람의 주장 중에 어느 한쪽이 맞고 다른 한쪽이 틀렸다는 식으로 단언하기가 쉽지 않습니다. 각자 정당화할 수 있는 나름의 근거를 가지고 있기 때문이죠. 여러분이 두 시각을 살펴보고 어느 쪽으로 사고를 키워갈지 스스로 정해야 합니다. 만약 어떤 기준을 정해놓고 자신을 키워가는 걸 선호하는 사람은 그렇게 하면 되고, 각각의 개성을 인정하는 것이 더 중요하다고 생각하는 사람은 그 사고를 키워나가면 됩니다. 다만 한 가지 기준을 제시할 때 강제와 폭력이 들어가면 안 된다는 노자의 말을 잊어서는 안 됩니다. 설사 그 기준이 올바른 것이라고 하더라도 그 방향으로 사람을 이끌어갈 때 폭력이 끼어들면 절대 바람직하다고 말할 수 없습니다.

이처럼 노자는 이항 대립의 사고를 벗어나서 사람과 사물이 각자 가지고 있는 특징을 모자라거나 부족하다고 보는 게 아니라 개성으로 존중하는 다원주의(多元主義, Pluralism)를 인정한 사람이라고 할 수 있습니다. 노자는 다른 것을 같은 것으로 만들어야 한다고 생각하는 것이 아니라 다른 것끼리 공존해야 된다고 생각하는 겁니다. 그래야 반짝 떴다 사라지지 않고 늘 그 자리를 지키며 오래갈 수 있기 때문이죠.

공존과 환대가 만드는 개성

우리가 즐겨 읽는 그리스 로마 신화를 보면 프로크루스테스의 침대(Procrustean bed)라는 이야기가 나옵니다. 신화는 신들에 대한 이야기이지만, 신에게 투영된 인간의 모습일 수도 있죠. 프로크루스테스는 나그네들을 자기 집으로 초대해서 묵게 하고는, 나그네의 키가 침대보다 작으면 잡아 늘려서 맞추고, 크면 잘라서 맞추었다고 합니다. 참 잔인하죠? 그런데 우리도 직접 그런 행동을 하지는 않더라도 사고 활동에서는 그렇게 합니다. 우리는 상대방의 말을 끝까지 듣기보다 자신의 입장에 억지로 갖다 맞추려고 하는 경향이 있기 때문이죠.

이런 말이 있죠. "사람이 어쩜 저래. 나라면 그렇지 않을 텐데." 이 말속에 무엇이 들어 있을까요? 자신을 기준으로 삼고 다른 사람을 재단하는 생각이 들어 있는 거잖아요. 그런데 과연 그 사람이 잘못한 것일까요? 쉬운 예를 들어보죠. 신혼부부가 싸우는 이유 중 하나가 치약을 짜는 방식이에요. 어떤 사람은 치약을 아래부터 짜고, 어떤 사람은 가운데부터 짜요. 이건 둘 중 어느 것이 좋다 나쁘다 말할 수 있는 문제가 아니잖아요. 그런데 아래부터 짜는 사람이 가운데부터 짜는 사람에게 왜 그렇게 하느냐고 나무라거나 가운데부터 짜는 사람이 아래부터 짜는 사람을 나무라면 어떻게 되겠어요? 티격태격 싸우게 되겠죠. 그러다 보면 가벼운 다툼이 심각한 갈등으로 이어지기도 합니다. 이처럼 치약을 짜는 일상의 사소한 문제에도 다른 사람의 방식을 인정하지 못하고 자기 방식을 강요하는 프로크루스테스의 침대가 숨어 있습니다.

이 문제를 어떻게 풀면 되는지 알아요? 아주 쉬워요. 치약을 두 개 사면 해결돼요. 각자 하나씩 쓰면서 자기 방식대로 치약을 짜면 됩니다. 상대방에게 자신의 방식을 강요할 필요가 없어요. 그러면 갈등도 생기지 않겠죠. 이처럼 노자는 다름을 틀림으로 여기지 않고, 다름과 공존하자는 겁니다. 다름이 공존하는 만큼 세상은 풍부해질 수 있거든요.

다름의 공존은 《노자》 2장에 아주 잘 나타나 있습니다.

天下皆知美之爲美, 斯惡已. 皆知善之爲善, 斯不善已.
천 하 개 지 미 지 위 미, 사 악 이. 개 지 선 지 위 선, 사 불 선 이.

故有無相生, 難易相成, 長短相較, 高下相傾, 音聲相和, 前後相隨.
고 유 무 상 생, 난 이 상 성, 장 단 상 교, 고 하 상 경, 음 성 상 화, 전 후 상 수.

– 《노자》 2장

세상 사람들이 모두 아름다움을 아름다움으로 아는 것은 추함이 있기 때문이다. 모두 선을 선으로 아는 것은 선하지 않음이 있기 때문이다. 그러므로 있음과 없음이 서로 살아가게 하고, 어려움과 쉬움이 서로 이루게 하고, 길과 짧음은 서로 견주게 하고, 높음과 낮음은 서로 기울게 하고, 음과 소리는 서로 어울리고, 앞과 뒤도 서로 뒤따른다.

2장을 보면 관리와 계몽의 춘추전국시대에 살아남기 위해 서로 죽인다는 말이 없어요. 오히려 서로 살게 해주고, 서로 이루어준다고 말합니다. 서로가 서로를 앞서거니 뒤서거니 하면서 더 나아갈 수 있는 길을 제공한다는 거예요. 이 중 '有無相生(유무상생)'과 '難易相成(난이상성)'이라는 말에서 다름의 공존을 살펴볼 수 있습니다. 있음과 없음, 어려움과 쉬움이 서로를 살아가도록, 서로를 이뤄지도록 해준다는 거예요. 있음과 없음 중에 어느 하나, 어려움과 쉬움 중에 어느 하나가 바람직하고 옳기 때문에 다른 하나를 포기하라는 게 아니에요. 서로 다른 것들이 서로를 불편하게 하는 게 아니라 도움을 준다는 거죠. 타자와 공존할 뿐만 아니라 환대하는 거죠.

여기서 주목할 것은 바로 '相生(상생)'이라는 부분입니다. 노자는 있음과 없음, 어려움과 쉬움이라는 이항이 대립하는 것이 아니라 서로가 서로를 도와주고 살아갈 수 있다고 말합니다. 노자가 바라는 것은 다른 것들을 받아들이는 환대의 태도입니다. 예컨대 문신을 하거나 머리를 염색하거나 찢어진 옷을 입는 사람이 있습니다. 만약 여러분이 단정한 것을 좋아하는 사람이라면 그런 사람들이 불만스럽겠죠. 그렇지만 여러분은 그 사람이 그런 옷차림을 하는 데 돈 한 푼 보태준 것도 아니잖아요. 그러니까 상대방의 옷차림에 대해서 문제 삼을 수 없다는 겁니다. 물론 내 눈에는 익숙하지 않으니까 불편하기는 하겠지만, 그것이 잘못됐다고 말할 수는 없다는 거죠.

'難易(난이)'의 경우로 대학생이 초등학생의 문제를 푼다고 생각해보세요. 너무 쉬우니까, 이미 다 알고 있으니까 더 풀고 싶은 마음이 들지 않겠죠. 평소 시험을 쉽게 내달라고 하더라도 너무 쉬우면 좋아하지 않습니다. 조금 어려운 문제를 풀 때 신경 쓰지 않으면 그 문제를 풀 수 없을 테니 조금 긴장하겠죠. 나아가 공부를 더 해야겠다고 생각하잖아요. 조금 어렵다는 점이 그냥 주저앉으려는 여러분을 더 나아가게 하는 힘이 되는 게 아니겠어요? 어려움과 쉬움의 적절한 조합은 사람이 새로운 도전을 하게 만드는 긍정적 자극이 될 수 있습니다.

결국 2장에 의하면 세상에는 두 가지 흐름 또는 힘, 즉 양극(兩極)이 있다는 거죠. 그런데 한 사람이 방향을 정하고 나머지는 모두 그것을 따라가야 한다고 결정되었다고 합시다. 안 따라가면 뒤떨어지고, 못나고, 부족하게 됩니다. 그 결과 열등의식에 사로잡혀서 스스로 실패자라고 생각합니다. 노자는 그러한 열등의식의 원인이 세상의 방향을 정해서 사람들을 그쪽으로 몰아가는 데 있다는 거예요. 그러니 방향을 정하지 않아야 합니다. 또 원래 방향이 없었다는 거죠. 원래 방향이 없었고, 둘이 맞물려서 나아가는 게 자연의 흐름이라는 겁니다. 노자는 이 흐름을 이어가는 것의 가치를 발견한 사람입니다. 각자 자신의 역량과 길과 기호에 맞추는 것이 그 사람다움이잖아요.

많은 사람이 좋아하는 아주 아름다운 배우가 있다고 해봅시다. 일반인과 배우 지망생 들이 모두 그 배우처럼 되려고 똑같은 모습으로 성형수술을 한다고 합시다. 그러면 세상에 아름다운 사람이 많아지겠지만, 더는 그 배우 같은 사람을 아름답다고 말하지 않을 것입니다. 그 배우만의 독특성이 사라졌기 때문이죠. 그러니 각자가 다른 사람의 기준으로 측정되지 않는 나만의 특징을 키우자는 겁니다. 다르다는 것은 중심이 여러 개가 되는 것이지, 하나의 방향을 전제하는 게 아니에요. 서로 다른 존재들이 엇갈리고 맞물리면서 각자의 길을 간다는 것입니다.

요즘 취업을 준비하는 사람들은 기업이 여러 가지 자격을 요구한다고 생각해서 다들 스펙을 쌓으려고 야단입니다. 하지만 인사 책임자나 대학 당국자는 그런 게 중요하지 않다고 말해요. 그래도 취업을 준비하는 사람들은 그 말을 믿지 못하죠. 그래서 학점이니 자격증이니 온갖 스펙을 갖추기 위해 고통스럽습니다. 이런 고통을 어떻게 벗어날 수 있을까요? 다름을 바라보는 시각이 바뀌어야 합니다. 다름은 제거하거나 변화시켜야 하는 대상이 아니라 그 자체가 존중받을 만한 가치를 가지고 있습니다. 개성(個性), 즉 개별적인 특징이자 특질인 셈이죠.

저는 여러분이 《노자》를 공부하면서 생각을 긍정적으로 바꾸길 바랍니다. 사람은 사회가 정한 방향을 따라가려고 할 수 있습니다. 누구나 부족한 점이 있으니 그럴 수도 있죠. 하지만 자기 나름의 색깔을 잘 가꾸는 것도 자신의 삶을 풍요하게 만드는 방법입니다. 사회가 정했고 많은 사람이 바란다고 해서 그 방향으로 우르르 따라가는 것이 반드시 행복을 가져다주지도 않을 뿐만 아니라 여러분이 자신의 삶을 의미 있게 가꿀 수 있도록 책임을 져주지도 않습니다. 그러니 여러분의 의미와 성공은 스스로 기준을 세워서 나아가면 좋겠어요.

타인과 교집합을 찾는 법

노자는 이처럼 서로 다른 것들과 공존할 수 있고, 모두가 맞물려 있다는 점을 받아들이고 있습니다. 그래서 다음 구절이 중요합니다.

反者, 道之動.
반자, 도지동.

돌아감은 도의 움직임이다.

　반대되는 것은 대립되는 것이 아니라 서로가 서로에게 묻어가고, 다가가는 것이라고 말하고 있죠. '有無相生, 難易相成'처럼 서로가 서로를 이루어주는 것입니다. 즉 나라는 영역은 다른 사람의 영역과 따로 존재하는 게 아니라 서로 포개지지 않고 맞물려 있다는 거예요.

　여러분, 수학 시간에 벤다이어그램을 배우셨죠? 벤다이어그램 두 개가 겹치는 지점을 뭐라고 합니까? 교집합이라고 그러잖아요. 두 개가 겹쳐지는 지점이 있다는 거네요. 사람과 사람도 서로 관계없이 떨어져 있는 게 아니라 서로에게 다가가서 맞물리는 지점이 있다는 거예요. 연애나 결혼도 마찬가지죠. 두 사람이 안 맞는 점도 많지만, 함께 있을 때 편하고, 안전하고, 즐거워지는 교집합의 영역이 있잖아요.

　노자는 서로 다른 것을 완전히 똑같은 것으로 만들자는 게 아니라, 서로 다름을 유지하면서도 맞물리는 지점을 찾아내자고 주장합니다. 그럼 어떻게 하면 될까요? 어떻게 실천하면 되죠?

3강 有無, 경쟁과 갈등으로 내모는 시대　　**101**

是以聖人處無爲之事, …… 生而不有, 爲而不恃, 功成而弗居.
시 이 성 인 처 무 위 지 사, …… 생 이 불 유, 위 이 불 시, 공 성 이 불 거.

-《노자》2장

이렇기 때문에 성인은 억지로 하지 않는 일에 자리한다. …… 자라게 하지만 가지려고 하지 않고, 끊임없이 움직이지만 자랑하지 않으며, 공을 이루어도 머무르지 않는다.

맨 처음은 성인은 '無爲(무위)'로 처신한다는 것인데, 이 '無爲'는 5강에서 좀 더 자세히 살펴보기로 하고, '生而不有, 爲而不恃, 功成而弗居(생이불유, 위이불시, 공성이불거)' 부분에 주목해봅시다. 성인은 다른 생명이 살아가는 데 도움을 주지만 자기 것으로 하지 않고, 뭔가 일을 이뤄내게 하지만 우쭐거리거나 자랑하지 않는다는 거죠. 이건 세상 사람들과 맞물려가는 관계에 있어서 나만의 영역, 다른 사람을 배제한 영역을 가지지 않는다는 뜻입니다. 있음과 없음, 어려움과 쉬움이라는 영역을 따로 설정해놓고 그 두 개를 대립하거나 갈등하는 관계로 보는 것이 아니라, 각자 다름을 가지고 있으면서 맞물릴 수 있는 지점을 찾아내고자 하는 겁니다. 어떻게 살아갈 것인가 하는 질문에 대한 답은 나와 다른 것을 있는 그대로 인정할 수 있어야 한다는 것입니다.

창경궁의 춘당지(春塘池) 부근에 가면 백송이 눈에 띕니다. 보통 소나무는 붉은색이거나 갈색 계통인데, 이 나무는 흰색입니다. 그래서 창경궁에 오시는 분들이 대부분 신기해하며 즐겨 사진을 찍죠. 만약 이

나무도 다른 소나무와 똑같이 생겼다면 이 앞을 지나는 사람들이 주목했을까요? 아마 소나무가 있다는 사실도 모르고 지나칠 수도 있을 거예요. 그런데 이 나무는 소나무처럼 보이는데 껍질이 하얀색입니다. 그래서 사람들의 시선을 빼앗고 의문을 품게 만들어요. 이 소나무는 왜 이렇게 하얗지? 병이 들었나? 나무 앞에 세워진 팻말을 읽어보니 이 나무는 백송이고, 처음에는 푸른색이었다가 점점 자라면서 하얀색이 된다는 설명이 있어요. 그러면 이 나무가 병든 게 아니라 소나무의 한 종류라는 걸 알게 되죠.

이처럼 다르다는 것이 여러분의 시선을 끌어들입니다. 주목하게 만들어요. 다르다는 것은 타인과 구별되는 특색일 뿐만 아니라 세상을 좀 더 다채롭고 다양하게 만드는 요소예요. 만약 모든 나무가 똑같은 색이라면 우리는 이 나무를 볼 이유가 없어요. 이것이 바로 노자가 공존을 주장하는 이유입니나.

지금까지 설명한 것을 정리해봅시다. 노자는 사람과 사람이 모여 살아가는 사회에서 왜 갈등이 생기는지에 대해 고민했고, 그 원인이 이항 대립의 사고에 있다고 보았습니다. 이항 대립의 사고가 저급한 것과 고급한 것, 미숙한 것과 발달한 것을 나누어서 저급한 것에서 고급한 것으로, 미숙한 것에서 발달한 것으로 끊임없이 나아가야 한다고 주장한다는 거죠. 그 과정에서 사람들을 몰아붙이는 폭력성을 가지게 된다고 보았습니다. 이런 사고가 사람을 불편하게 만든다는 겁니다. 그러므로 모든 존재가 모순을 띠지 않은 차이를 가지고 있는 상태에서 자발적으로 변화하도록 내버려두자고 주장합니다. 노자는 많은 사물이 각자 맞물려 있으면서 각자의 개성을 존중받고 받아들일 수 있는 사고를 강조한 것입니다. 이항 대립의 사고를 넘어서서 모순 없는 차이를 개성으로 존중하자는 거죠. 그러면 이 시대의 갈등과 대립이 줄어들 것이라고 보았습니다. 이것이 노자가 내놓은 근본적인 해결책입니다.

물론 사람에 따라 같은 게 편한데 노자는 왜 다른 것끼리 어울리는 게 좋다고 하는지 의문을 가질 수도 있습니다. 여행을 예로 들어보겠습니다. 여행의 즐거움은 익명의 존재가 된다는 데 있기도 하죠. 내가 누구인지 알지 못하는 곳에 가면 편안하게 타자로 묻혀 지낼 수 있죠. 내가 누구인지 아는 우리 동네에 있을 때는 아무래도 행동에 제약을 받습니다. 누구네 아이가 무슨 잘못을 어떻게 했더라는 뒷말을 듣지 않도록 주의해야 하죠. 낯선 곳에 가면 자신을 아는 사람이 없으니 그런 걱정을 하지 않아도 됩니다. 이런 측면에서 차이가 나지 않고 엇비슷한 것이 편할 수도 있습니다. 그것 또한 사람의 성향 중 하나일 수 있죠. 이럴 때 어느 게 맞고 다른 건 틀렸다는 단선적인 사고를 하지는 말자는 겁니다.

우리가 살다 보면 평가를 하거나 목표를 정해야 하는 때가 있고, 모두에게 적용되는 공정한 기준이 있어야 된다는 사실을 부정할 수는 없습니다. 그렇지만 그런 기준에 포함되지 않는 예외, 성소수자처럼 또 다른 특성을 가진 사람이 등장할 수 있다는 걸 인정하자는 겁니다. 하나의 기준에 포함되지 않는 개성이나 능력, 특성을 긍정적으로 볼 수 있다면 같음 자체가 문제라고 할 수는 없죠.

타자와 공존과 환대를 주장하는 노자의 입장도 나름대로 가치가 있고, 어떤 기준을 향해서 나아가자는 공자의 주장도 나름대로 가치가 있습니다. 하지만 획일성만 강조하는 건 문제가 있죠. 획일성만 강조하는 사람들의 특징은, 똑같지 않으면 문제가 있다고 생각하고, 궁극적으로는 나와 다른 편에 있는 적이라고 생각해서 공격하는 사고를 가지고 있다는 점입니다. 이런 태도는 같은 것을 존중하자고 주장하거나 다른 것들의 공존을 주장할 때 제3의 입장이 될 수 없습니다.

道

차갑지만 불편하지 않은 관계맺음

이번 강의의 주제는 따뜻한 도(道)와 차가운 도입니다. '따뜻한 도'라면 추운 날씨의 차 한 잔이 생각나고, '차가운 도'는 뜨거운 여름의 시원한 물 한 잔이 생각나실 텐데, 여기서 따뜻하다거나 차갑다는 것은 일종의 상징입니다. 과연 노자가 말하는 세계의 큰 원칙, 즉 도와 무위(無爲)는 사람과의 관계에 있어서 어떤 정서적 반응을 드러낼까요? 아니면 그런 것이 전혀 없을까요? 그것이 정서적 반응을 드러낸다면 따뜻한 도에 해당할 것이고, 드러내지 않는다면 차가운 도에 해당할 것입니다.

이 주제를 조금 더 일반적으로 풀어가 봅시다. 사춘기가 시작될 때, 세계가 도대체 어떻게 운영되는가 하는 질문을 던지게 됩니다. 이 질문은 두 가지로 바꿀 수 있습니다. 첫 번째가 "세계는 어떻게 생겨났는가?"입니다. 그에 대한 회답은 무엇에 근거를 두었느냐에 따라서 달라질 수 있습니다. 예를 들어 신화나 유신론(일신론), 과학 중 어느 것을 선택하느냐에 따라서 달라집니다.

신화에서는 태초의 거대한 존재에서부터 세계의 생성을 이야기합니다. 그 거대한 존재가 죽으면서 그의 머리카락은 나무가 되고 가슴은 산과 들이 되는 등, 그 존재의 변신을 통해서 지금 우리가 살고 있는 땅이 만들어졌다고 설명하죠. 일신론에서는 신이 이 세계를 만들어냈다고 말합니다. 신이 "있어라!"는 말 한마디로 무에서 유를 창조한 겁니다. 그리고 과학에서는 빅뱅을 이야기하죠. 대폭발에 의해서 현재의 우주가 만들어졌다고 설명합니다.

탄생이 있은 이후에 성장이 시작되죠. 그래서 두 번째 질문이 나옵니다. "세계는 어떻게 굴러가는가?" 이에 대한 대답도 첫 번째 질문과 마찬가지로 무엇에 근거를 두었느냐에 따라서 달라질 수 있습니다. 그리스 신화든 중국 신화든 북유럽 신화든, 여러 명의 신이 싸움을 합니다. 그 싸움에서 이긴 신이 자신의 뜻대로 세계를 운영하죠. 반면에 일신론에 따르면 이 세계는 단 한 명의 창조주가 만들어낸 결과이므로, 그 창조주의 뜻에 따라 굴러가야 합니다.

여기서 중요한 것은 계약 또는 약속입니다. 신의 뜻에 따라 이 세계가 만들어졌다면, 피조물은 창조주의 뜻에 따라 살아야 합니다. 일종의 약속이기 때문이죠. 그런데 약속을 하면 지키는 사람도 있고, 못 지키는 사람도 있습니다. 신도 마찬가지예요. 자신이 만든 피조물이 자신의 뜻을 따르지 않거나 오히려 배반하는 경우가 생깁니다. 그러면 심판을 하고 다시 시작합니다. 그를 통해 세계가 다시 정상적으로 운행되는 게 유일신의 세상입니다. 휴거(携擧, the rapture)라든지 대폭발, 대재앙 같은 내용을 다루는 이야기가 만들어지는 것도 유일신 사고를 반영한 결과입니다.

과학에 따르면 세상은 인간의 정신 또는 욕망에 의해서 운행됩니다. 단 것이 먹고 싶다거나 담배를 피우고 싶다는 욕망이 생길 때 "내 몸이 그걸 원해."라고 말해본 적 있으시죠? 한편으로 인간이 이성적인 존재이기는 하지만, 다른 한편으로 호르몬이라든가 DNA에 의해 움직이는 존재이기도 하다는 거죠.

세계는 어떻게 운영되는가

중국 철학에서는 "세계는 어떻게 생겨났는가?"와 "세계는 어떻게 굴러가는가?"라는 두 가지 질문에 대해 어떤 해답을 내놓았을까요? 지금부터 이 물음을 살펴보겠습니다. 이어서 노자는 어떻게 생각했는지 살펴보겠습니다.

天佑下民, 作之君, 作之師.
천 우 하 민, 작 지 군, 작 지 사.

– 《서경(書經)》〈태서(泰誓)〉

하늘이 백성을 도와주는데, 그들을 위해 군주를 세워주고 스승을 세워준다.

이것은 중국 철학의 초기 해법이라고 할 수 있습니다. 하늘이 사람을 도와 군주와 스승을 세워준다는 거죠. 그래서 군주들은 자신을 세워준 상제(上帝)를 섬겨야 합니다. 군주는 상제의 뜻에 따라 상제를 대신하여 세상 사람들을 너그럽게 품어주고 돌봐줍니다. 이렇게 《서경》에는 인격화된 하늘이 나옵니다. 그것을 '하늘(하느님)'이라고 부르기도 하고 '상제'라고 부르기도 합니다. 이 세계는 하늘이라든지 상제의 뜻이 있고, 그 뜻에 따라서 굴러가도록 되어 있다고 보는 겁니다. 피조물인 사람도 늘 세계의 생성과 운행을 위해 하늘을 염두에 두어야 한다는 거죠.

《주역(周易)》을 보면 조금 다른 이야기가 나옵니다. '天地大德曰生(천지대덕왈생)', 하늘과 땅의 큰 역량(힘)은 생성에 있다는 겁니다. 우리가 봄에 산을 올라갔을 때와 겨울에 올라갔을 때 만나는 생태 환경이 크게 다르죠. 겨울에 가보면 모든 게 죽은 것처럼 보여요. 반면 봄이 되면 죽은 듯한 나무에서도 새싹이 돋아나죠. 그런 과정을 《주역》에서는 하늘과 땅의 작용으로 생명이 끊임없이 태어나는 것이 이 세계라고 설명하는 거예요. 여기서 다소 모호한 점이 있지만 세계의 운영을 《서경》처럼 신의 작용과 연결해 말하지 않고 있습니다.

또 다른 문장을 보겠습니다.

一陰一陽之謂道, 繼之者善也, 成之者性也. 生生之謂易.
일 음 일 양 지 위 도, 계 지 자 선 야, 성 지 자 성 야. 생 생 지 위 역.

— 《주역》〈계사전(繫辭傳)〉 상

노자의 인생 강의

한 번 음했다가 한 번 양하는 것이 도다. 그렇게 이어가는 것이 선이고, 그 흐름을 완성시켜주는 것이 성(性)이다. 그러면서 생명이 끊임없이 이어지는 것이 역(易)이다.

그러니까 한 번 음(陰)이 되었다가 다시 양(陽)이 되는 과정이 도라는 것입니다. 즉 음과 양이라는 힘(세력)이 끊임없이 바뀌어가는 것이지, 늘 음이거나 양으로 지속되지 않는다는 거죠. 그렇게 바뀌어가는 흐름이 끊어지지 않게 쭉 이어가는 것이 선(善)이고, 그런 흐름을 완성시켜주는 것이 성(性)이라는 겁니다. 그러면서 생명이 끊임없이 이어지는 것이 역(易)이라고 말하는 겁니다.

하느님이나 상제를 상정하지 않고서 만물의 생(生), 선(善), 성(性)이 있다는 것을 보면 나아가야 할 방향은 있다는 거죠. 그리고 그 방향대로 계속 나아가서 결실을 맺니아 한다는 겁니다. 《주역》은 인격적인 존재를 강하게 전제하지 않지만, 세상이 나아가야 하는 방향을 긍정하는 점에서 《서경》과 커다란 차이를 보이고 있습니다. 이때 '一陰一陽(일음일양)'은 뭔가 끊임없이 반복되는 이미지를 나타내고 있는데, 이게 기계적인 운동처럼 보이기도 합니다. 이처럼 《서경》에는 세상을 만들거나 운영하는 신, 하늘이나 상제가 확실하게 있습니다. 반면에 《주역》은 신적 존재를 상정하지 않고 세계의 운영을 설명하고 있습니다.

《공자성적도》 중에 〈니산치도(尼山致禱)〉라는 그림이 있습니다. 앞서 1강에서 《맹자성적도》에 대해 설명을 드렸는데, 《공자성적도》도 같은 성격의 그림입니다. 공자의 출생부터 사망에 이르기까지 삶의 굽이

그림 9 《공자성적도》 중 〈니산치도〉

굽이에 있었던 중요한 사건들을 그림으로 그려놓은 것이죠.《공자성적도》는 70여 장짜리도 있고 140여 장짜리도 있는 등 상당히 차이가 많습니다.[1]

공자의 아버지는 나이가 많았고, 어머니는 세 번째 부인이었어요. 아들을 잉태할 수 있을지, 순산할 수 있을지 등 여러 가지 걱정이 많았습니다. 그래서 공자의 어머니는 기도를 하려고 니산에 갑니다. 그림 9의 오른쪽 위를 보면 구름 뒤에 산이 보이죠? 그게 니산 또는 니구산(尼丘山)입니다.[2] 그곳에서 향을 사르고 기도하는 의식을 치릅니다. 자식을 점지하여 낳게 해달라고 비는 거죠.

산에 와서 기도를 한다는 것은 뭐예요? 임신과 출산이 순전히 자연

노자의 인생 강의

적인 일이 아니라 신적인 존재에 의해 결정되는 일이라는 뜻이잖아요. 이렇게 보면 노자가 등장하기 이전에 사회에는 신이 있다고 생각하는 흐름도 있고, 신이 없다는 흐름도 있어서 상반된 입장이 뒤섞여 있었던 겁니다.

노자의 폭탄선언, "하늘은 뜻이 없다"

그렇다면 노자는 어떻게 생각했을까요? 이와 관련해서 노자는 요즘 말로 하면 '폭탄선언'을 합니다. 당시 사람들이 깜짝 놀랄 말을 했죠. "하늘은 아무런 뜻이 없다." 다른 말로 바꾸면 "자연이 운행되는 데는 사랑이나 자비가 없다."고 할 수 있습니다. 《서경》에서는 신이 있는 게 확실했고, 《주역》에서는 신이 없어 보입니다. 공자의 어머니 세대만 하더라도 신의 존재를 믿는 문화가 있었죠. 전체적으로 보면 신이 있다는 생각이 주류를 이루고 있었습니다. 그런 흐름에서 노자는 신의 존재를 부정했으니, 폭탄선언을 한 셈이죠. 노자의 선언은 기존의 철학과 사회의 흐름에서 보면 상당히 획기적일 뿐만 아니라 이질적입니다. 노자보다 후대의 인물인 맹자도 사람의 성(性)이 하늘(하느님)과 관련이 있다고 생각할 정도였으니까요.[3]

과연 노자가 한 말이 무엇인지 《노자》를 통해서 한번 보도록 하겠습니다.

天地不仁, 以萬物爲芻狗. 聖人不仁, 以百姓爲芻狗.
천지불인, 이만물위추구. 성인불인, 이백성위추구.

천지는 만물을 사랑하지 않는다. 만물을 모두 풀 강아지로 여긴다. 성인은
사랑하지 않는다. 백성을 모두 풀 강아지로 여긴다.

《노자》 5장에 나오는 구절입니다. 이 구절의 핵심은 '추구(芻狗)'입니다. 추구란 볏짚으로 만든 개입니다. 백 년 전만 해도 우리 민속에 추구나 제웅이 있었어요. 제웅은 볏짚으로 만든 사람입니다. 정월 대보름이 되면 짚으로 사람 모양을 만들어서 그 안에 동전을 집어넣었어요. 그리고 길에 버립니다. 나를 닮은 제웅을 집 밖으로 던짐으로써 나한테 다가올 액이 사라지기를 바라는 겁니다. 추구라는 것은 제사 지낼 때 쓰던 물건으로, 제사를 지내는 동안에는 추구를 보고 절을 하지만, 제사가 끝나면 내다버립니다.

그러니까 천지가 만물을 추구처럼 여긴다는 것은 그것을 사랑하거나 아끼거나 돌보는 마음이 없다는 뜻입니다. 결국 천지와 만물 사이에 정서적 인격적 유대가 조금도 없다는 말이죠. 성인도 마찬가지로 백성을 위해 있기는 하지만, 백성을 위해서 뭔가를 하는 게 아니라는 겁니다. 성인은 그냥 그 일을 할 뿐이지, 백성을 아끼는 마음에서 백성을 위해 일하는 게 아니라는 겁니다. 이처럼 노자는 자연에 자비가 없다는 것을 강조하고 있습니다.

116   노자의 인생 강의

같은 《노자》 5장에 이런 말도 나옵니다.

天地之間, 其猶橐籥乎! 虛而不屈, 動而愈出, 多言數窮, 不如守中.
천 지 지 간, 기 유 탁 약 호! 허 이 불 굴, 동 이 유 출, 다 언 삭 궁, 불 여 수 중.

－《노자》 5장

하늘과 땅 사이는 풀무(바람통)와 같구나! 비어 있지만 다함이 없고, 움직일
수록 더 많이 생겨난다. 말이 많으면 자주 막히니, 중을 지키는 것만 못하다.

《서경》에서 천지는 만물과 사물을 아끼고 사랑합니다. 사람이 불행하
기보다 행복하기를 바랍니다. 그리하여 가뭄이 들면 비를 내리도록 하
죠. 그런데 노자는 천지가 만물에 대해 자비가 없다고 선언합니다. 그
는 이 주장을 뒷받침하기 위해 '탁약(橐籥)'의 이미지를 빌려옵니다. 탁
약이란 풀무를 가리킵니다. 바람을 일으키는 기구죠. 불이 약하면 풀
무를 돌려서 세게 만들어요. 야외에서 고기를 구워 먹을 때 숯불의 열
기가 약하면 입으로 바람을 불어 불씨를 살리죠. 풀무는 사람의 입 대
신에 바람을 일으키는 도구예요. 풀무가 계속 바람을 일으키면 텅 비어
있는 것처럼 보이는 곳에서 움직임이 나타납니다. 그 과정에 어떤 신적
존재가 개입하지 않습니다. 그냥 풀무를 돌리면 바람이 일어날 뿐입니
다. 노자의 이러한 사고는 《서경》이 아니라 《주역》의 '天地大德曰生',
즉 세상이 생명을 계속 낳는 방향으로 간다는 설명과 닮아 있습니다.
다만 《주역》에서는 천지의 작용을 생명으로 특칭하고 있지만, 노자는

그림 10 김홍도, 〈대장간도〉

뚜렷하게 무엇으로 규정하지 않습니다.

　김홍도의 〈대장간도〉 그림을 보면 사람들이 작업을 하면서 풀무로 불을 일으키는 장면이 있습니다. 그 바람이 어디에서 생길까요? 누가 인위적으로 없던 바람을 만든 게 아니죠. 천지의 기압 차이에 의해 크고 작은 바람이 일어납니다.

혹시 시멘트 계단의 작은 틈에서 풀이 자라는 것을 본 적이 있으세요? 그 풀은 어디에서 왔을까요? 바람이 씨앗을 그 작은 틈으로 옮겨서 싹이 난 거죠. 사람이 일부러 심은 게 아니에요. 바람이 불어서 씨앗이 이리저리 날리다가 우연히 그 작은 틈으로 들어가게 되었고, 거기에서 자연조건이 맞으니까 발아를 해서 풀이 자라게 된 겁니다. 원래는 없던 씨앗이 옮겨와서 풀이 자라게 된 거죠. 그래서 어느 날 무심코 지나던 길에 계단의 작은 틈새에서 풀이 나 있는 게 보입니다.

노자는 이 세상도 마찬가지라고 봅니다. 누군가 계획을 세워서 이 세상을 만든 게 아니라는 거죠. 어떤 신적 존재가 개입하지 않더라도 풀무처럼 바람을 일으키면 그 작용에 의해서 뭔가 위에 있던 것이 아래로 가고, 아래에 있던 것이 위로 갑니다. 이런 작용을 통해서 없던 것들이 생겨난다는 거죠. 이처럼 "세계는 어떻게 만들어졌는가?", "세계는 어떻게 움직이는가?" 하는 질문에 대한 노자의 대답은 《서경》의 사고와는 상반됩니다. 세상에는 인격적인 하늘이나 상제가 없고, 세상을 이끌어가야 하는 특정 방향도 없다고 말하는 거예요. 노자는 그냥 기계적인 작용과 마찬가지로 바람이 불고, 비가 오고, 기후가 바뀔 뿐이라고 합니다. 바람이 불어 위아래가 뒤섞이면 그 자리에서 씨앗이 넘나들고 자리를 옮기다가 생명이 나타난다는 거죠. 노자는 자연의 큰 흐름에 사랑이나 자비, 방향이 있다고 생각하지 않은 거예요. 이렇게 보면 노자의 자연 인식과 세계관이 세계에서 신을 추방시킨 근대의 사유와 꽤 닮았다고 할 수 있습니다.

노자가 "천지는 만물을 사랑하지 않는다."고 폭탄선언을 한 뒤에 어떻게 되었을까요? 그의 선언이 충격적이었던 만큼 여러 사람에게 영향을 주었습니다. 학파의 경계를 넘어 당시 사람들로 하여금 자연을 바라보는 새로운 시야를 열어주었습니다. 예컨대 유가에 속하는 순자(荀子)에게서 노자의 자연 인식과 상당히 닮은 점을 찾을 수 있습니다. 어떤 점이 닮았는지《순자》〈천론(天論)〉을 살펴보겠습니다.

天行有常, 不爲堯存, 不爲桀亡. 應之以治則吉, 應之以亂則凶.
천 행 유 상, 불 위 요 존, 불 위 걸 망. 응 지 이 치 즉 길, 응 지 이 란 즉 흉.

强本而節用, 則天不能貧 ; 養備而動時, 則天不能病 ; 修道而不貳,
강 본 이 절 용, 즉 천 불 능 빈 ; 양 비 이 동 시, 즉 천 불 능 병 ; 수 도 이 불 이,

則天不能禍. 故水旱不能使之飢, 寒暑不能使之疾, 祅怪不能使之凶.
즉 천 불 능 화. 고 수 한 불 능 사 지 기, 한 서 불 능 사 지 질, 요 괴 불 능 사 지 흉.

……

不可以怨天, 其道然也. 故明於天人之分, 則可謂至人矣.
불 가 이 원 천, 기 도 연 야. 고 명 어 천 인 지 분, 즉 가 위 지 인 의.

- 《순자》〈천론(天論)〉

하늘(자연)의 운행에는 늘 일정한 흐름이 있다. 그 운행은 훌륭한 요임금을 위해 존재하지도 않고, 나쁜 걸임금 때문에 없어지지도 않는다. 하늘의 운행에 다스림으로 호응하면 길하고, 혼란으로 호응하면 흉하다. 기간산업(농사)에 힘쓰고 행정 비용을 아끼면 하늘도 사람을 가난하게 할 수 없고, 빈틈없

이 보살피고 제때 움직이면 하늘도 사람을 병들게 할 수 없으며, 도를 닦아 그에 어긋나지 않으면 하늘도 사람에게 화를 입힐 수 없다. 그러므로 장마와 가뭄도 사람을 굶주리게 할 수 없고, 추위와 더위도 사람을 병들게 할 수 없으며, 심술궂은 요괴도 사람을 불행하게 할 수 없는 것이다. …… 하늘을 원망할 필요가 없으며, 이치상 그렇게 된 것이다. 그러므로 하늘과 인간의 경계를 명확하게 나누면 지극한 사람이라 할 수 있다.

여기서 가장 먼저 天(천)은 인격적 존재의 어감을 조금도 가지지 않고 오늘날 자연의 의미에 가깝다는 점을 지적하고 싶습니다. '天行有常(천행유상)', 자연이 움직여가는 데는 늘 일정한 흐름이 있다는 겁니다. 그런데 그 흐름은 성군으로 이름난 요임금을 위해서 존재하는 것도 아니고, 폭군으로 알려진 걸임금 때문에 없어지는 것도 아니라는 거죠. 그저 때에 맞게 일어나서 반응하면 좋은 흐름이 일어나고, 혼란스러운 방식으로 반응하면 안 좋은 결과가 일어난다는 거죠.

'强本而節用, 則天不能貧(강본이절용, 즉천불능빈)', 사람들이 해야 할 본업, 즉 농사를 짓고 절약을 하면 하늘이 아무리 가난하게 만들려고 해도 그렇게 할 수가 없다는 거예요. 또한 자기 몸을 잘 돌보고 움직여야 할 때에 맞춰 움직이면 아프게 만들 수가 없다는 거죠. 천(天) 또는 천지(天地)가 사람에게 거대한 작용을 한다고 하더라도 그 작용은 사람의 욕망, 바람과 아무런 관련이 없다는 거예요. 자연이 사람에게 유리한 환경을 제공하면 좋겠지만, 그것은 의도해서 그렇게 된 것이 아니라 조건에 부합해서 일어난 결과일 뿐입니다.

그러면서 계속 말합니다. '故水旱不能使之飢, 寒暑不能使之疾(고수한불능사지기, 한서불능사지질)', 만약 장마나 심각한 가뭄이 들더라도 평소 저수지를 만들어놓는 등 적절하게 대처하면 피해에서 벗어날 수 있다는 거죠. 사람이 대책을 세우면 자연재해가 아무리 심각해도 굶거나 목이 타서 죽게 만들 수도 없다는 거예요. 또는 더위와 추위가 아무리 심해도 잘 대비하면 아프게 만들 수도 없다는 겁니다.

이렇게 자꾸만 따져보면 자연과 사람 중에 누가 더 힘이 세요? 하늘이나 자연보다 사람의 힘이 더 센 거예요. 이 지점에서는 노자와 순자가 갈라집니다. 사람과 자연의 역량과 관련해서 두 사람의 의견이 다르죠. 노자가 강조하는 것은 자연의 흐름에는 방향도 없고, 그것을 결정하는 신도 없다는 겁니다. 순자도 여기까지는 받아들여요. 그리고 거기서 한 걸음 더 나아가서 새로운 질문을 던집니다. 자연과 인간의 관계에서 삶의 조건은 무엇에 달렸느냐 하는 거죠. 순자는 사람이 어떻게 하느냐에 달려 있다고 생각했습니다. 하늘은 보조적인 작용을 할 뿐이고 사람이 주도적인 작용을 한다는 거죠. 그러니까 '不可以怨天, 其道然也(불가이원천, 기도연야)', 무슨 일이 있다고 해서 하늘을 원망할 필요가 없다는 거예요.

예컨대 이런 상황이에요. "후쿠시마 원전 사고가 일어나지 않았더라면 지금쯤 일본에서 유학하고 있을 텐데." "부모님이 경기 호황기를 만나 사업이 대박을 쳤더라면 내가 등록금 때문에 이렇게 고생하지는 않았을 텐데." "내가 한국이 아니라 영어권 나라에게 태어났더라면 지금 영어를 배우느라 고생하지 않았을 텐데." 이런 생각을 한번쯤 해본 적이 있지 않나요? 지금까지 자라면서 공동체에게 받은 것은 생각하지 않고, 못 받은 것만 생각해서 서운해하는 거죠. 그럴 필요는 없죠. 오히려 과거의 일은 잘 대비했더라면 막거나 피해를 줄일 수 있었을 테고, 앞으로의 삶은 스스로 개척해야죠. 그래서 순자는 '故明於天人之分, 則可謂至人矣(고명어천인지분, 즉가위지인의)'라고 말합니다. 하늘과 사람, 자연과 사람의 경계를 정확하게 나눌 수 있는 사람이라면 지인, 즉 최고의 재능인이라고 말할 수 있다는 거죠.

노자를 배우면서 왜 순자를 언급할까요? 우리가 학파라는 틀에 갇혀서 생각하면 안 되기 때문입니다. 학파가 다르니 사상도 완전히 다를 거라고 생각하지 말고, 비슷한 점과 다른 점을 찾아서 비교해보면 좀 더 잘 이해할 수 있어요. 또 노자의 사고가 이후에 어떤 영향을 끼치고 발전하게 되었는지 순자를 통해 알 수도 있습니다.

하늘을 원망하는 시가 나타난 이유

《시경(詩經)》에서부터 사람들은 하늘의 위대성에 대해 회의를 하기 시작합니다. 그 이전에는 하늘이라든지 상제가 있어서 복선화음(福善禍淫), 즉 착한 사람에게는 상을 주고 나쁜 사람에게는 벌을 준다고 생각했어요. 하늘이 정의를 지키는 보루 역할을 한다고 믿었던 거예요. 그런데 현실은 어때요? 벌을 받아야 하는 놈은 벌을 안 받고, 상을 받아야 하는 사람은 상을 못 받잖아요. 그래서 '怨天詩(원천시)', 하늘을 원망하는 시가 나타나기 시작합니다.[4] 상제가 있다면 그런 상황을 방치하지 말고 해결해야 할 텐데, 왜 그러느냐는 거죠.

노자도 원천시의 전통을 잇는다고 할 수 있습니다. 만약 상제 같은 존재가 있다면 자연이나 사회에서 일어나는 불의한 일들이 없도록 해야 돼요. 그런 일들이 해결되지도 않고 오랫동안 이어진다는 것은 결국 이 세상을 만들거나 운영하는 신적 존재가 없는 것과 마찬가지라는 거죠. 그런 의미에서 노자는 하늘이 사람을 아껴서 비를 내린다거나 미워해서 가뭄이 이어지게 하는 게 아니라, 전부 자연적인 과정이라고 보는 겁니다. 풀무에서 바람이 일어나면 불이 일어나고, 불이 일어나면 쇳덩이가 녹는 작용이 일어나는 것과 마찬가지로 순전히 자연적인 과정일 뿐이지, 외부의 개입이 없다고 말하고 있습니다.

유아기적인 사고의 단계에서 바라거나 피하고 싶은 일이 생기면 신적 존재나 천사의 도움을 받아서 해결할 수 있다고 생각합니다. 크리스마스가 되면 산타클로스 할아버지가 선물을 나눠준다고 생각하고 〈콩쥐 팥쥐〉 동화에서 콩쥐가 어려운 상황에 놓일 때마다 새 떼가 몰려와 곡식을 까주고 선녀가 내려와 베를 짜줍니다. 이런 사고가 가장 잘 드러나는 것이 할리우드의 영웅 영화일 겁니다. 〈다이 하드〉 시리즈의 브루스 윌리스, 〈미션 임파서블〉 시리즈의 톰 크루즈는 공공의 안전이 위협받고 국가 기밀이 적국에 넘어갈 상황이 오면 초인적인 능력을 발휘하여 문제를 해결합니다. 아마 노자가 그런 영화를 봤다면 껄껄 웃을 거예요. 사람들이 위로를 받기 위해 그런 영화를 볼지는 모르겠지만, 세상에는 그런 것이 없다고 생각하니까요.

노자는 세상에 신적 존재가 활약한다기나 자연과 사람 사이에 특별한 교감 작용이 있다고 보지 않습니다. 세상은 철저하게 객관적인 리듬에 의해 흘러갈 뿐입니다.

不尙賢, 使民不爭. 不貴難得之貨, 使民不爲盜. 不見可欲, 使民心不亂.
불 상 현, 사 민 부 쟁. 불 귀 난 득 지 화, 사 민 불 위 도. 불 견 가 욕, 사 민 심 불 란.

–《노자》3장

현자를 높이 떠받들지 않으면 사람이 앞다투어 현자가 되려고 하지 않는다. 가지기 힘든 재화를 귀하게 여기지 않으면 사람들이 그 재화를 훔치려 하지 않는다. 바라는 뜻(방향)을 내보이지 않으면 그에 맞추느라 사람들의 마음이 어지러워지지 않는다.

'尙賢(상현)'의 '尙'은 '높이다, 숭상하다'는 뜻입니다. 높인다는 것은 다른 것과 달리 두드러지게 대우하는 것입니다. 차이가 나게 하는 거죠. '賢(현)'은 현자, 능력이 있는 자, 뛰어난 자를 말하죠. 그러니까 '賢'이라는 방향으로 나아가는 것입니다. '爭(쟁)'은 사람들이 그쪽으로 줄을 서거나 달려간다는 뜻입니다. 뒤처지지 않는다는 거죠. 앞을 다툰다는 거예요. 현자를 숭상하지 않으면 사람들이 다투지 않는다는 겁니다. 그러니까 어떤 기준을 정하고, 그에 따라 상을 주기 시작하면 사람들이 은연중에 자신도 그렇게 하려는 방향이 생겨버리는 거예요. 그런데 그런 방향을 정하지 않으면 사람들이 그 방향대로 나아가지를 않으니까 다툴 일이 없다는 겁니다.

그다음에 '難得(난득)'은 얻기 어렵다, 귀하다는 뜻이겠죠. '難得之貨(난득지화)', 구하기 힘든 재화는 금이나 다이아몬드 같은 재화나 고위 공직 등을 가리킵니다. 그런 재화를 귀하게 여기지 않는 거예요. 땅에 금덩어리가 떨어져 있어도 아무도 안 줍는다는 뜻이죠. 그러면 사람들이 훔치려고 하지 않습니다. 사람들이 왜 금을 훔칠까요? 그게 돈이 되니까 훔치는 거잖아요. 이런 것을 귀하게 여기니까 사람들이 서로 차지하려고 한다는 겁니다. 정상적인 방법으로 가지지 못하면 훔쳐서라도 내 것으로 만들겠다고 생각하는 거죠. 반면 아무도 금을 거들떠도 안 본다면 누가 금을 훔치겠어요.

그다음의 '欲(욕)'은 욕망이나 뜻을 말하는 겁니다. '可欲(가욕)'은 어떤 방향으로 나아가겠다는 뜻을 비치는 것입니다. 그러면 다른 사람들도 이리저리 움직인다는 겁니다. 예를 들어 데이트할 때 연인이 어떤 물건에 호감을 보였어요. 그래서 상대가 '아, 이 사람이 저걸 좋아하나 보다. 다음에 저걸 사줘야겠다.'고 생각하게 되지요. "이게 좋은 거야", "이 방향으로 가고 싶어" 같은 의지를 나타내지 않으면 사람들도 관심을 보이지 않습니다. 우리가 연애할 때도 상대방의 마음을 읽으려고 고심하잖아요. 이게 무슨 뜻일까, 저게 무슨 뜻일까 고민합니다. 그게 확실한 거라면 안 헷갈릴 텐데, 그렇지 않으니까 헷갈리는 거예요.

노자는 어떤 방향, 즉 상현이나 난득지화, 가욕의 방향을 내보이지 말자는 겁니다. 어떤 방향을 정해놓으면 사람들로 하여금 그 방향으로만 나아가야 할 듯한 생각을 불러일으키게 됩니다. 여러분이 길을 가

다가 사람들이 모여서 웅성거리고 있는 것을 보면 어떻게 하죠? 무심결에 그곳으로 향하게 돼요. 가서 무슨 일인지 쳐다봐요. 그런데 아무것도 없으면 "에이, 볼 필요가 없었네." 하고 중얼거리게 되죠. 그때 그곳에 모여 있던 사람들이 여러분에게 "누가 당신더러 와서 보라고 했어요?"라고 하면 대꾸할 말이 없죠. 사람들이 모여 있으니까 뭔가 있을 거라고 혼자 생각한 것뿐이니까요. 이처럼 뭔가 방향을 정해놓으면, 사람들은 은연중에 그 방향으로 휩쓸려가는 거예요. 원래 가고 싶었던 게 아니라도, 친구 따라 강남 간다는 말처럼 다른 사람들이 가니까 그냥 따라가는 거죠. 그러다 보니 그 방향으로 가면서도 "내가 왜 왔지?" 하고 의문이 생기는 거죠.

방향이 주종과 쏠림을 만든다

그림 11은 청나라 화가인 강도(康濤)의 〈맹모단기교자도(孟母斷機敎子圖)〉입니다. 맹모삼천(孟母三遷)의 고사에서 알 수 있듯이 맹자의 어머니가 자식을 제대로 가르치기 위해 기울인 노력은 참으로 대단했습니다. 그에 관한 여러 가지 일화가 남아 있기도 하고요.[5] 이 그림의 내용도 그중 한 가지입니다. 맹자가 서당에 글공부를 하러 갔다가 도중에 집으로 돌아옵니다. 아직 어린 아이여서 학교생활에 익숙하지 않았던 맹자가 어머니가 보고 싶으니 빠져나온 거예요. 그런데 어머니는 그런 맹자를 따뜻하게 안아주고 위로해주는 게 아니라 갑자기 칼을 가지고 와서

그림 11 강도, 〈맹모단기교자도〉

베틀에서 짜던 베를 잘라버립니다.

이 장면은 두 가지로 해석할 수 있습니다. 그중 하나는 당시 어머니가 맹자를 따뜻하게 안아주었다면 맹자가 학업을 포기했을 거라고 보는 해석입니다. 수업 도중에 도망친 아이를 호되게 질책해서 공부를 계속하게 만들어주었다는 게 지금까지의 해석이죠. 그런데 저는 베틀을 자르는 장면을 본 맹자는 평생 트라우마(trauma)를 지니게 되지 않았을까 하고 생각합니다. 베틀을 보거나 어머니라는 말을 들으면 자다가도 깜짝깜짝 놀라서 일어나지 않았을까요? 일종의 심리적 트라우마와 같은 거죠.

결과적으로 맹자가 잘되었으니까 맹자 어머니의 교육도 좋게 볼 수 있습니다. 하지만 맹자의 어머니는 어떻게 보면 잔인하다고도 할 수 있을 거예요. 자식을 잘 키워야 한다는 목적이나 방향을 정해놓고는 그것에 맞지 않는 일이 있으면 조금도 허용

노자의 인생 강의

하지 않았죠. 아이가 게임을 10분만 더 하겠다고 하면 전쟁이라도 벌일 듯이 윽박지르는 게 오늘날 우리의 자화상이잖아요. 맹자 어머니의 후예들이죠. 우리가 어떤 방향을 정해놓으면 그만큼 잔인해질 수 있다는 겁니다. 그 방향이 사람을 잔인하게 한다면, 방향을 정하지 않아야 한다는 게 노자의 생각입니다. 단순하게 살아야 한다는 거예요.

우리는 맹자의 어머니를 통해서 방향을 정해놓고 이것 아니면 저것을 선택하라는 강요의 가장 잔인한 방식을 살펴보았습니다. 물론 그 일화를 긍정적으로 해석하는 사람도 있습니다만, 다음의 사건은 그 누구도 긍정적으로 볼 수 없을 거예요.

분서갱유는 진시황이 관련된 일화입니다. 진(秦)나라가 중국을 통일한 뒤 사람들은 진시황의 정치를 보고 왈가왈부를 했습니다. 각자 고전을 근거로 자신의 관점에서 옳고 그름을 논한 것이죠. 사람들이 모여서 특정 관리를 비판하고 징계시키게 비판했습니다. 그들은 《시경》에 따르면", 《서경》에 따르면", 《춘추》에 따르면", 《주역》에 따르면"이라면서 경전을 근거로 현실 정치를 비판했습니다. 진시황의 정치가 틀렸다는 거죠. 이를 이고자금(以古刺今), 즉 옛 문헌을 제시하며 현실을 풍자한다고 합니다.

진시황과 이사(李斯)가 볼 때 그런 비판이 건전하기보다는 불편하게 느껴지는 거예요. 자꾸만 옛 문헌에 근거해서 현 정부를 비판하니까 결국 분서(焚書)와 갱유(坑儒)를 실시합니다. 경전을 불태워버리고 유학자들을 파묻어버린 거죠.[6] 이 사건도 방향을 정한 데서 오는 비극이라는 겁니다. 뭔가 한 방향을 정하고 그 방향으로 나아가야 된다고 생각하니까, 그 방향에 맞지 않는 사람들을 그냥 내버려두지 못합니다. 방향이 다르면 그냥 차이가 있다고 인정하는 게 아니라, 다른 것은 내버려둘 수 없다는 것입니다. 너는 나와 다르니까 벌을 받아야 된다는 거죠. 이런 사고가 사회 전체로 번져나간다는 거죠.

어떤 면에서는 방향이 있다는 게 긍정적이기도 합니다. 한밤중에 산에서 길을 잃었는데, 깜깜한 어둠 속에서 불빛 하나가 비추면 희망이잖아요. "살았구나!" 하고 생각하죠. 그런 상황에서는 방향이 있다는 게 희망이 되지만, 만약 그 불빛이 여러분을 납치하기 위한 유혹이라면 어떨까요? 노자 이전까지는 방향이 있다는 게 사람을 편하게 하고, 긍정적인 것이고, 사람을 이끌어주는 힘이라고 생각했습니다. 하지만 노자는 방향이 있다는 것은 사람을 그만큼 불편하게 만든다고 보았습니다. 심한 경우에는 사람을 어렵게 만들고, 못살게 구는 것이기도 하다는 게 노자의 통찰입니다.

노자는 세계와 현상을 유(有)와 무(無), 강(强)과 약(弱)의 이항관계가 서로 대립하는 일면이 있지만 서로 의존하며 발전을 촉진한다고 보았습니다. 그는 전자가 권력을 가진 자들이 세상 사람들을 몰고 가는 방식이고, 후자가 자연의 사실이라고 말합니다. 바로 후자의 통찰이 노자가 개척한 사유의 길이라고 할 수 있습니다. 길을 가다 보면 두 가지 방향을 만나게 되죠. 오른쪽이 있으면 왼쪽이 있고, 앞이 있으면 뒤가 있고, 위가 있으면 아래가 있습니다. 방향은 두 쪽으로 나 있는 거잖아요. 사람도 그렇습니다. 잘사는 사람이 있으면 못사는 사람이 있고, 능력이 많은 사람이 있으면 능력이 조금 떨어지는 사람도 있고, 키가 큰 사람이 있으면 작은 사람도 있습니다. 그러니까 노자는 《주역》과 마찬가지로 세상에는 두 가지 방향, 두 가지 극(양극)이 있다고 생각했어요.

그런데 방향을 정한 사람들은 그다음에 뭘 하죠? 연쇄적인 추종과 무반성적인 쏠림 현상이 일어납니다. 춘추전국시대에 장수와 책사가 인기 있는 직업이 되자 너도나도 장수와 책사가 되려고 노력했습니다. 우리도 특정 프랜차이즈나 업종이 잘나간다 싶으면 골목 곳곳에 유사한 가게가 들어서죠. 그러다가 얼마 뒤에 대부분의 가게가 소리 소문도 없이 자취를 감추게 됩니다. 이처럼 하나의 방향이 정해지니까 사람들이 우르르 그 방향으로 몰려다니며, 거기에 맞추려고 애를 쓰죠. 그리하여 성공하면 좋겠지만 대부분 좋은 결과를 거두지 못하니 쏠림 현상이 얼마나 무모한지 알 수 있습니다.

그래서 노자는 일방향의 사고를 하지 말자고 합니다. 이항관계의 조합은 어느 한쪽으로 기야 되고, 나머지 하나는 결코 따라가서는 안 되는 양자택일이나 흑백논리와 다릅니다. 그것은 두 방향 중 어느 하나가 앞서면 다른 하나가 따라가고, 또 반대의 경우도 가능하여 양자가 서로 맞물려 어울린다는 게 노자의 주장입니다.

聖人處無爲之事, 行不言之敎. 萬物作焉而不辭, 生而不有, 爲而不恃,
성인처무위지사, 행불언지교. 만물작언이불사, 생이불유, 위이불시,

功成而不居. 夫唯弗居, 是以不去.
공성이불거. 부유불거, 시이불거.

- 《노자》 2장

성인은 억지로 하지 않는 일에 자리하고, 말하지 않는 가르침을 옮긴다. 만물이 무럭무럭 자라나게 하지만 이래라저래라 말하지 않고, 자라게 하지만 가지려고 하지 않고, 끊임없이 움직이지만 자랑하지 않으며, 공을 이루어도 머무르지 않는다. 머무르지 않으니 버림받지 않는다.

앞서 3강에서 2장을 부분적으로 살펴보았지만 이제는 전체적으로 검토해보겠습니다. 여기서 '無爲'는 어떤 방향을 정해서 그쪽으로 자꾸만 일을 만들어가지 않는 것입니다. '萬物作焉而不辭(만물작언이불사)', 만물이 자라게 하지만 그에 대해 말하지 않는다는 겁니다. 말한다는 것은 뭐죠? 보통 간섭할 때 '이거 하라', '저거 하라', '이거 하지 마라' '저거 하지 마라' 하는 식으로 말하잖아요. 그런 말을 아예 하지 않는 방식으로 대응한다는 거예요. 만물이 생겨나고 자라지만 자기 것으로 받아들이지 않습니다. '生而不有(생이불유)', 만물이 이 땅에 생겨나지만 그것을 자기 것으로 소유하지도 않는다는 말이죠.

이렇게 사물과 사물의 관계가 일정한 거리만큼 떨어져 있습니다. 따뜻하게 이어져 있는 게 아니라 차갑게 떨어져 있어요. 노자는 이어져 있어서 따뜻하고 포근할 수 있지만 서로 침범하여 괴로운 일이 생기므로 떨어져 있어서 차갑지만 불편하지 않고 상황에 따라 상호 발전적으로 자극을 줄 수 있다고 말합니다. 차갑지만 불편하지 않은 관계가 가능하다는 겁니다. 뒤쪽의 7강 소국과민(小國寡民)에서 자세히 살펴보겠지만 불필요한 관계를 최소화하여 적절한 거리를 유지하며 상호 간섭을 줄이고 상황에 따라 만나게 됩니다. 감정의 유대로 보면 차갑지만 관계의 자유로 보면 불편하지 않게 됩니다.

이렇게 차갑지만 불편하지 않아 상호 발전적인 관계를 촉감으로 나타낼 수 있습니다. 우리가 여행을 가서 호텔에 묵을 때 침대 시트에 처음 닿는 느낌이 어떻던가요? 차갑죠. 그런데 그 감촉이 그렇게 나쁘지는 않아요. 초겨울 날씨도 마찬가지죠. 덥지도 춥지도 않은 날씨예요. 땀으로 끈적거리지 않아서 상큼하게 느껴지는 날씨죠. 그 촉감이 노자가 바라는 관계의 양상입니다.

부드러운 물은 도의 아바타

노자도 거리를 유지하여 차갑지만 서로에게 요구하지 않아 부담 없는 관세맺음을 실명힐 필요성을 느끼고 있었습니다. 그는 두 가지에 주목했습니다. 하나는 물이고 다른 하나는 부드러움 또는 여성성입니다. 둘 다 기존의 사상에서 크게 주목을 받지 못하던 대상이자 성질이죠. 노자는 어떤 점에서 물과 부드러움에 주목하게 되었을까요?

上善若水, 水善利萬物而不爭, 處衆人之所惡, 故幾於道.
상선약수, 수선리만물이부쟁, 처중인지소오, 고기어도.

– 《노자》 8장

최고의 선은 물과 같다. 물은 만물을 잘 대해주고 이롭게 하지만 다른 것과 다투지 않고, 사람들이 싫어하는 곳에 자리한다. 그러므로 물은 도에 가깝다.

언뜻 보기에는 물과 도의 관련성이 이해되지 않습니다. 물은 흘러가는 방향을 가지고 있고, 노자는 특정한 일방향성을 부정하고 있기 때문이죠. 노자는 물의 이미지에 대한 전복을 시도합니다. 기존에 알려진 이미지와 전혀 다르게 생각하죠. 물은 분명 높은 곳에서 낮은 곳으로 나아갑니다. 하지만 그 낮은 곳은 정해져 있지 않을 뿐만 아니라 누구나 싫어하는 곳입니다. 물은 서로 앞 다투어 가고자 하는 곳을 향하지 않고 모두가 가기 싫어하는 곳으로 묵묵히 나아갑니다. 아울러 그 과정에서 물은 지나는 곳곳마다 만물을 가리지 않고 잘 대해줄 뿐만 아니라 도움을 주기도 합니다.

‘上善若水(상선약수)’와 ‘幾於道(기어도)’를 겹쳐 읽으면 상선, 즉 최고의 선, 가장 아름다운 선은 도와 같다는 것을 알 수 있습니다. 물은 주변을 적시는 등 온갖 궂은일을 마다하지 않고 생명을 잉태시키지만, 다른 것과 더불어 싸우지 않고 모든 사람이 싫어하는 낮은 곳에 처합니다. 기능이라는 면에서 보면 물은 도가 하는 일을 대신하고 있습니다. 물은 도의 아바타라고 할 수 있습니다. 그래서 ‘道’에 따른 삶이 물과 가깝다고 말하고 있습니다.

天下莫柔弱於水, 而攻堅强者, 莫之能勝.
천 하 막 유 약 어 수 . 이 공 견 강 자 . 막 지 능 승 .

— 《노자》 78장

천하에 물처럼 부드럽고 약한 것이 없다. 하지만 단단하고 뻣뻣한 것을 이기는 데 물보다 나은 것도 없다.

78장에서 노자는 물의 새로운 성질에 주목합니다. 물은 액체로서 특정한 모양을 지니고 있지 않습니다. 고체에 비해 한없이 부드럽습니다. 그렇지만 노자가 오행(五行)의 상관성에 대해 알고 있는 듯이 물은 어떤 사물이든 이길 수 있다고 주장합니다. 사물을 변화시킬 수 있는 물의 힘을 암시하고 있는 듯합니다. 따라서 보통은 단단하고 뻣뻣한 것이 부드럽고 약한 것을 이기리라 예상하지만, 노자는 보기 좋게 우열을 뒤바꿔버립니다. 이것은 분명 관리와 계몽의 세상에서 "더 굳세게 더 강하게"를 모토로 진행되는 기획이 얼마나 무모한가를 역설적으로 보여주고 있습니다.

《노자》 36장에서도 보이는 이 유약(柔弱)은 물의 구상성과 더는 결합하지 않고서 강강(剛強)을 이길 수 있는 보편성을 획득하게 됩니다.[7] 이렇게 보편성을 획득한 유약은 기존의 열위에 있던 이항을 새롭게 조망하게 만들었습니다. 그것이 바로 남과 여의 이항관계에서 여성성에 대한 발견으로 이어졌습니다.

谷神不死, 是謂玄牝. 玄牝之門, 是謂天地根. 綿綿若存, 用之不勤.
곡 신불사, 시 위현빈. 현 빈지문, 시 위천지근. 면면약존, 용지불근.

– 《노자》 6장

죽지 않는 골짜기의 신, 이를 검은 암컷이라 부른다. 검은 암컷의 문, 이를 하늘과 땅의 뿌리라고 부른다. 끊어지지 않고 죽 잇달아서 겨우 있는 듯하지만 그 쓰임은 멈추지 않는다.

물의 발견은 부드럽고 약한 것으로 관심을 이어갔습니다. 유약의 특성이 도와 닮은 자격을 갖추게 되자 유사성의 확장이 일어나게 되었습니다. 《노자》 41장에서 최고의 덕은 골짜기와 같다는 '上德若谷(상덕약곡)'에서 골짜기는 물과 같기 때문에 주목을 받게 되었죠. 골짜기는 낮은 곳에 있으면서 가리지 않고 받아들이는 포용성을 나타내고요. 이어서 6장처럼 골짜기와 여성성이 복합적으로 결합하여 끊임없는 생성 능력을 나타내고 있습니다. 이로써 부드럽고 약한 것이 무능하고 쓸모없어 내다버려야 하는 쓰레기가 아니라 쓰레기마저 받아들이는 포용력으로 무한한 생명력을 발휘하는 무한한 자원으로 전화되고 있습니다.

이번 강의를 정리해봅시다. 우리는 세계의 생성과 운행에 대해 근본적인 질문을 던집니다. 한마디로 '신이 있느냐, 없느냐' 이런 거죠. 이 질문에 대해 노자는 '자연에는 자비나 사랑은 없다'며 폭탄선언을 했고, 순자가 그 사상을 어느 정도 이어받았습니다. 세계는 외부 힘의 개입 없이 자체적으로 움직인다는 거죠. 세상에 존재하는 두 가지 힘은 하나의 방향을 정해서 한쪽이 다른 쪽으로 끌려가는 것이 아니라 각자가 맞물려서 가는 상생의 측면이 있다는 것이 노자 사상의 핵심입니다. 그런 방향을 정하지 않음으로써 사람들을 오히려 자유롭게 해준다는 것이 노자의 메시지입니다.

노자는 방향이 있으면 혼란스럽다고 해명했지만, 어떤 이는 어디를 갈 때 방향이 없다면 혼란스럽게 느낄 수 있습니다. 나름 일리가 있는 이의 제기라고 할 수 있습니다. 우리는 사물의 두 가지 측면에 대해서 생각해볼 수 있습니다. 만약 선택을 하지 못해서 고민하고 있는 사람이라면 누군가 딱 방향을 정해주면 좋겠다고 생각할 때가 있죠. 그런데 노자가 고민했던 것은 자기 시대가 방향이 없어서 문제가 아니라 과잉이라서 문제라는 거예요. '이 방향으로 가야 해', '이렇게 살아야 해' 같은 말이 너무 많다는 거죠. 오늘날로 치면 학생들에게 '이 과외를 해라, 저 과외를 해라, 또 저것도 해야 한다' 이러는 거예요. 방향이 너무 많다 보니 그것이 오히려 사람을 억압하고 힘들게 하고 괴롭히잖아요. 그래서 노자가 생각하는 겁니다. 도대체 이 방향은 무엇인가?

당시 사람들은 방향이 사람을 자유롭게 만든다고 생각했어요. 그런데 노자가 깊이 생각해보니, 방향이 있다는 것이 오히려 사람을 괴롭히는 측면이 있다는 겁니다. 그래서 노자는 자연과 사회 현상에는 원래 방향이 없다고 주장하는 겁니다. 그러니 새로운 방식으로 세상을 바라보고 접근해보자는 겁니다. 일종의 리셋이죠. 리셋을 잘하려면 단단하고 뻣뻣한 성질보다 부드럽고 약한 물의 특성을 가지고 있어야 합니다.

無爲

전쟁의 시대를 넘기 위한 해결책

노자를 많이 공부하지 않아도 무위(無爲)가 그의 대표 사상이라는 걸 많은 사람이 알고 있습니다. 이와 관련해서 노자의 설명이 있는데도 많은 사람이 한 가지 의문을 제기합니다. 노자의 말에 따르면 무위를 하면 모든 것이 다 이루어진다고 하지만 실제로 그런지 잘 이해되지 않는다는 식의 질문입니다. 한 걸음 더 나아가서 노자가 정말로 그렇게 생각한 건지, 아니면 말만 그렇게 한 건지 궁금해하기도 합니다.

방금 제기한 의문은 어느 입장에서 생각하느냐에 달려 있습니다. 예컨대 자신이 세상의 주인공이라고 생각하는 사람이 있습니다. 그는 집에서든 사회에서든 많은 일을 척척 잘해요. 그러면서 자기가 없으면 이 일을 누가 하겠냐고 말해요. 그런데 그 사람이 빠지면 그 집과 사회가 정말 무너질까요? 그렇지 않아요. 그 사람이 빠지면 어떤 식으로든 역할이 조정되면서 일이 진행됩니다. 자연은 어떤가요? 사계절이 바뀔 때 사람이 온도를 관리하는 게 아니죠. 오늘은 19도가 되어야 하니까 불을 때고, 내일은 18도가 되어야 하니까 땔감을 줄이는 게 아니잖아요. 고기압과 저기압이 부딪치고 하면서 온도가 바뀌고 사계절이 바뀌잖아요.

사람들은 자꾸만 뭔가를 해야 한다는 생각에 나무를 자르고 못을 박고 풀칠을 해서 짧은 시간 안에 무언가를 만들어내려고 합니다. 그런데 자연이라는 큰 틀에서 생각해보면, 누가 에베레스트산에 돌을 올려놓거나 눈을 쌓아놓은 게 아니에요. 에베레스트산은 지각 작용의 결과로 높아졌지만 언제나 그곳에 그대로 있지 않습니까? 그런 것에 대해 생각해보자는 겁니다. 즉 인간이 모든 것을 했다는 오만과 독선을 내려놓고, 인간은 단지 세상이 이렇게 되어가는 데 할 몫의 호응과 화합을 한 것뿐이지, 자신이 다 한 게 아니라는 겁니다. 이런 사고를 갖자는 것이 노자의 주장입니다.

싸우는 나라들의 시대

무위의 반대는 유위(有爲)입니다. 무위의 의미가 잘 잡히지 않으면 반대에 눈을 돌려도 좋습니다. 1강에서 살펴보았듯이 부국강병에 의한 자기 보존이야말로 춘추전국시대의 시대정신을 잘 나타냈습니다. 자기 보존을 위해 전쟁에서 이겨야 했죠. 이때 전쟁 승리는 사람이 의도적 목표를 가지고 자신의 역량을 집대성시키는 유위(有爲)의 가장 극단적인 행태입니다. 물론 전쟁에서 제갈량처럼 20명 남짓한 병력으로 공성계(空城計)를 펼칠 수도 있습니다. 제갈량은 양평관(陽平關)에서 성문을 활짝 열어놓은 채 병사들에게는 청소를 시키고 자신은 태연히 금(琴)을 연주하면서 15만 명의 군대를 이끌고 쳐들어온 위나라의 사마의(司馬懿)를 물리쳤죠.[1] 공성계가 무위로 보이지만 실제로 유위의 극치입니다. 맞서 싸울 수 없는 상황에서 아군의 전력을 과장하기 위해 공성계를 선택했기 때문이죠. 즉 내가 어떻게 하면 상대가 어떻게 나오리라 치밀하게 계산한 끝에 공성계를 취한 것입니다.

춘추전국시대는 어떻게 하면 유위를 잘할 것인가를 고민하던 때입니다. 유위를 통해 자기 보전의 목표를 달성할 수 있을까라는 문제를 풀려고 했습니다. 그런데 노자는 왜 역설적으로 무위를 외치는지 살펴보도록 하겠습니다. 유위를 애도 모기랄 판에 무위라니 다소 황당하다는 느낌을 받을 수 있습니다. 아무리 노자가 이면적 사고 또는 부(否)의 사고를 잘한다고 하더라도 전쟁은 힘의 대결인 만큼 무위로는 성산이 없을 듯한데 말입니다.

앞서 춘추전국시대의 '전국(戰國)'이라는 말 자체가 '싸우는 나라들'이라는 뜻이라고 말씀드렸죠? 그만큼 전쟁이 많았다는 거죠. 과연 얼마나 전쟁이 많았길래 '전국시대'라는 이름까지 생겨났을까요? 《춘추좌씨전(春秋左氏傳)》이라는 역사책이 있습니다. 기원전 722년에서 기원전 468년 사이에 일어난 역사적인 사실을 다루고 있죠. 그 책에 나오는 전쟁 기사를 모두 더해보니 531번이었습니다. 255년 동안 531번이니,

연평균 약 두 번의 전쟁이 일어난 셈입니다. 그리고 또 다른 통계를 내보니 기원전 722년부터 기원전 464년까지 1년에 적어도 5개국이 전쟁에 연루되었다는 것을 알 수 있습니다. 두 가지 데이터를 합하면 1년에 평균 2회 이상의 전쟁이 일어나고, 그때마다 최소 5개국이 전쟁에 연루되었음을 알 수 있습니다.[2] 조금 과장해서 말하면 밥 먹듯 전쟁을 한 겁니다.

그러니 당시 사람들에게 전쟁은 언제 일어날지 모르는 일이 아니라 삶에 결정적인 영향을 주는 요소였습니다. 누가 전쟁에 나갑니까? 함께 살던 아버지가 나가고, 형과 동생이 나갑니다. 그들이 다 살아서 돌아온다는 보장이 없죠. 한 달 전만 해도 나와 함께 살던 아버지나 형과 동생이 죽었다고 전사 통지서를 받는다면 어떻겠어요? 내 삶에서 그들이 갑자기 사라지는 거잖아요. 내가 직접 전쟁에 나가지 않더라도 전쟁은 내 삶에 이렇게 깊이 쳐들어옵니다. 게다가 전쟁에는 병사만이 아니라 수많은 물자가 필요하죠. 그러니 전투에 나가지 않는 사람도 전투에 필요한 물자를 생산해내야 합니다. 이래저래 춘추전국시대의 삶은 전쟁과 멀리 떨어져 있는 게 아니라 밀접한 관계가 있었습니다.

같은 전쟁이라고 하더라도 시대마다 양상은 크게 달랐습니다. 춘추시대에서 전국시대로 나아갈 무렵에 큰 변화가 일어나죠. 춘추시대의 전쟁에서 직접 전투를 벌이는 사람은 주로 귀족이었습니다. 일반 병사들은 군수 물자를 나르는 등 일종의 보조 역할만 했죠. 그러니까 전쟁의 결정적인 요인이 아니었습니다. 당시의 교전은 오늘날의 전투와 매우 달랐습니다. 어떻게 그런 일이 있을까 싶은 일도 일어났죠.

예를 들면 이렇습니다. 두 사람이 싸우다가 한 사람이 웅덩이에 빠져요. 오늘날의 시선으로는 적을 공격할 수 있는 절호의 기회를 얻은 겁니다. 하지만 당시에는 웅덩이에 빠진 사람이 빠져나올 때까지 기다려야 해요. 대등한 상태에서 싸우라는 겁니다. 또 계급도 비슷한 사람끼리 싸워야지, 상병이 중사를 공격할 수는 없었습니다. 만약 전쟁을 벌이는 도중에 한쪽 나라에 국상(國喪)이 일어나면 어떻게 될까요? 전쟁을 그만두어야 해요. 기다렸다가 국상이 끝나면 다시 전쟁을 합니다. 당시의 전쟁은 일종의 교전 수칙을 지키면서 귀족들이 평소에 갈고 닦은 기량을 겨루는 경연이었던 거죠. 이러한 교전 수칙을 위반하여 승리를 거두면 패전국과 인근 나라들이 오히려 승전국을 대상으로 연합군을 결성해 응징에 나섰습니다. 따라서 교전 수칙을 지키지 않을래야 지키지 않을 수가 없었습니다.

그런데 전국시대에 오면 전쟁의 양상이 확 달라집니다. 이때는 전쟁의 결과에 따라 한 나라가 망하느냐 흥하느냐가 결정됩니다. 또 진나라 상앙처럼 친구의 우정을 이용해서 무장 해제를 시킨 뒤 공격을 하곤 합니다. 수단과 방법을 가리지 않고 승리를 거두려고 하죠. 또 적의 병사를 포로로 잡게 되면 전투가 끝난 뒤 집으로 돌려보내는 것이 아니라 구덩이를 파서 모두 생매장을 해버립니다. 왜 그토록 잔인하게 굴었을까요? 다음에 전쟁이 나면 다시 자신들을 공격할 적이 될 테니까요. 그러니 아예 적의 씨를 말려버리자는 생각인 겁니다. 이처럼 춘추시대에는 생각할 수 없는 전투 양상이 전국시대에 벌어졌습니다.[3]

이런 두 가지 양상의 전투 중에서 대표적인 사례를 하나씩 소개해보겠습니다. 하나는 송나라 양공의 인, 즉 양공지인(襄公之仁)의 고사성어로 널리 알려진 전쟁입니다. 송나라와 초나라 사이에 전쟁이 일어나게 되었습니다. 송나라는 먼저 전장에 도착해서 전투를 벌일 준비를 다하고 진(陣)도 다 쳤어요. 남쪽에 있는 초나라는 아직 전장에 도착하지 못했죠. 초나라 군대가 막 홍수(泓水)를 건너려고 할 때, 송나라의 장군이 양공에게 지금이 초나라 군사를 공격할 적기라고 주장했습니다. 대규모 군대가 강을 건널 때는 방어하기가 어려우니 송나라가 쉽게 승리를 거둘 수 있잖아요.

그랬더니 양공은 군자(君子)라면 적이 불리한 상황에 있을 때 공격하지 않는다며 반대했습니다. 춘추시대의 교전 수칙을 지키며 전쟁을 하자는 것이죠. 초나라 군대가 홍수 중간쯤에 다다랐을 때, 즉 모든 병력이 물속에 들어와 있을 때 송나라 장군은 다시 절호의 기회라며 양공에게 전투 개시 명령을 요청했습니다. 이번에도 양공이 거부해요. 결국 어떻게 되었을까요? 초나라 군대가 홍수를 다 건너고 진을 갖추고 난 뒤에 대등한 상태에서 전쟁이 일어났습니다. 그 결과가 어떻게 되었을까요? 송나라가 크게 패배하고 양공은 큰 부상을 입습니다.

어떤 사람들은 양공이 어리석다고 말합니다. 맞습니다. 국가의 존망이 달린 상황이니 어떻게든 승리를 거두어야 하니까요. 이와 달리 양공을 칭찬하는 주장도 있습니다. 승리를 위해 수단과 방법을 가리지 않는 현실에서도 양공은 춘추시대의 교전 수칙을 지켰다는 것이죠. 전체적으로 보면 시대가 바뀌는데도 양공은 대등한 조건에서 전투를 벌여야 한다는 전쟁관을 고수했기 때문에 그런 일이 벌어진 겁니다.[4]

공자는 개인적 야욕을 위한 침략 전쟁에 반대합니다. 쿠데타가 일어나서 하급자가 상급자를 공격하거나 신하가 왕위를 찬탈하면 군사적으로 개입할 수 있다고 생각했습니다. 쿠데타를 방치하면 그와 비슷한 일이 계속 일어나게 될 뿐만 아니라 처벌받지 않는 범죄가 늘어나게 되니까요. 그런 일이 자신의 나라가 아니라 다른 나라에서 일어날 수도 있죠. 이때 그 나라가 쿠데타를 정벌할 힘이 없으면 국제 연합군을 편성해서라도 쿠데타 주모자를 공격해야 한다고 보았습니다. 그것은 정의로운 전쟁이기 때문이라는 겁니다. 공자는 누군가 보편적인 규범을 위반하면 그를 응징하는 전쟁을 벌여야 한다고 생각한 거예요. 이런 군사 행동이 춘추시대의 전쟁을 대표합니다.

이에 비해 진(秦)나라 백기(白起)가 지휘한 장평전쟁(長平戰爭)은 전국시대의 전쟁관을 대표하는 전쟁입니다. 장평은 진나라와 조나라가 서로 차지하기 위해 다투던 요충지였습니다. 이때 전쟁이 처음 예상과는 달리 장기화되었습니다. 조나라의 사령관인 염파(廉頗)는 진나라 군사가 멀리서 왔기 때문에 장기전을 펼치는 게 유리하다고 판단했거든요. 진나라 입장에서는 큰일이 났죠. 군량미는 점점 바닥이 나고 무기도 떨어져 가는데 전쟁을 더 끌 수가 없잖아요. 그래서 심리전을 폅니다. "염파가 겁을 집어먹어서 우리 진나라랑 싸움을 안 하려고 한다." "우리가 무서워하는 조나라 장수는 조괄(趙括)이다." 이런 소문을 퍼뜨린 거예요.

조나라가 그 심리전에 넘어가서 염파를 파면하고 조괄을 사령관으로 임명합니다. 조괄은 나이도 젊고 성격이 아주 괄괄했습니다. 그는 진나라 군사가 진짜 자신을 무서워하는 줄 알고 앞뒤 가리지 않고 선봉에 나서서 공격합니다. 그러자 진나라 군대는 조괄의 군대와 조나라 본진 사이를 끊어버립니다. 두 진영이 고립되어버린 것이죠. 지휘관을 잃어버린 뒤쪽 진영은 우왕좌왕하다가 진나라 군대에 크게 패하고 맙니다. 조나라가 진나라의 심리전에 말려들어서 얻을 뻔한 승리를 놓친 셈입니다. 사태를 냉정하게 파악하는 정치와 군사의 지도자 역할이 얼마나 중요한지 새삼 실감할 수 있습니다.

승리를 거둔 진나라는 조나라 병사 40만 명을 포로로 잡게 됩니다. 춘추시대라면 그 포로들을 풀어주었을 테죠. 그러면 '인자한 나라'라는 평판을 듣게 됩니다. 당시 이 평판은 국내외 질서에서 무시 못 할 정도로 중요한 기능을 합니다. 하지만 백기는 춘추시대라면 '잔인한 장군'의 오명을 얻었을 조치를 취합니다. 구덩이를 파서 포로 40만 명을 몰살시켜버린 거예요. 이게 바로 춘추시대에서 전국시대로 바뀌면서 전쟁이 이전과 완전히 다른 양상으로 전개되었음을 나타내죠. 40만 명이 패배의 기억을 공유하고 똘똘 뭉친다면 나중에 정치적으로나 군사적으로 진나라에게 커다란 부담이 됩니다. 백기는 '잔인하다'는 말을 들을지언정 통일 전쟁을 위해 미래의 화근을 없애려고 한 것이죠. 오늘날 기준으로 보면 명백히 전쟁 범죄입니다.

흥미롭게도 공자보다 뒤에 등장했던 묵자는 침략 전쟁을 부정하고 정의로운 전쟁을 긍정했던 공자를 비판합니다. 공자는 말로만 전쟁을 반대하는데, 그것으로 부족하다는 거예요. 내가 전쟁을 반대해도 다른 나라가 전쟁을 걸어오면 어떻게 해요? 전쟁하기 싫다고 해서 피할 수 있는 게 아니잖아요. 특히 약한 나라가 강한 나라의 공격을 받으면 어떻게 해야 하냐는 겁니다. 그럴 때는 전쟁을 반대한다는 말만 가지고 되는 게 아니라는 거예요. 그래서 묵자는 용병이라든가 군사 집단을 이끌고 침략을 받는 약한 나라로 가서 구원병 노릇을 합니다. 묵자 집단과 침략을 받은 약소국이 연합해서 강한 나라의 공격에 맞선 거죠.[5] 이처럼 춘추시대의 전쟁 양상은 전국시대로 넘어오면서 상당히 다른 형태로 전개되는 흐름이 있었습니다.

노자의 전쟁관

이미 말했듯이 전쟁은 유위의 가장 극단적인 행태입니다. 전쟁이 일어나면 당시 자연재해에 버금가는 엄청난 파괴와 고통을 낳습니다. 노자는 두말할 필요 없이 전쟁을 반대했습니다. 왜 반대했을까요? 결론만이 아니라 어떻게 해서 그런 주장이 나왔는지 살펴볼 필요가 있습니다. 전쟁에는 실제 전투에 투입되는 병사만이 아니라 막대한 물자가 필요합니다. 또 전쟁은 미래에 있을 전쟁 물자를 비축하느라 지금 자연재해로 고통을 당하는 사람들을 돕지 못하고 그대로 내버려두게 만들기도 합니다. 상황이 참 복잡합니다. 지금 굶어 죽는 사람이 옆에 있어도 언제 터질지 모르는 전쟁에 대비하느라 쌀을 쌓아두는 거죠.

맹자는 노자와 비슷하게 전쟁을 반대했습니다. 당시 전쟁의 참상을 이해하기 위해 맹자의 생생한 증언을 들어보겠습니다. 그는 당시 나라

들이 전쟁을 치르거나 준비한다는 명분으로 죽어가는 사람을 구하지
않는 것을 식인(食人), 즉 사람을 잡아먹는 현상이라고 강하게 비판했
습니다. 원시시대의 식인 문화가 아니라 문명사회로 들어선 뒤에 전쟁
으로 인해 식인 현상이 버젓이 일어나고 있었던 것입니다.

庖有肥肉, 廐有肥馬, 民有饑色, 野有餓莩, 此率獸而食人也.
포유비육, 구유비마, 민유기색, 야유아부, 차솔수이식인야.

- 《맹자》〈양혜왕〉 상 4

수라간에는 살진 고기가 있고 마구간에는 살진 말이 있지만, 백성은 굶주린
얼굴빛이고 들에는 굶어 죽은 시신이 널려 있으니, 이건 짐승을 몰아서 사람
을 잡아먹는 셈이다.

수라간에는 고기가 쌓여 있고 마구간의 말들은 살쪄 있습니다. 세금
을 거둬서 전쟁 물자로 미리 쌓아둔 것입니다. 전쟁을 준비하기 위해
물자를 창고에 차곡차곡 쟁여놓는 거예요. 말은 전쟁에 나가서 힘차게
달려야 하니 뒤룩뒤룩 살이 찌도록 돌보고 있습니다. 반면 세금을 낸
백성은 제대로 먹지 못해서 파리한 얼굴색을 하고 있습니다. 사람들은
전쟁을 준비하기 위해 그만큼 고통을 겪고 있는 거예요. 그리고 한바탕
전쟁이 휩쓸고 간 뒤 들에는 굶어 죽은 시신이 널려 있고요. 시신을 수
습할 여력이 없는 것입니다.
　맹자는 그런 상황을 짐승을 몰아서 사람을 잡아먹는 셈이라고 강하

게 비판하고 있습니다. 궁정과 민가의 상황이 참으로 완전히 대비되는 장면이죠. 그런데도 국가는 여전히 전쟁 타령을 하며 백성에게 인내를 강요하고 있습니다. 도대체 무엇을 위한, 그리고 누구를 위한 전쟁인가 생각해보지 않을 수가 없습니다.

우리는 세계에서 유일한 분단국입니다. 아직도 전쟁의 위험에서 완전히 자유롭지 못합니다. 특히 북핵 위기 이후에 한·미·일의 몇몇 정치인들은 전쟁을 억지하려고 하지 않고 부추기기도 합니다. 만약 한반도에서 전쟁이 일어난다면 그 결과는 노자의 시대와 비교할 수 없을 정도로 참혹할 것입니다. 핵무기를 사용하게 된다면 한반도는 초토화를 넘어서 사람이 살 수 없는 땅이 되어버릴 겁니다.

외신을 통해 보게 된 전쟁 장면은 처참하기 그지없습니다. 오늘날 전쟁이 일어나면 모든 것이 파괴되기 때문에 구석기시대처럼 문명 이전의 상황으로 돌아갈 수 있죠. 평소 우리는 물을 먹고 싶으면 수도꼭지를 틀거나 생수를 사먹으면 됩니다. 그런데 전쟁이 일어나 폐허가 되어버리면 생수가 어디 있고 수도꼭지가 어디 있습니까? 강에 가서 물을 길어먹어야 될 판이 아닙니까? 전쟁이 이렇게 처참한 결과를 가져온다는 거죠.

1강에서 살펴본 것처럼 《노자》에는 무기를 비판하고 전쟁을 반대하는 구절들이 많습니다. 30장의 '大軍之後, 必有凶年(대군지후, 필유흉년)'은 전쟁이 필연적으로 경제적 곤궁을 불러온다고 비판하고 있습니다. 31장의 '兵者, 不祥之器(병자, 불상지기)'는 무기가 전쟁을 억지하고 평화를 가져오는 순기능이 아니라 재앙을 가져오는 흉기라고 간주하고 있습니다. 그래도 노자는 현실적인 사람입니다. 그는 어떠한 전쟁도 일어나서는 안 되고 모든 전쟁을 반대한다고 말하지 않습니다. 전쟁을 끝까지 피하려고 노력해도 피할 수 없다면 '부득이'하게 전쟁에 나서라고 요구합니다.

전쟁이 우리 삶을 어떻게 할퀴고 가는지를 충분히 성찰했기 때문에 노자가 이런 말을 한 겁니다. 예를 들어 갓 결혼한 부부의 남편이 갑작스런 전쟁으로 인해 징집을 당해서 군대에 갔습니다. 그리고 얼마 뒤 신부는 신랑의 전사 통지서를 받아요. 신부의 인생은 갑자기 어떻게 되는 거예요? 만약 유복자라도 있다면 그 아이의 운명은 또 어떻게 되겠어요? 아니면 나이 많은 어머니와 아들이 함께 살다가 나중에 그 아들도 전쟁에 나가 죽어요. 그러면 그 어머니는 도대체 뭘 믿고 어떻게 살수 있을까요? 이렇게 전쟁은 국가 간의 승패로만 끝나지 않고 전쟁에 참여했던 장병 개개인과 그 가족의 인생에 깊은 상처를 안겨줍니다.

전쟁은 전투에 참가한 개개인에게 죽느냐 사느냐 하는 중요한 문제를 낳습니다. 그런데 실제로는 그 한 사람에게만 국한된 문제가 아니죠. 그 한 사람과 연관되어 있는 수많은 사람에게 고통을 안겨줍니다. 예를 들어 개인이 세금으로 1백만 원을 내야 하는데 그 사람이 죽으면 남은 공동체 구성원이 더 많은 부담을 져야 합니다. 시작은 한 사람에 불과하다고 할 수 있지만, 전체적으로 보면 연관된 사람이 엄청나게 많다는 거예요. 그래서 노자는 병기는 좋은 것이 아니라 재앙을 가져오는 것이고, 정신이 제대로 박힌 사람이라면 결코 선택할 수단이 아니라고 말한 겁니다. 그리고 전쟁에 이겼다고 해서 축제처럼 여길 일이 아니라는 겁니다. 그러면 어떻게 해야 할까요?

殺人之衆, 以哀悲泣之. 戰勝, 以喪禮處之.
살인지중. 이애비읍지. 전승. 이상례처지.

- 《노자》 31장

많은 사람을 죽였으니 슬픔에 젖어서 사자를 위해 운다. 전쟁에 이겨도 상례로 전사자를 위로한다.

전쟁에서 이기고 지는 일은 흔히 있는 일이라고 말합니다.[6] 전쟁을 지휘하는 입장에서 보면 늘 이길 수만은 없으니 패배도 받아들을 수밖에 없다는 말입니다. 하지만 전투에 참여하는 병사의 입장에서 보면 전쟁은 늘 죽음의 위기에 노출될 수밖에 없는 일이며, 한 번 죽으면 모든 것이 끝장날 수밖에 없습니다. 따라서 전쟁을 승패의 관점이 아니라 참여자의 관심에서 보면 이기든 지든 많은 사람이 죽는 유위의 사건이 되므로 슬픔의 눈물을 흘리지 않을 수 없습니다. 이 관점을 견지하면 전쟁에서 승리를 거두었다고 하더라도 사람이 죽었으니 상례로서 전사자를 위로해야 한다는 거죠. 노자의 관점은 승패의 도식에 사로잡힌 사람들에게 충격을 주었을 뿐만 아니라 적군과 아군을 넘어서는 인간을 바라보게 하는 신선한 시야를 열어주었다고 할 수 있습니다. 물론 전승의 신화에 사로잡힌 사람이라면 노자가 아군의 사기를 꺾는다고 반발하겠지요.

호전적인 사람은 "한판 붙지 뭐!"라는 말을 쉽게 합니다. 이웃과 분쟁이 있거나 불미스러운 일이 있을 때 사이버 공간에서 "한판 붙자!"고 선동하는 사람을 흔히 볼 수 있죠. 물론 노자도 '부득이한 전쟁'을 인정했듯이 현실에서 전쟁을 완전히 배제할 수는 없습니다. 그렇다고 해서 문제가 생길 때마다 유위의 전쟁을 통해서 해결하려 드는 것은 올바르고 합리적인 길이라고 할 수 없다는 거죠. 노자는 전쟁, 즉 유위의 가장 극단적인 형태로 문제를 풀어가려는 사람들에게 경고하는 거예요. 전쟁이 과연 우리 시대 사람들의 고통을 풀어줄 수 있는 길인가, 당신이 의존하려는 그 전쟁이 결국 수많은 사람을 죽이는 길이 아닌가 묻는 겁니다. 노자는 맹자와 마찬가지로 전쟁이 인간의 삶을 깊숙이 할퀴고 지나가는데, 그것은 단지 한 사람이 죽느냐 사느냐의 문제가 아니라 공동체의 뿌리를 뒤흔드는 문제라는 겁니다.

희생자 관점에서 전쟁을 바라보다

노자의 전쟁관에 어울리는 전국시대의 전쟁 하나를 살펴보겠습니다. 1강에서 진나라의 공격에 시달리던 위나라가 안읍에서 대량으로 수도를 옮겼다고 이야기한 적이 있습니다. 진나라는 마지막에 대량성을 공격하기 위해 전략을 짰습니다. 대량성은 자연 요새에 자리하고 있어서 공략하기가 쉽지 않았어요. 점령하려면 아군의 희생이 너무 많이 뒤따릅니다. 진나라는 어떻게 대량성을 무너뜨릴까 고민한 결과 수공(水攻)을 선택하게 됩니다. 강물을 끌어들여 성 안에 있던 사람들을 전부 수장시켜버려요. 전쟁 승리라는 목적을 위해 가장 효율적인 방법을 찾았겠지만, 노자의 관점에서 보면 그게 과연 합리적인 거라고 할 수 있을까요? 전쟁이 이런 양상으로 바뀌어가는 흐름에 대해 노자는 반대한 겁니다. 노자는 전쟁을 완전히 배제해야 한다고 주장하지는 않았습니다. 하지만 문제가 생길 때마다 전쟁을 통해 해결하는 것이 결코 합리적이지 않다는 것을 당시 사람들에게 말하고 싶었던 거죠. 전쟁 기획자와 전쟁상인은 승리를 구가할지 몰라도 결국 죽어나가는 사람은 바로 힘없는 병사와 그의 이웃들이라는 거죠.

夫樂殺人者, 則不可得志於天下矣.
부 락 살 인 자, 즉 불 가 득 지 어 천 하 의.

- 《노자》 31장

살인을 즐기는 사람은 천하에서 뜻을 얻을 수 없다.

노자는 전쟁을 승패가 아니라 참여자(장병과 백성)의 관점에서 바라보는 새로운 시각을 제시했습니다. 희생자의 관점에서 바라보면 전쟁은 축제가 아니라 상례가 되는 것이며, 반인간적 유위가 되는 것입니다. 그 결과 노자는 단언합니다. 걸핏하면 전쟁을 일으켜서 수많은 사람을 죽이고 그 승리에 도취하여 천하를 호령하고자 한다면 일시적으로 위세를 떨칠지 몰라도 결코 천하 통일의 뜻을 이루지 못할 것이라고 말입니다. '不可得志(불가득지)', 천하 통일의 뜻을 얻지 못한다는 이 말은 전승에 사로잡힌 당시 사람들의 눈을 뻔쩍 뜨게 만들었을 겁니다. 맹자는 인성의 방향성을 제시하여 노자와 대립했지만, 전쟁에 관해서 두 사람은 완전한 일치에 이릅니다.

孟子見梁襄王, 出, 語人曰: 望之不似人君, 就之而不見所畏焉.
맹자견량양왕. 출. 어인왈: 망지불사인군, 취지이불견소외언.

卒然問曰: 天下惡乎定?
졸 연문왈: 천하오호정?

吾對曰: 定于一.
오 대왈: 정우일.

孰能一之?
숙 능일지?

對曰: 不嗜殺人者, 能一之.
대 왈: 불기살인자, 능일지.

- 《맹자》 〈양혜왕〉 상6

맹자가 양나라 양왕을 만나고 나와서 주위 사람들에게 인물평을 했다.[7] "멀리서 보니 임금처럼 보이지 않고 가까이 다가가보니 두려워할 만한 기세가 느껴지지 않았다."

이야기를 나누는데 누군가 갑자기 "천하가 어떻게 안정될까요?"라고 물었다.

맹자: 하나로 안정이 될 것입니다.

"다시 누가 천하를 하나로 통일할 수 있을까요?"

맹자: 사람 죽이기를 좋아하지 않은 사람이 천하를 통일할 겁니다.

맹자의 '不嗜殺人者, 能一之(불기살인자, 능일지)'는 노자의 '夫樂殺人者, 則不可得志於天下矣(부락살인자, 즉불가득지어천하의)'라는 말과 완전히 일치됩니다. 사상의 길이 다르더라도 전쟁을 바라보는 관점은 다를 수가 없었던 것입니다.

그런데도 전쟁의 불가피한 측면을 실례로 들어 노자의 희생자 관점이 비현실적이라고 비판할 수 있습니다. 과연 그럴까요? 윤리학에 미끄럼틀 효과라는 개념이 있습니다. 어릴 때는 미끄럼틀 타는 걸 좋아하죠. 손에 힘이 없을 때는 계단을 올라가서 미끄럼틀을 타죠. 그런데 손에 힘이 생기면 어떻게 하죠? 미끄럼틀을 거슬러 올라가잖아요. 올라갈 때는 상당히 힘이 들어요. 자칫하다가는 넘어지기도 하죠. 그런데 내려올 때는 쌩하니 내려오잖아요. 윤리적인 선택에서도 첫 번째 과정은 매우 어렵습니다. 전쟁을 할까 말까 선택하기가 매우 어려워요. 그런데 이 과정을 넘어서면 미끄럼틀을 내려가는 것처럼 쉽다는 거예요. 전쟁이 유효한 해결책이라고 생각해버리면 걸핏하면 전쟁에 호소하게 된다는 거죠. 그러니까 전쟁은 억제하고, 억제하고, 또 억제한 후에야 선택하는 최후의 수단이지, 처음부터 의존할 생각을 하면 안 된다는 겁니다.

노자 당시에는 전쟁으로 전쟁을 종식시키자는 말까지 나왔어요. 언뜻 보면 말이 되는 것 같기도 합니다만, 노자나 맹자가 보기에는 말도 안 되는 주장이었죠. 그래서 노자는 전쟁이 부득이할 때가 있다는 것은 인정하지만, 어떻게 하면 억제할 수 있을까 고민했던 것입니다.

무위의 숨은 목적어

노자는 유위의 극치인 전쟁의 시대를 살아가면서 유위가 아니라 무위가 해결책이라고 주장한 사람입니다. 노자의 핵심은 유위를 넘어 무위를 하라고 주장하는 것입니다. 그것이 노자가 자신의 시대에 던지는 해답이죠. 노자의 주장을 이해하려면 먼저 노자가 말하는 무위가 무엇인지 알 필요가 있습니다. 만약 무위의 뜻을 잘 모르면 같은 '무위'라는 말을 쓰더라도 서로 오해할 수가 있으니까요.

특히 우리가 쓰는 말들은 사회적 약속을 통해 사용되는 인공 언어가 아니라 사람마다 어감이 달라질 수 있는 자연 언어입니다. 예를 들어 수학에서 1 더하기 1은 2입니다. 물론 인문학적인 상상력을 발휘하면 1 더하기 1이 반드시 2라고 할 수 없지 않느냐고 반문할 수 있습니다. 4가 되거나 5가 될 수도 있지 않느냐는 거죠. 또는 축구 경기에서 1 더하기 1이 0이 되기도 한다고 말하잖아요. 공이 두 사람 사이를 지나갈 때 서로 상대방이 차겠지 하고 미루다가 공이 빠져나가는 것이 그런 경우죠. 1 더하기 1은 반드시 2가 되는 수학과 달리, 자연 언어는 사람마다 다르게 생각할 수 있습니다.

무위에서 '爲(위)' 자가 중요합니다. 이 '爲' 자의 의미를 알기 위해서는 이 글자가 어떻게 변해왔는지 그 과정을 추적해볼 필요가 있습니다. 도표 1의 왼쪽에 있는 것이 '象(상)'인데, '象'의 가장 초기 한자 글꼴을 갑골문자라고 합니다. 오늘날 우리는 종이와 컴퓨터 등 다양한 도구를

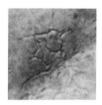

도표 1 '爲' 자와 갑골문자 속 코끼리

이용해 문서를 작성합니다. 제가 학교에 다닐 때는 주로 공책을 사용했어요. 종이가 없던 고내 중국에서는 동물의 뼈에다가 글씨를 썼습니다. 거북의 껍질이나 소의 어깨뼈처럼 넓적한 뼈에 글자를 새겼죠. 그래서 한자가 사각형이 될 수밖에 없었어요. 뼈에는 세로로 결이 있어서 곡선을 그리기가 어렵거든요. 뼈의 결을 따라 글자를 새기다 보니 자연히 전체적으로 사각 모양의 글자가 되었습니다. 만약 당시에 파피루스나 종이가 있었더라면 한자의 모양이 달라졌을 수도 있겠죠.

도표 1에 나와 있는 '爲' 자의 초기 글꼴을 보면 어떤 동물이 연상되나요? 코끼리가 연상되지 않나요? 자세히 살펴보면 앞부분이 코끼리의 코에 해당하고, 뒷부분이 코끼리 몸통 부분에 해당됩니다. 은나라는 갑골문이 발견된 지역에 자리하고 있었는데, 오늘날 허난성 지역입

니다. 고대에는 그 지역이 아열대 기후였다고 합니다. 그래서 코끼리뼈 등 그 지역에 코끼리가 분포했었다는 증거가 많이 발견되고 있습니다. 옛날에는 코끼리가 전쟁에 이용되기도 하고 농사지을 때 이용되기도 했습니다. 그런 점에서 '爲' 또는 '하다'는 가장 일반적인 동사라고 할 수 있습니다. '무엇을 하다'는 '무엇을 만든다'는 뜻으로 생각해도 좋아요. 만든다는 것은 없던 것을 생기게 하는 거잖아요. 처음에는 없었는데, 만드는 과정을 통해서 뭔가 생성이 된 겁니다. 이러한 맥락의 '爲' 자가 '無' 자와 결합하면서 독특한 개념이 되었습니다.

이제 무위의 의미를 밝혀보겠습니다. 글자 그대로 보면 '無爲'는 '없다, 하지 마'라는 뜻의 '無' 자와 '하라'는 뜻의 '爲' 자의 결합입니다. 그래서 두 글자를 합치면 '하지 말라!'는 단순한 의미를 전하고 있습니다. 아주 단순한 말이어서 그 뜻도 분명하다고 느껴질 수도 있습니다. 무위는 'Let it be', 'Let it go'처럼 말 자체는 간단하지만 그게 어떤 문맥에 쓰이느냐에 따라 또 다른 의미로 확장될 수 있습니다.

이때 '무엇을 하지 말라!'는 형태로 문장을 바꾸어 '무엇'이라는 목적어가 드러나면 맥락을 좀 더 분명히 이해할 수 있습니다. 무위가 밥을 먹고 배변을 하는 것까지 하지 말라는 뜻인지, 아니면 어떤 것은 하고 어떤 것은 하지 말라는 뜻인지, 그것도 아니면 특정한 것을 정해놓고 반드시 그것만은 하지 말라는 뜻인지 그 의미의 가닥이 잡히겠죠. 이런 논의를 거치지 않고 그냥 '하지 말라!'라고 하면 도대체 무엇을 하지 말라는 건지 헷갈리게 됩니다. 심하면 무위가 기본적으로 금지를 요구하므로 금욕주의를 말하느냐고 물을 수도 있습니다. 시대의 문제에 해답을 제시한 것이 서로 의미가 통하지 않아서 오히려 사람들을 헷갈리게 만들 수도 있다는 거죠.

그렇다면 무위는 어떤 역사적 맥락에서 제기되었을까요? 노자의 시대는 자신을 보존하기 위해 부국강병을 추구하던 시절이었습니다. 그래서 "이렇게 하는 것이 국가가 발전하는 길이다", "이렇게 하는 것이 국가가 망하지 않고 살아남을 수 있는 길이다" 하는 주장이 판을 치던 시절이었습니다. 그 시절에 무위가 나왔다면, 그런 주장들이 국가를 발전시키는 길이 아니라는 뜻입니다. 유위와 대척 지점에 서 있는 주장이라는 거죠.

춘추전국시대에는 자기 보존의 논리가 성행했습니다. 그런데 말로만 '자기 보존'을 되풀이한다고 해서 문제가 해결되는 것은 아니잖아요. 실제로 국부(國富)를 키워야 하고, 어떻게 국부를 키울 것인지 실천 전략이 필요하죠. 그리고 국부를 키운 뒤에 그것을 누구를 위해 쓸 것인지에 대해 사회적 합의를 이루어야 합니다. 그러지 않으면 국부가 쌓여가더라도 사람들은 그것을 쌓느라 고통스러워지니까요. 이렇듯 무위는 국부의 축적이 우선 요구되는 흐름 속에서 그게 과연 해야 할 일인지 의문을 던지고 있는 것입니다.

만약 제가 여러분에게 방향을 제시하면 어떻게 되는 거죠? 여러분에게는 원래 방향이 없었는데, 제가 '이거 해, 저거 해'라고 제시하고, 그것을 여러분이 받아들이면 여러분 속에 방향이 생기는 거예요. 그렇게 생긴 방향이 행복하고 긍정할 만한 것이라면 문제가 안 됩니다. 그런데 그 방향이 여러분에게 고통을 주기 시작하는 거예요. 노자가 말하는 것이 바로 그겁니다. 노자가 무위를 주장하는 것은 어떤 방향을 정해놓고 사람들을 자꾸만 그쪽으로 만들어가려는 태도에 대해 성찰을 요구하는 것입니다.

이처럼 '무위'는 글자 자체로는 목적어가 드러나 있지 않지만 대상과 방향이 들어 있어요. 예를 들어 여러분이 친구와 길을 가고 있는데, 친구가 갑자기 여러분의 팔을 잡고 뒤로 젖혔어요. 이때 여러분은 뭐라고 말할까요? "아무개야, 내 팔을 15도 각도로 꺾어서 힘을 주지 마라."라고 말하지 않잖아요? 단순히 "하지 마!"라고 합니다. 다급할 때는 많은 말을 하지 않아요. "지금 내가 있는 곳에 불이 났으니까 빨리 신고하고 나를 어디에 있는 병원에 데려다 줘."라고 복잡하게 말하지 않습니다. 그저 단순하게 "살려줘!"라는 말밖에 할 수 없죠. 문제 상황이 내 뜻과 달리 점점 내게 다가오면 즉각적이고 강렬하게 반응합니다. "하지 마!"라는 짧은 문장은 내가 원하지 않는 것을 내게 하지 말라고 강하게 요구하는 것입니다. 무위는 비인간의 길을 강요한 타자에게 단말마의 고통을 내질러 온몸으로 저항의 언어를 내뿜는 퍼포먼스입니다. 이처럼 노자의 '무위'도 단순한 말 속에 대상과 방향이 들어 있는 겁니다.

현대에서 우리는 무엇에 대해 '무위'를 외쳐야 할까요? 산업과 일상 깊숙이 스며드는 세계화, 즉 경제 제일주의의 파고입니다. 글로벌화가 진행되면서 시민은 더 치열한 경쟁에 내몰리고 오랜 실직의 고통을 이겨내서 고용되더라도 언제 해고될지 몰라 불안에 시달리며 세계에 통할 수 있는 인재로 성장해야 하는 압박감을 느끼고 있습니다. 청년들은 전공만이 아니라 자격증, 인턴 경험, 외국어(영어) 등의 스펙을 갖추기 위해 여유 없이 늘 빡빡한 생활을 보냅니다. 이제 우리는 모국어보다 영어를 잘하기 위해, 자신을 성찰하는 공부보다 당장 취업에 필요한 공부를 하기 위해, 나날이 치솟는 물가와 생활비를 충당하기 위해 '휴가 없는 노동'에 열중하게 됩니다.

이때 우리가 행복한 삶을 살려면 끊임없이 요구하는 사회에 대해 '무위'를 외쳐야 하지 않겠습니까? "이건 아니니까요!" 그러지 않으면 우리는 세계화의 시대를 살아가기 위한 매뉴얼을 끊임없이 외워야 합니다. 내 머릿속에 없는 것을 있는 상태로 만들어야 되는 거예요. 얼마나 고통스러워요? 손가락에 자그마한 가시 하나만 박혀도 굉장히 아파요. 원래 내 몸에 있지 않은 게 들어오면 고통을 수반하는 거예요. 몸만 아니라 정신도 아픕니다. 수많은 매뉴얼을 외우려니 머리가 아프지 않을 수가 없죠. 현대인은 모두 두통을 앓아요. 자기에게 있지 않은 것을 새로 집어넣어야 되니까요.

무위를 유위하라

《노자》를 읽다 보면 '上善若水(상선약수)'처럼 짧은 표현에 깊은 울림을 주는 구절이 많습니다. 이번에는 '무위'와 관련해서 참 재미있는 구절을 찾아봤습니다. 어찌 보면 표현이 부적절해 보이지만 달리 생각하면 참 기막힌 언어의 조합이라고 느껴지기도 합니다. 여러분과 함께 살펴보겠습니다.

爲無爲, 事無事, 味無味.
위무위, 사무사, 미무미.

- 《노자》 63장

하지 않음을 하고, 일삼지 않음을 일삼고, 맛이 없음을 맛보라.

무엇 때문에 제가 기묘하다고 말하는지 눈치 채셨나요? 맞습니다. 바로 제일 앞에 나오는 '爲無爲(위무위)' 때문에 그랬습니다. 만약 무위가 '아무것도 하지 말라'라는 뜻이라면 '爲無爲'라는 말은 있을 수가 없습니다. 그냥 아무것도 하지 않으면 그만이니 아무것도 하지 말라는 것을 하려고 할 수는 없기 때문입니다. '爲無爲'는 무슨 뜻이죠? 어렵게 생각하지 말고 글자 그대로 말하면 됩니다. '무위를 위하라', '무위를 유위하라'는 뜻이에요. 즉 무위는 해야 할 대상입니다. 이렇게 읽을 수 있다면 무위는 아무것도 하지 말라는 뜻이 결코 아닌 거죠.

노자는 이어서 일이 생기지 않는 방식으로 일을 하고, 맛이 없는 방식으로 맛을 보라고 말합니다. 이 일을 하면 또 다른 귀찮은 일이 생기는 일은 하지 말라는 겁니다. 집안 청소를 할 때 처음에는 간단하게 장롱 하나를 치우는 것이었어요. 그런데 치우다 보니까 집안 전체를 청소하게 되는 경우가 있습니다. 그러고는 온 몸이 아프다고 드러눕죠. 그런 식으로 일을 하지 말라는 겁니다. 또 조미료를 아주 많이 넣어서 맛있는 음식에서 조미료를 싹 빼버린 맛을 '無味(무미)'라고 할 수 있을 겁니다. 그런 무미를 맛보라는 겁니다.

'무위를 하라!'는 말은 무엇을 어떤 방식으로 하는 뜻입니다. 그래서 노자는 '무위를 유위하라!'는 아주 독특한 언어를 만들어내는 거예요. 이런 표현은 감탄하지 않을 수가 없습니다. 무위는 결코 '아무것도 하지 말라'는 뜻이 아니라는 겁니다. 이렇게 무위는 무엇을 하지 말라는 소극적인 진술이 아니라 무엇을 하라는 적극적 진술이에요. 그러다 보니 무위가 노자의 도(道)와 연결될 수 있는 지점이 엿보입니다.

이제 무위가 노자 사상의 가장 중요한 개념인 도와 어떻게 닮았는지를 살펴보도록 하겠습니다.

道, 常無爲, 而無不爲.
도, 상무위, 이무불위.

– 《노자》 37장

도는 늘 나서서 설치지 않지만 모든 일이 술술 풀려나지 않는 것이 없다.

도(道)라는 것은 이랬다가 저랬다가 하는 게 아니라 늘 무위를 하는 거지, 유위를 하는 게 아닙니다. 이것을 하라, 저것을 하지 말라는 식으로 다가오지 않는다는 거예요. 예를 들어 가뭄이 계속된다고 해서 구름 위에 물을 뿌립니까? 비는 내릴 때가 되면 내리잖아요. 그것이 무위(無爲), 무불위(無不爲)라는 거예요. 그래서 세상에는 도와 떨어져 있는 것이 하나도 없습니다. 도는 세상에 존재하는 것들 하나하나에게 무엇을 하라고 요구하지 않습니다. 예컨대 너는 이 대학에 가라, 너는 대학에 가지 말고 직장에 들어가라, 너는 무슨 직장에 들어가라는 식으로 명령하지 않아요. 6강에서 살펴보겠지만 세상의 모든 일은 외부의 개입이 아니라 내적인 원인에 의해 전개됩니다. 사람도 누가 시키지 않더라도 스스로 방향을 정해서 자신을 이끌어가는 자정(自正), 자화(自化) 등의 자연 발생적 동인을 지니고 있습니다.[8] 흔한 예를 들면 부모는 객지에 나간 자식 걱정에 연일 전화로 참견하지만, 자식이 알아서 잘할 터이니 괜한 걱정일랑 붙들어두면 됩니다.

방향을 정한다는 것은 명령한 사람에게 공이 있는 겁니다. 그 사람이 명령을 해서 나를 어느 쪽으로 이끌어가는 것이니까요. 그런데 노자의 주장에 따르면 공이 누구에게 있는 거죠? 다른 사람이 아니라 바로 자기 자신에게 있는 겁니다. 그 과정이 힘들지도 모르지만, 내가 그 공을 잡고 주도해가야 되는 거죠. 그러니 결코 무엇을 하라든가 하지 말라는 식으로 명령하지 않습니다. 따라서 도는 자연스럽게 무위할 수밖에 없는 것입니다.

그렇다면 도를 따르면 어떤 일이 생길까요?

為學日益, 為道日損, 損之又損, 以至於無為, 無為而無不為.
위 학 일 익, 위 도 일 손, 손 지 우 손, 이 지 어 무 위, 무 위 이 무 불 위.

取天下, 常以無事. 及其有事, 不足以取天下.
취 천 하, 상 이 무 사. 급 기 유 사, 부 족 이 취 천 하.

– 《노자》 48장

학습(공부)을 따라가면 나날이 늘어나지만 도를 따라가면 나날이 덜어진다. 덜고 또 덜어내서 설치지 않는 무위에 이른다. 나서서 설치지 않지만 모든 일이 술술 풀려나지 않는 것이 없다. 천하를 얻으려면 늘 설치지 않은 무위로 한다. 일을 만드는 방식으로는 천하를 얻을 수 없다.

48장을 보면 '學(학)'과 '道(도)'가 대비되어 있습니다. 공부를 하다 보면 어떻게 되죠? 오늘 영어 단어 10개를 외웠으면, 내일 또 10개를 더 외워야 됩니다. 그런 식으로 매일 더해야 하죠. 어떤 40대 가장이 내일은 무슨 일을 하고, 그다음에는 또 무슨 일을 할지 스케줄을 빽빽하게 짜놓았어요. 그런데 건강 검진을 했더니 암이래요. 암 진단을 받고 난 후에 그 스케줄은 어떻게 될까요? 자신이 어떤 삶을 살 것인지 고민해 보면 아주 단순해지잖아요. 회사를 계속 다니면서 일찍 죽을 것인지, 아니면 회사를 그만두고 건강을 돌본 것인지 선택이 단순해집니다. 이전에는 살아간다는 틀 안에서 무수히 많은 선택을 했지만, 중요한 순간이 되면 단순해지는 거예요. 도가 바로 그런 것입니다.

우리가 살면서 이것도 해야 하고, 저것도 해야 하니까 늘 바쁘고, 괴롭고, 피곤한 거예요. 그런데 내 삶을 어떤 식으로 살 것인지 목표를 정하고, 그 과정에서 억지를 부리지 않으면 할 일이 그만큼 줄어듭니다. 예를 들어 막연히 취업을 위해 자격증을 모아야 된다고 생각하면 10개를 모은다고 편하겠어요? 10개, 20개 계속 모아야 되겠죠. 그런데 이 직장, 이 직업을 갖겠다고 방향을 정해놓으면 필요한 자격증이 어떤 것인지 확실해져서 쓸데없는 것까지 모으려고 하지 않아도 됩니다. 선택이 훨씬 간단해지죠. 그런데 우리는 불안하니까 자꾸만 자격증을 모으는 거예요. 그러면서 피곤해지죠. 내 삶의 중심을 잡고 하나하나 중요한 것을 선택해가면 많은 것을 덜 수 있습니다. 중요한 것이 먼저 결정되면, 그다음의 일들은 저절로 풀려나갈 수 있다는 거죠.

그림 12는 강희안의 〈고사관수도(高士觀水圖)〉입니다. 어떻게 느껴지나요? 만약 하루하루 일에 치여 살며 하루라도 편히 쉬면 좋겠다고 생각하는 사람이라면 고사(高士)의 처지가 부러울 것입니다. 참으로 태평스러워 보이니까요. 아마 여러분도 저런 상황에 놓이기를 바랄지 모르겠습니다. 그런데 현대인들은 저렇게 하지 못하죠. 강가로 휴가를 가기가 쉽지 않고, 휴가를 가더라도 양말을 벗고 발을 담글 여유도 없을 거예요. 그저 여기 강이 있네 하고는 그냥 지나칠 테죠.

그런데 고사는 강가에 아예 터를 잡았어요. 마치 자기 집 안방에 엎드려 있는 것 같아요. 그러니까 여기가 낯선 곳이 아닙니다. 잠깐 쳐다보고 지나칠 곳이 아니라 바로 자기 집인 거죠. 〈고사관수도〉를 보고 있노라면 역설이 느껴집니다. 물이 흐르고 있으니 시간은 분명 흘러갑니다. 반면 고사를 보면 시간의 압박에서 완전히 벗어나 있습니다. 시간이 정지한 곳에 있어요. 물은 시간의 흐름을 보여주지만 고사는 시간의 정지를 체감하고 있습니다. 이 때문에 이 그림을 보면 시간에 쫓기는 사람에게 편안한 느낌을 주는지 모릅니다. 앞으로 우리가 강가를 찾는다면 고사와 같은 방식으로 자연을 만나면 좋겠습니다.

오늘날 우리는 래프팅을 하면 즐겁습니다. 그런데 그 즐거움도 30분 정도면 끝나요. 놀이동산에 가서 타는 놀이기구도 몇 초 만에 끝나죠.

그림 12 강희안, 〈고사관수도〉

모든 게 비용과 연결되어 있고 시간의 압박을 받고 있으니까 몸은 여유
속에서도 긴장을 하게 됩니다. 그래서 놀고 난 뒤에 피곤하다고 느끼게
됩니다. 그런 방식으로 순간순간을 보내니까 피곤을 달고 사는 거죠.
우리는 그림 속의 고사처럼 바위에 엎드려 유유히 흘러가는 물을 바라
보며 그 세계 속으로 동화되지 못합니다. 시간을 잊은 듯하다가도 금방

시계(스마트폰)를 들여다보며 슬슬 갈 때가 되지 않았느냐며 스스로 채근을 하게 됩니다. 노자는 자신을 닦달하는 삶이 아니라 자신을 완전히 풀어놓은 삶을 살자는 거죠.

여러분도 여행을 갔다가 한두 시간 정도 여유가 생겨서 숙소에 들러 잠시 눈을 붙인 후 나머지 일정을 소화하려고 한 경험이 있나요? 그렇게 자고 일어나면 "시간 가는 줄 모르고 잤네. 한숨 자고 나니까 온몸이 개운하네."라는 말이 저절로 나오죠. 강희안은 아마 〈고사관수도〉에서 그처럼 개운한 삶을 느껴보라고 제안하는 것인지도 모릅니다.

이번 강의의 내용을 정리해보겠습니다. 유위의 극단인 전쟁은 춘추전국시대, 즉 노자가 활약했던 시대에 개인의 삶만이 아니라 사회 전체에 결정적인 요인이 되어버렸습니다. 이런 시대에 노자는 어떻게 하면 전쟁을 더 잘할 수 있는지에 대해 설파한 것이 아니라, 전쟁이 사람을 얼마나 피폐하게 만드는지 비판했습니다. 그러면서 무위를 이야기합니다. 노자가 말하는 무위는 아무것도 하지 않는 것이 결코 아닙니다. 무엇을 해야만 한다는 요구에 순응해서 살아가는 방식과는 달리, 무엇을 해야 하고 무엇을 하지 말아야 할지 잘 구분해서 살아가자는 거예요.

삶에는 지금 살아가는 방식만 있는 것이 아니라 또 다른 길이 얼마든지 있습니다. 아무도 가지 않은 사잇길이 많습니다. 그런데 용기가 없다 보니 사회가 제시하는 하나의 길만 보이는 겁니다. 용기를 내면 내가 살아갈 길이 그만큼 늘어날 수 있습니다. 그런 측면에서 무위란 도를 닮은 길입니다. 도가 따로 있고 무위가 따로 있는 게 아니라, 도가 바로. 무위를 닮은 길입니다. 우리가 도를 따라 살아간다는 것은 결국 무위대로 살아간다는 거죠.

무위대로 살아간다는 것은 누군가 정한 방향으로 그냥 우르르 몰려가는 삶이 아닙니다. 비록 고통이 따른다 해도 내가 바라는 삶을 사는 것입니다. 누가 뭐라고 하더라도 개성을 실현할 수 있는 삶을 살아가는 거죠. 그런 의미에서 노자는 여러분에게 공을 던지고 있습니다. 여러분은 그 공을 받아서 어떻게 공놀이를 할까요? 그런 공놀이가 바로 도에 따른 삶이자 무위대로 사는 삶입니다.

自然

스스로 변화하는 힘

우리 사회가 자꾸만 빠른 것을 추구하다 보니 빠른 것이 선이 되어버렸습니다. 그 속의 즉각적인 반응은 원해요. 그러지 못하는 사람은 문제가 있는 것으로 취급하죠. 이렇다 보니 내가 원해서 반응하는 것인지 상황에 내몰려서 억지로 반응하는지 모호하게 되어버립니다. 조금만 늦어도 뒤처지니까 더 빨리 반응하는 사람이 나오지만 제때에 맞추지 못하는 사람도 나오게 됩니다. 자칫 후자는 정말 시켜야만 움직이는 수동적인 사람으로 여겨질 수 있습니다. 늦다는 것은 시간의 문제입니다. 아직 내 안에서 반응의 동기를 찾지 못해서 움직이지 않은 것이고, 동기를 찾는다면 반응하게 됩니다. 역설적으로 빠른 반응은 상황에 내몰린 수동성을 나타내고, 늦은 반응은 내 안의 동기에 따른 능동성을 나타낸다고 할 수 있습니다. 이번 강의에서 노자가 변화의 원인을 외부가 아니라 내부에서 찾는 자연(自然)을 살펴보고자 합니다. 내 안에서 시작된 변화야말로 무리가 되지 않을 뿐만 아니라 오래갈 수 있습니다.

관리와 계몽을 거부하다

자연(自然)과 자화(自化)는 사람이 움직이거나 세계가 움직이는 원인이 외부에 있는 것이 아니라 자기 안에 있다고 보는 것입니다. 1강에서 춘추전국시대에는 부국강병을 시대적 과제로 설정한 나라가 많았다고 말씀드렸죠? 그런 목표를 정했을 때 그 방향에 모든 것을 걸고 헌신하는 사람도 있지만, 왜 그래야 하는지 의문을 품으면서 뒤로 물러나는 사람도 있습니다. 그렇다고 한 집단의 지도자가 하기 싫은 사람은 내버려두고 하고 싶은 사람만 이끌어갈 수는 없잖아요. 상대가 원하든 원하지 않든, 목표를 향해 사람들을 몰고 가야 합니다. 그런 점에서 춘추전국시대는 관리와 계몽이 대세였음을 알 수 있습니다.

그렇다면 이 시대는 사람들을 어떻게 관리하려고 했을까요? 상앙과 공자를 통해서 살펴보겠습니다.

民不可與慮始, 而可與樂成.
민 불 가 여 려 시, 이 가 여 락 성.

－《상군서(商君書)》〈경법(更法)〉

백성은 일의 시작을 의논할 상대가 아니지만, 성공을 함께 누릴 수는 있다.

民可使由之, 不可使知之.
민 가 사 유 지 , 불 가 사 지 지 .

- 《논어》〈태백(泰伯)〉 9(198)

인민은 따라오게 할 수는 있지만, 왜 그렇게 가는지 하나하나 알게 할 수는 없다.

먼저 상앙이 쓴《상군서》〈경법〉에 인용된 고대 격언을 봅시다. '慮始 (려시)'란 문제를 어떻게 풀어나갈지 의논을 시작하는 것입니다. 그런데 앞에 뭐라고 되어 있습니까? '不可(불가)'라고 하죠? 백성은 처음부터 어떻게 될 것인지에 관련해서 함께 의논할 상대가 아니라는 거예요. 대신 '樂成(락성)'은 가능합니다. 성공의 과실을 함께 나눌 수는 있다는 거죠. 이 구절에는 당시 백성에 대한 불신이 깔려 있습니다. 처음부터 그 사람과 함께 일을 도모할 수는 없지만, 나중에 성과가 생기면 떡고물을 던져줄 수는 있다고 생각하는 거죠. 민주주의와는 거리가 참으로 먼 사고방식입니다.

공자가 쓴《논어》〈태백〉에서도 백성을 어디로 가게 만들 수 있다고 봅니다. '由之(유지)'의 '由'는 '말미암다, 가다'라는 뜻입니다. 백성은 말미암아서 어디로 향하게 할 수는 있지만, 왜 그 길을 가야 하는지 깨닫게 할 수는 없다는 겁니다. 상앙이 인용한 고대 격언이나 공자의 말에서 백성은 상당히 수동적인 존재로 그려져 있고, 함께 결정을 내리는 존재로 고려되지는 않습니다. 백성은 대화의 상대가 아니라 지시의 대상인 것이죠.

여러분도 그런 경험이 있지 않나요? 가족이 모여서 이야기할 때 여러분이 무슨 주장을 하려고 하면, "네가 뭘 안다고 그래? 넌 엄마와 아빠가 시키는 대로 따르기나 해."라는 말을 들은 적이 있을 거예요. 부모님이 여러분을 대화의 상대로 여기는 것이 아니라 그저 지시를 하면 따르는 존재라고만 보는 거죠.

공자와 상앙은 학파가 다르지만, 백성을 끊임없이 어떤 방향으로 이끌어가려는 태도는 같습니다. 그들뿐만 아니라 부모님이나 우리 자신도 마찬가지 태도를 보입니다. 예를 들어 여러분이 동아리를 이끄는 입장이라고 해봅시다. 동아리처럼 작은 모임을 운영할 때 그 흐름에 잘 따르는 사람도 있지만, 그렇지 않은 사람도 있죠. 동아리에서 수련회를 가기로 했는데, 안 가겠다는 사람이 있게 마련이죠. 그럼 동아리 운영자인 여러분은 어떻게 하나요? 그 사람들에게 전화를 하거나 쫓아다니면서 함께 가자고 졸라대잖아요.

《노자》에도 그런 이야기가 나옵니다.

上德無爲而無以爲, 下德爲之而有以爲,
상 덕 무 위 이 무 이 위 . 하 덕 위 지 이 유 이 위 .

上仁爲之而無以爲, 上義爲之而有以爲,
상 인 위 지 이 무 이 위 . 상 의 위 지 이 유 이 위 .

上禮爲之而莫之應,則攘臂而扔之.
상 례 위 지 이 막 지 응, 즉 양 비 이 잉 지.

- 《노자》 38장

높은 덕은 아무것도 하지 않아서 억지로 함이 없고, 낮은 덕은 하려 하나 억지로 함이 있다. 높은 어짊은 행하나 억지로 하지 않음이고, 높은 의로움은 하려 하나 억지로 함이다. 최상의 예를 행함에 있어 반응이 없으면 팔을 비틀어서라도 억지로 시킨다.

노자는 이항 대립의 사고와 대비되는 것으로 '上德(상덕)'을 꼽았습니다. '上德無爲而無以爲(상덕무위이무이위)', 즉 최고의 덕에는 사람을 인위적으로 끌어가려는 게 없다는 겁니다. 무엇 때문에 무슨 방향으로 나아가야 한다고 정하지 않는다는 겁니다. 그런데 덕을 기준으로 덕과 그 이후가 완전히 다릅니다. '上仁(상인)'과 '上義(상의)'와 '上禮(상례)'는 그렇지 않다는 거예요.

예를 가지고 이야기를 풀어가 보겠습니다. '禮(예)'는 '예를 잘 차린다, 예를 잘한다, 예에 따라서 한다' 같은 말에서 알 수 있듯이 어떤 목적을 위해 주고받는 행위 방식입니다. 상대가 나의 행동에 호응하지 않으면, 즉 상응하는 반응이 오지 않으면 팔을 비틀어서라도 끌고 간다는 거예요. 최고의 예는 상대방에게 강제(강요)하는 계기를 포함하고 있습니다.

실례로 세배를 들 수 있습니다. 설날에 세배를 하면 용돈이 생기니까

절을 잘해요. 그런데 두 살, 세 살 된 어린아이에게 절을 시키면 안 하죠. 도망 다니기만 하죠. 그러면 부모가 아이를 잡아와서 절을 하라고 억지로 시켜요. 그렇게 하는 절도 머리를 방바닥에 쿵 처박거나 엉덩이를 하늘로 치켜 올리는 등 엉망진창이에요. 그래도 세뱃돈은 받으니 목적을 달성했다고 할 수는 있겠죠. 이처럼 아이가 절을 하지 않으니까 부모(어른)가 어떻게 해요? 딴 것에 눈이 팔려 놀려는 아이를 붙잡아다 꿇어앉히거나 엉덩이를 때려서라도 절을 하게 합니다. '則攘臂而扔之(즉양비이잉지)', 안 하려는 것을 억지로라도 시키는 겁니다. 이 상황이 바로 노자가 말하는 팔을 비트는 내용과 같다는 거죠.

어떤 방향을 정해놓고, 모두가 그 길만이 살길이라고 생각하게 되었다는 겁니다. 그런데 그 생각에 따르지 않고 빠져나가는 사람은 늘 있어요. 국가의 입장에서는 모든 백성이 지시에 복종하는 일관된 태도가 효율적이죠. 그러니까 지시를 따르지 않는 사람에게는 억지로 따르도록 만든다는 거예요. 국가와 백성 사이의 관계가 고정되지 않으면, 국가는 백성의 팔을 비트는 폭력을 동원해서라도 그 방향으로 끌고 가려고 하는 것이죠.

'上德'과 '上仁', '上義'와 '上禮'가 어떤 차이가 있을까요? '上德'과 '上仁'의 경우에는 덕과 인을 행할 때 사람을 그쪽으로 몰아가야 한다는 방향과 목적이 들어 있지 않은 반면에, 의와 예를 행할 때는 사람을 특정한 방향과 목적으로 몰아간다는 차이가 있습니다. 의와 예는 사람이 왜 그 방향으로 나아가야 하는지에 대해 끊임없이 개입하고 강제하고, 그대로 하지 않으면 사람의 팔을 비틀어서라도 하게 만든다는 거예요. 있는 그대로 놔두지 않고요.

혹시 〈끝까지 간다〉(김성훈 감독, 2014)라는 영화를 보셨나요? 경찰인 고건수(이선균 분)는 어느 날 교통사고로 사람을 죽입니다. 목격자는 없고, 증거라고는 시체가 된 피해자뿐입니다. 고건수는 시체를 숨기고 사건을 은폐해버립니다. 그런데 어느 날 피해자를 조사하던 또 다른 경찰 박창민(조진웅 분)이 나타나서 고건수를 협박합니다. 박창민은 고건수가 알고 있는 비밀을 캐내려고 하지만, 그가 자신의 말을 순순히 듣지 않자 힘으로 제압해서라도 자기가 바라는 방향으로 끌고 가려고 합니다. 이처럼 사회가 하나의 방향을 기준으로 정해놓게 되면, 만약 그 방향에 호응하지 않는 사람이라면 억지로 그 방향으로 끌려가는 고통을 겪어야 된다는 것이죠. 박창민이 자신의 목적을 위해 고건수를 억박지르는 모습이 《노자》의 예에 대한 비판과 닮아 있습니다.

방향을 정해놓으면 이 세계와 사람의 관계가 어떻게 되는 거죠? 팔을 비튼다는 것은 자기가 자기 팔을 비트는 게 아니잖아요. 그 길로 안 가니까, 누군가 내 팔을 비틀어서 그 방향으로 끌고 가는 것이잖아요. 내가 어떤 방향으로 나아가는 원인이 나에게 있는 게 아니고 다른 사람에게 있는 겁니다. 노자는 팔을 비트는 것은 결코 세계의 본 모습이 아니라는 거예요. 팔을 비틀면 어때요? 아프잖아요. 결코 정상적인 상태가 아니에요. 편하게 걸어가는 게 아니라 비틀린 채 걸어가는 게 정상이라고 할 수 없죠.

여러분이라면 어떻게 하겠습니까? 누군가 여러분의 팔을 비틀면 그 순간에는 시키는 대로 하겠다고 대답하겠지만, 상대가 팔을 놓아주면 언제 그랬냐는 듯이 안 하겠다고 말할 거잖아요. 폭력에 못 이겨 일시적으로 따르게 할 수는 있지만, 그것이 오래가지는 않습니다. '常(상)'의 길이 될 수 없습니다. 누군가 나를 권력 의지의 방향으로 끌고 가고자 하지만 나는 자신의 의지로 그것을 수용하지 않는다는 것이죠. 그래서 3강에서 까치발을 한 '企者(기자)'는 오랫동안 못 있고, 다리를 크게 벌려서 큰 보폭으로 걷는 '跨者(과자)'는 오래 못 간다고 말하지 않았습니까?

그리고 자기 혼자만 옳다고 생각한다면, 그것은 정확한 게 아닙니다. 또 다른 예를 보겠습니다.

希言自然, 故飄風不終朝, 驟雨不終日. 孰爲此者? 天地.
희 언 자 연, 고 표 풍 부 종 조, 취 우 부 종 일. 숙 위 차 자? 천 지.

天地尚不能久? 而況於人乎?
천 지 상 불 능 구? 이 황 어 인 호?

– 《노자》 23장

별 말이 없는 것이 자연스럽다. 사나운 바람은 아침을 넘기지 못하고 쏟아붓는 비는 하루를 넘기지 못한다. 누가 이렇게 하는가? 하늘과 땅이다. 하늘과 땅도 오히려 오래갈 수 없는데, 하물며 사람은 어떻겠는가?

여기서 '故飄風不終朝(고표풍부종조), 驟雨不終日(취우부종일)'에 초점을 맞추겠습니다. 여름철에 태풍이 불면 우산을 쓰더라도 뒤집혀서 제대로 쓸 수가 없습니다. 아무리 비를 피하려고 해도 피하기 어려워요.

하지만 그렇게 세차게 부는 폭풍이 그다지 오래가지 않습니다. 온종일 불 수 없다는 거예요. 장대비가 쏟아지더라도 그 비가 온종일 내리지는 않는다는 거예요. 물론 어떤 사람은 "온종일 오는 비도 있고, 태풍도 며칠이 가는 게 있다."고 말하겠죠. 하지만 노자가 말하고자 하는 시간은 정확하게 반나절이나 하루가 아니죠. 짧은 시간(short term)이 아니라 긴 시간(long term)의 관점에서 보면, 태풍이나 폭우가 쏟아지는 시간보다는 그렇지 않은 시간이 더 길다는 뜻입니다. 전체 맥락을 살펴야지, 부분에 너무 사로잡히면 한계에 부닥칠 수밖에 없습니다.

태풍이든 폭우든 쏟아졌다가 그쳤다가, 오다가 안 오다가, 가랑비가 오다가 안 오다가 하죠. 바람도 큰 바람이 불다가 안 불다가, 작은 바람이 불다가 안 불다가, 미풍조차 불다가 안 불다가 하죠. 그리고 자연의 바람은 한 방향으로 부는 게 아니라 지그재그예요. 이쪽으로 불었다가 저쪽으로 불기 마련이므로 자연에는 직선이 없습니다. 그런데 사람은 직선을 만들고는 반드시 이 길대로만 가라, 이 길이 아니면 안 된다며 조금만 그 직선에서 벗어나도 큰 일이 일어난 것처럼 호들갑을 떨면서 난리법석을 피운다는 겁니다.

하지만 노자는 자연에 자기 원인이 있다고 말합니다. 여기서 '自然(자연)'이라는 말에 주목할 필요가 있어요. 우리는 '自然'이라는 말을 '人工(인공)'이라는 말에 대비되는 어떤 영역을 가리키는 말로 씁니다. 예컨대 산과 들, 바다를 거닐며 '자연'이라는 말을 쓰죠. 하지만 노자가 살았던 시대의 '自然'은 오늘날 우리가 생각하는 도시, 인공의 세계와 구별되는 세계를 가리키는 게 아닙니다. 글자 그대로입니다. '스스로

自'와 '그러하다 然' 자의 합성어로, '스스로 그러하다', '저절로 그러하다'라는 뜻을 나타냅니다. 어떤 일이 일어나서 진행되는데, 외부의 원인이 있는 게 아니라 그 자체의 동력에 의해서 이루어지는 것이죠.

그런 측면에서 다음의 글을 살펴봅시다.

人法地, 地法天, 天法道, 道法自然.
인법지. 지법천. 천법도. 도법자연.

- 《노자》 25장

사람은 땅을 본받고, 땅은 하늘을 본받고, 하늘은 도를 본받고, 도는 스스로 그러함을 본받는다.

이 말은 특정 대상에 의존하는 것이 아니라 저절로 그렇게, 되는대로 굴러간다는 뜻이죠. 앞서 도는 늘 이렇게 하라, 그렇게 하지 말라고 명령하지 않는다고, 무위한다고 설명했죠? 같은 맥락입니다.

세계는 자기 원인이 있다

노자가 그리는, 또는 노자가 생각하는 세계는 외부에 신이 있어서 갑자기 심판하지 않습니다. 유일신은 자신이 만든 세상이 자기 뜻대로 굴러가지 않으면 휴거를 하거나 자연 재앙을 내려서 심판하는 방식으로

노자의 인생 강의

개입합니다. 또 신이 아니더라도 슈퍼맨과 같은 존재가 있을 수 있습니다. 슈퍼맨 영화를 보면 시간을 되돌리려는 슈퍼맨이 지구 바깥으로 나가서 지구를 반대 방향으로 돌리는 장면이 나옵니다. 직선으로 나아간 삶이 바람직하지 않으니까 과거로 돌아가고 싶다고 생각하는 것이죠. 여러분도 지금 삶에 만족하지 못할 때 과거로 돌아가서 다시 시작하면 좋겠다고 생각한 적이 있죠? "내가 중학교 2학년 때로 돌아갈 수 있다면 마음을 다잡고 새로 출발할 텐데." 이런 생각을 하잖아요. "내가 ~였더라면(If I were)"이라는 말을 쓰잖아요. 하지만 그런 일은 현실에서 가능하지 않으니, 소설이나 영화에서 그런 상황을 그려내는 걸 거예요.

노자는 세상에 그런 일이나 신은 없다는 것이죠. 노자는 '저절로 그렇게 진행되는 세계'가 있고, 그곳은 자기 원인에 의해서 굴러간다고 봤지, 외부의 원인이 있거나 신이 있다고 보지 않았습니다.

그렇다면 도와 사람은 어떻게 관계를 맺을까요?

道生之, 德畜之, 物形之, 器成之, 是以萬物莫不尊道而貴德.
도 생지 . 덕축지 . 물형지 . 기성지 . 시이만물막부존도이귀덕 .

道之尊, 德之貴, 夫莫之命而常自然.
도 지존 . 덕지귀 . 부막지명이상자연 .

- 《노자》 51장

도는 낳고 덕은 기른다. 만물은 꼴을 갖고 기물은 이루어진다. 이 때문에 만물은 도를 높이고 덕을 귀중하게 여기지 않을 수 없다. 도가 높고 덕이 빼어나지만 만물에게 명령하지 않고 늘 저절로 그렇게 내버려둔다.

마지막 구절에 주목해보세요. '夫莫之命而常自然(부막지명이상자연)', 누가 명령하지 않아도 늘 저절로 그렇게 되어간다는 뜻입니다.

도라는 게 낳아주고, 덕이라는 게 길러주고, 그것을 통해서 사물이 이런저런 꼴을 갖추게 되죠. 그러니까 도와 덕이라는 게 존귀하지 않을 수가 없습니다. 그렇지만 도와 덕은 우리에게 명령하는 방식으로 다가오지 않습니다. '이거 해라, 저거 하지 마라' 명령하지 않고, '늘 저절로 그러하다'는 것입니다.

지금처럼 인터넷에서 다운로드하는 게 아니라 극장에 가야만 영화를 볼 수 있는 시절이 있었습니다. 제가 중고등학생일 때는 가장 대표적인 문화 행사가 단체로 영화를 보는 것이었어요. 중간고사나 기말고사가 끝나고 나면 학교에서 단체로 극장에 가는 행사였죠. 그 외에는 극장에 출입할 수 없었는데, 당시에도 청소년 관람불가 영화를 기를 쓰고 보려던 학생들이 있었죠. 부모님의 옷을 몰래 입고 어른 흉내를 내서 극장에 들어갑니다. 그랬다가 발각되면 학생주임 선생님이 주동이 되어 큰일이 일어난 것처럼 회의를 열고 학생에게 벌을 줍니다. 청소를 시키기도 하고 부모님을 학교에 모셔오게 하기도 했죠.

자식이나 학생 교육에서 이런 일이 흔히 일어나는데, 한 사람의 삶을 전체 맥락으로 봐야 해요. 긴 흐름에서 살펴본다는 거죠. 물이라는 게 어느 부분에서는 구불구불 흐르기도 하지만, 결국 강이나 바다로 흘러가잖아요. 사람도 어떻게 직선으로만 가냐는 거예요. 우리가 늘 건강

할 수는 없잖아요. 아플 때도 있어요. 또는 앞을 향해 빠르게 달리다가 속도를 조절하기도 하고, 뒤돌아가기도 하고, 후회하기도 하는 게 삶의 요소들이죠. 후회나 실패를 다 뺀다고 해서 인생이 행복할 것 같아요? 그렇지 않아요. 실패도 맛보고, 불안도 맛보고, 고통도 맛보고, 좌절도 맛보고, 물론 그 반대도 맛보면서 스스로 정리하고 요약하고 판단하여 자기가 길을 정하고, 자기가 원하는 방향으로 나아가는 거예요.

우리 사회는 부모님들이 생각을 많이 바꾸어야 해요. 아이들이 스스로 조정하도록 내버려두지 않고 초등학생 때부터 이래라저래라 간섭하는 건 너무 힘들게 하는 거예요. 시행착오를 줄여주려고 이건 안 되고 저건 된다는 식으로 잔소리를 하죠. 그 의도가 나쁘지 않다는 건 알지만, 스스로 결정하게 내버려두고 스스로 불안해하지 않아야 합니다. 그래야 부모도 자유롭고 아이도 자유로워서 서로의 관계도 자유롭게 될 수 있습니다.

부모가 아이에게 계속 잔소리를 하다 보면 중학교와 고등학교 시절에 부모님과 아이의 사이가 벌어지기 시작하죠. 아이는 부모님의 지시를 좇아갈 수밖에 없지만 그쪽으로 가기가 싫어요. 그래서 뚜렷하게 싫다고 말하지 않으면서 부모에게서 멀어지는 거예요. 이 때문에 아이들이 말을 안 하는 겁니다. 그러면 부모님은 또 말을 안 한다고 뭐라고 하죠. 그러면 둘 사이가 더 멀어지는 거예요. 이렇게 우리는 '사랑'이라는 이름으로 서로를 힘들게 하며 살아가고 있습니다.

그림 13은 석도(石濤)의 〈여산관폭도(廬山觀瀑圖)〉입니다. 그림은 세 개의 부분으로 구성으로 되어 있습니다. 제일 위를 원경(遠景), 가운데

그림 13 석도, 〈여산관폭도〉

를 중경(中景), 제일 밑에는 근경(近景)이라고 합니다. 사람은 제일 아래 근경에 있습니다. 화면 전체를 흐르고 있는 물은 저 멀리에 있는 원경에서부터 흘러내려 오고 있지 않습니까? 중경의 어스름한 물안개는 무한한 세계가 그림 안에 들어 있다는 것을 함축하고 있는데, 그 과정을 근경에서 뒷짐을 지고 있는 사람이 조용히 바라보고 있습니다. 아마 그 사람은 화가 석도일 거예요. 화가는 물이 흐르는 기나긴 과정을 바라보면서 세상이 어떻게 운행되는지 생각하는 거죠.

예컨대 물은 어디서 왔다가 어디로 가는지 생각하는 거죠. 물은 누군가 흘려보내서 내려오는 것이 아닙니다. 위치의 차이에 의해 흐를 수밖에 없도록 되어 있어요. 그런 흐름을 보면서 세계가 어떻게 흘러가느냐를 따져보는 거지요. 석도는 〈여산관폭도〉에서 이 자연과 이 세

노자의 인생 강의

계가 어떻게 운행되는지 나타내려고 했던 것입니다. 여러분도 석도가 마주한 폭포를 바라본다면 처음에는 그 웅장함에 놀라겠지만, 조금 뒤에 폭포의 물이 어디에서 흘러나오는지 근원으로 관심을 옮겨가게 됩니다. 어떤 동력도 가해지지 않았는데 물이 계속 떨어지고 있는 걸 보고 있노라면 사람이 만든 인공 구조물도 아름답지만 폭포와 같은 자연물도 결코 그에 못지않게 신기하고 아름답다는 것을 인정하게 될 것입니다.

무지무욕과 우민화

노자는 목표를 세워서 관리하고 무지한 자를 계몽하여 새로운 시대를 기획하기보다는 자기 원인에 의해 전개되는 삶을 강조했습니다. 그러다 보니 자기 원인에 있지 않은 것에 대해 아무것도 모르는 깜깜한 상황에 이르게 됩니다. 이 때문에 자기 원인의 강조가 간혹 사람을 통제하는 수단으로 악용될지도 모른다는 오해를 살 수 있습니다. 특히 《노자》에 '無知無欲(무지무욕)'이라는 구절이 나옵니다. '알게 하지도 않고, 욕심을 내지도 말라'는 뜻입니다. 앞에서 제기한 의혹과 결부시켜 생각하면 이 구절은 보통 '우민화'를 말하는 맥락으로 읽힐 수 있습니다.

이 구절이 실제로 무슨 뜻인지, 노자는 어떤 맥락에서 말한 것인지 살펴보도록 하겠습니다.

是以聖人之治, 虛其心, 實其腹, 弱其志, 强其骨.
시 이 성인 지 치 . 허 기 심 . 실 기 복 . 약 기 지 . 강 기 골 .

常使民無知無欲, 使夫智者不敢爲也. 爲無爲則無不治.
상 사 민 무 지 무 욕 . 사 부 지 자 불 감 위 야 . 위 무 위 즉 무 불 치 .

- 《노자》 3장

성인이 정치를 할 때 사람의 마음은 텅 비게 하고, 사람의 배는 채우며, 사람의 뜻은 약하게 하고, 사람의 뼈는 강하게 한다. 늘 백성으로 하여금 지식이 없고 욕망이 없도록 하며, 지자로 하여금 감히 일을 벌이지 못하게 한다. 무위를 실천하면 다스려지지 않는 일이 없다.

3장을 보면 노자는 어떤 것은 비우라고 하고, 어떤 것은 튼튼하게 채우라고 합니다. 왜 그럴까요? '心(심)'과 '志(지)'는 사람이 자꾸만 무엇인가 욕망하고, 계몽하고, 이끌어가려는 기획이 일어나는 중심 기관입니다. 뭔가 자꾸만 방향을 정하는 겁니다. 이에 대해 노자가 어떻게 하라는 거죠? 심과 지를 약하게 하고 없애라고 말합니다. 그에 반해 '腹(복)'과 '骨(골)'은 강하게 하고 채우라고 합니다. 이 말을 정신적인 것은 약화시키고 육체적인 것은 강화하라는 식으로 단순화할 수는 없습니다. 그건 너무 근대의 시각으로 바라보는 거죠. 노자의 초점은 자꾸 방향을 정하려는 것을 거부하라는 데 있습니다.

그리고 두고두고 논란을 일으키는 구절이 이어지죠. '常使民無知無欲(상사민무지무욕)', 즉 백성으로 하여금 알지 못하게 하고 욕망을 느끼지 못하게 하라는 겁니다. '使夫智者不敢爲也(사부지자불감위야)', 사람으로 하여금 뭔가 자꾸만 일을 꾸미지 못하도록 하라는 거예요. 소크라테스는 아테네 시민들에게 배부른 돼지가 되지 말라고 했었죠. 그런데 노자는 '마음을 비우고 배를 채우며, 뜻을 약하게 하고 뼈를 강하게 하라'고 했습니다. 그리고 이어서 '常使民無知無欲'이 나옵니다.

이 구절만 보면 오해가 생겨날 만합니다. 전체 맥락에서 이 구절만 따로 떼어내서 보면 노자는 소크라테스와 달리 사람들에게 배부른 돼지가 되라고 요구하는 것 같아요. 그런데 과연 노자가 그런 뜻으로 말한 것일까요? 이 주장이 맞는다면 노자가 세상에 자기 원인이 있다고 강조한 것은 결국 사람들로 하여금 멍청하게 살라고 한 게 아니냐, 바보처럼 살라고 한 게 아니냐 하는 오해를 받을 만합니다.

강을 볼 때도 그렇잖아요. 강을 제대로 알려면 처음부터 끝까지 전체를 다 봐야지, 한 부분만 보고 이 강이 어떻다고 말할 수는 없는 겁니다. 서울 쪽에 있는 한강만 보고 '한강은 폭이 1킬로미터가 넘는다.'고 정의할 수 없어요. 상류로 가면 폭이 1킬로미터가 안 되는 곳도 있으니까요. 전체를 봐야 진실을 알 수 있지, 자기가 본 것만 가지고 진실이라고 주장할 수 없다는 겁니다. '常使民無知無欲'도 그것만 따로 떼어놓으면 우민화가 맞지만, 전체 맥락 속에서 보면 결코 우민화가 아닙니다.

'常使民無知無欲'은 같은 구절의 앞부분에 나오는 "바라는 뜻(방향)을 내보이지 않으면 그에 맞추느라 사람들의 마음이 어지러워지지 않는다(不見可欲, 使民心不亂)"는 구절과 겹쳐서 읽으면 우민화가 아니라 어떤 방향을 정해놓고 사람들을 조정하거나 끌고 가려는 시도를 부정하는 맥락을 나타낸다는 점을 알 수 있습니다. 그러면 '無知無欲'이 말하려는 것이 무엇이겠어요? "특정한 대상을 소유하기 위해 그것에 대해 알려고 하지 말고, 특정한 방향으로 나아가고 싶은 마음을 일으키지 말라."는 뜻입니다. 지금 당신이 요구받고 있는 삶을 무조건 따라갈 게 아니라 반성해보라는 거예요. 여기서 '知'와 '欲'은 4강에서 다룬 '尙賢(상현)', '貴難得之貨(귀난득지화)', '見可欲(견가욕)'처럼 특정한 방향으로 사람을 부추기는 것과 관련이 있습니다. 노자는 특정한 방향으로 쏠려가거나 특정 방향에 솔깃해하는 '知'와 '欲'의 문을 닫으라고 요구하는 것입니다.

좀 더 쉽게 이야기를 해봅시다. 시험이 코앞에 다가왔는데 시험공부를 안 했어요. 그러다가 내일이면 시험 보는 날이 되었어요. 이때 부모님이 백 점 못 맞으면 크게 혼날 줄 알라고 말해요. 백 점을 맞을 궁리를 하는 중에 같은 처지의 친구가 시험지를 훔치러 가자고 제안해요. 그런 말을 들으면 솔깃해지잖아요. 부모님께 혼나지 않으려면 백 점을 맞아야 하는데, 공부를 하지 않았으니 그 목표를 이룰 수 없어요. 공부를 하지 않아도 되는 특별한 방법으로라도 백 점을 맞아야 해요. 시험지를 훔치는 것처럼 잘못된 방법이라도 시도한다는 거죠. 극단적인 경우에는 학교에 불을 지르는 일이 생기기도 했습니다. 어떻게 이런 기상천외한 일이 일어날까요? 우리가 한쪽으로 생각을 계속 하다 보면 하고자 하는 일을 어떻게 해서든지 가능하게 하는 쪽으로 사고가 점점 발달되어간다는 거예요. 그러한 '知'와 '欲'을 알려고 하지 말고, 비딱한 방향으로 나아가는 문을 닫으라는 것이지, 모든 것을 부정하는 게 결코 아닙니다.

이처럼 우리는 어떤 텍스트든 기계적으로 분석할 게 아니라 세심하게 읽어야 합니다. 그러지 않으면 노자가 사람들에게 단순하게 살라고 요구한 것을 우민화 정책을 입안했다고 오해할 수 있습니다. 노자는 우리에게 "이것 아니면 저것"이라는 양자택일적인 삶을 살라고 말하지 않았을 뿐만 아니라 폭력적으로 선택을 강요하지도 않았습니다.

실제로 노자는 사람들에게 지식을 추구하라고 말합니다. 이것만 봐도 노자는 결코 우민화를 기획했다고 볼 수 없습니다. 16장의 '知常曰明(지상왈명)'을 통해 노자의 지식 추구를 살펴보겠습니다.

知常曰明. 不知常, 妄作凶. 知常容, 容乃公, 公乃王, 王乃天,
지 상 왈 명. 부지 상, 망 작 흉. 지 상 용, 용 내 공, 공 내 왕, 왕 내 천.

天乃道, 道乃久, 沒身不殆.
천 내 도, 도 내 구, 몰 신 불 태.

- 《노자》 16장

항상성을 아는 것은 환한 밝음이다. 항상성을 알지 못하면 제멋대로 굴어서 흉(불행)하게 된다. 항상성을 알면 너그러워지고, 너그러워지면 공정하고, 공정하면 왕처럼 널리 미치고, 왕처럼 널리 미치면 하늘과 같아지고, 하늘과 같아지면 도와 같아지고, 도와 같아지면 오래가서 몸이 쓰러지는 날까지 위태롭지 않다.

'常(상)'은 어떤 부분이 아니라 삶의 긴 호흡에서 바라볼 때 늘 드러나는 항상성을 말합니다. 세계의 전체적인 연관성을 환히 깨달아 깜깜함이 밝음으로 바뀌는 '明(명)'이라는 거죠. 그러니 '明'을 알아야 하는 거잖아요. 이처럼 '明'을 추구하는 노자가 우민화를 주장했다고 말할 수 없다는 거죠. 이것만으로도 우민화가 어불성설이라는 증거가 충분합니다. 원래 텍스트를 악의적으로 읽고서 '노자의 우민화'라는 주장이 나온 만큼 증거를 제시하면 쉽게 무너질 수밖에 없습니다.

'常'을 모른다는 것은 내 삶의 전체적인 그림을 모른다는 겁니다. 내 삶을 초등학교 1학년이나 대학교 2학년처럼 어느 한 부분에만 국한해서 볼 뿐이라는 거예요. 그래서 무슨 일을 하든 마구잡이로 한다는 겁니다. 불행하게도 우리 사회에서는 학생들이 자살하는 비극적인 일들이 종종 벌어집니다. 언젠가 영화를 보다가 자살하려는 학생을 만류하는 장면을 본 적이 있어요. 그 학생은 다른 방법이 없기 때문에 그런 극단적인 수단을 선택했겠죠. 그런데 선생님이 "지금은 그 방법밖에 없다고 생각하지만, 네가 조금 더 살아본다면 다른 방법이 과연 없을까?"라고 말하더군요. 지금 죽어버리면 다음에 찾을 수 있는 새로운 방법을 포기하는 것이라고요. 지금은 힘에 부치니 끝장이 났다고 생각하지만, 여러분의 능력은 점점 커지게 마련입니다. 그러면 지금 온몸으로 하기에도 힘든 일을 나중에는 손가락 하나로도 할 수가 있다는 거죠. 미래의 나를 믿으면 지금의 고통은 이겨낼 수 있지 않을까요?

이처럼 전체적으로 보라는 거예요. 어느 한 부분만 보지 말라는 겁니다. 노자는 결코 사람들에게 무식해지고 어리석게 지내라고 요구한 적이 없어요. 노자의 '無知無欲'은 모든 앎을 부정하는 게 아니에요. 단지 계몽과 관리의 방향으로 나아가려고 하고, 그것에 동조하려는 '知'와 '欲'의 문을 닫으라는 뜻이죠. 이것은 오늘날 우리 삶의 태도이기도 합니다. 귀가 얇아 다른 사람의 말을 쉽게 믿거나 쓸데없는 일에 손을 대려고 할 때 우리는 '無知無欲'을 요구하는데, 그와 다를 바가 없습니다.

고독하게 다른 길

이제 공이 나에게 돌아옵니다. 이끌면 따라가고, 시키면 시키는 대로 하는 게 좋다고 생각하는 삶이 아니라, 내 삶을 나의 힘으로 살아가야 되는 상황이 다가온 것이죠. 그런데 그런 삶은 고독할 수밖에 없습니다.

우리는 늘 선택을 해야 합니다. 모든 것을 다 가질 수는 없잖아요. '관계'는 편한 측면도 있어요. 하지만 관계가 이루어지면 관계의 구속을 받기도 합니다. 사랑의 관계에 대해 '아름다운 구속'이라고 역설적으로 표현하기도 하죠. 이렇게 복잡한 관계에 대해 나는 어떻게 해야 할까요? 관계 속에서 자유를 찾아나갈 것인지, 아니면 관계가 사람을 힘들게 하니까 일정 거리를 유지하며 살아갈 것인지 정해야 합니다. 삶의 두 방향이 같이 있을 수는 없으니까요.

노자가 주장하는 '自然'대로 살아가는 삶은 공자나 맹자처럼 사람을 감정의 연대로 묶으려는 흐름과는 한 발짝 빗겨나 있습니다. 주위 사람에게서 적절한 거리를 두고 살아가는 것입니다. 노자는 그 거리를 침범

당하지 않도록 지키며 자신의 정체성과 색깔을 잊고 남을 따라가지는 말라고 강조하고 있습니다. 나만의 것을 찾으라는 겁니다. 누군가와 연결되었을 때 내가 의미가 있는 게 아니라, 나 홀로 있을 때도 나의 의미가 있는 시간을 마주하자는 거죠. 그런 의미에서 '個性(개성)'을 가질 수밖에 없습니다.

　　노자는 '나 我(아)' 자를 유독 많이 써요. '나 홀로', '나'라는 말을 많이 씁니다.

> 我獨泊兮, 其未兆. 如嬰兒之未孩, 儽儽兮, 若無所歸.
> 아 독 박 혜, 기 미 조. 여 영 아 지 미 해. 래 래 혜, 약 무 소 귀.
>
> 衆人皆有餘, 而我獨若遺. 我愚人之心也哉! 沌沌兮!
> 중 인 개 유 여, 이 아 독 약 유. 아 우 인 지 심 야 재! 돈 돈 혜!
>
> 俗人昭昭, 我獨昏昏.
> 속 인 소 소, 아 독 혼 혼.

- 《노자》 20장

나만 홀로 한곳에 박혀서 아무것도 드러나지 않네. 어둡고 흐릿하여 마치 웃지 않는 어린아이 같고, 나른하고 지쳐서 마치 돌아갈 곳이 없는 듯하다. 대중은 모두 넉넉한데 나만 홀로 잃은 듯하다. 나는 이토록 어리석은 사람의 마음을 가질까! 어둡고 흐릿하구나! 세상 사람들은 모두 또렷또렷한데 나만 홀로 멍청하구나.

아이가 지금 홀로 있어요. 울지도 못해요. 제대로 걷지도 못해요. 어디로 가야 할지도 몰라요. 세 살짜리 아이를 길에 내놓아보세요. 어른들은 어디로 가야 할지 알아서 곧장 직선으로 걸어갑니다. 하지만 두세 살짜리 어린아이들은 그러지 않아요. 이리저리 삐뚤삐뚤 걷죠. 앞으로 가다 금방 뒤로 돌아오기도 합니다. 어른들이 다친다고 똑바로 걸으라고 이끌어도 직선으로 가지 못합니다. 그게 아이라는 거예요.

'衆人皆有餘, 而我獨若遺(중인개유여, 이아독약유)', 다른 사람들은 끼리끼리 뭉쳐 있고, 무엇인가 남는 게 많지만, 나는 뒤떨어진 것 같기도 하고, 혼자 있는 것 같기도 합니다. '俗人昭昭, 我獨昏昏(속인소소, 아독혼혼)', 여러 사람이 뭉쳐 있고, 이 이야기 저 이야기를 하니까 모든 걸 다 꿰뚫고 있는 것처럼 보이고, 해맑은 것 같고, 다 아는 것 같고, 빛이 있는 것 같아요. 그런데 나는 떨어져 나와 있으니까 혼자 멍청한 것 같고, 혼자 모르는 것 같나는 거예요.

여기서 '俗人昭昭, 我獨昏昏'은 대비적인 표현으로 쓰였지만, 실제로 내가 다른 사람들과 함께하지 못한다고 해서 비참하거나 어둡다고 말하는 것은 결코 아닙니다. 이 말은 뒤집어서 읽어야 해요. 여기서 말하는 '昏昏(혼혼)'은 속인들이 중요하게 여기는 '知'와 '欲'에 어둡다는 겁니다. 속인들의 입장에서는 내가 어둡게 보이지만, 오히려 속인들과 거리를 유지하면서 자기 삶에 대해서는 누구보다 환히 꿰뚫고 있다는 것이 이 구절의 초점입니다. 부국과 강병을 위해서 사람들을 계몽하고 관리하는 길에 대해서는 어두울지 모르겠지만, 내 삶을 살아가는 데는 밝다는 것이죠. 다른 사람들과 반드시 함께 가야 하는 것이 아니므로 고

사진 3 정섭, 〈난득호도〉

독하게 다른 길을 간다는 것을 노자가 강조하고 있습니다.

사진 3은 '정판교(鄭板橋)'라는 호로 더 잘 알려진 청나라 서화가 정섭(鄭燮, 1693~1765)이 쓴 '難得糊塗(난득호도)'라는 아주 유명한 구절입니다. 내용을 보면 '聰明難, 糊塗難, 由聰明轉入糊塗更難(총명난, 호도난, 유총명전입호도갱난)'이라고 했어요.[1] 총명하기도 어렵고 흐리멍덩하기도 어려우며 총명한 사람이 흐리멍덩한 사람처럼 구는 것은 한층 더 어렵다는 뜻입니다. 여기서 흐리멍덩하다는 것은 정신에 문제가 있다는 뜻이 아닙니다. 세속적인 이치에 밝은 사람이 있는가 하면, 그런 면에 어두운 사람도 있는데, 그런 사람에게 "자네는 왜 그렇게 흐리멍덩해?"라고 할 때와 같은 뜻입니다.

예컨대 대학교 3학년 2학기라고 해봅시다. 그때쯤이면 보통 취직을 하려면 무엇을 준비해야 한다는 대학 생활의 매뉴얼이 있죠. 어떤 학생이 취직 준비를 위해 그 분야에 밝은 친구를 찾아가 상담을 해요. 그러니까 그 친구가 그동안 토익 시험은 보았는지, 자격증은 어떤 것을 따두었는지 이것저것 묻습니다. 그런 게 꼭 있어야 하느냐고 반문하니까, 친구가 "너 그렇게 흐리멍덩하게 살아서 어떻게 할래?"라고 합니다.

이처럼 '흐리멍덩하다'에는 '바보스럽다'의 뜻도 있지만, 남들이 다 알고 있고 중요하다고 생각하는 것을 모르고 있을 때를 가리키기도 합니다. 이렇게 '흐리멍덩하다'는 양의적인 말인데, 제가 말씀드리는 것은 두 번째 맥락으로 쓰입니다. 그러니까 모든 사람이 "이게 길이야."라고 생각할 때, 그 길에 대해 모르는 사람에게 흐리멍덩하다고 하는 거예요. '難得糊塗'는 이런 흐리멍덩한 것을 하기도 어렵다는 거죠. 거기에 더해 '由聰明轉入糊塗更難(유총명전입호도갱난)', 즉 실제로 총명한 사람이 흐리멍덩한 사람처럼 구는 것은 더 어렵다는 말입니다.

앞서 설명한 '俗人昭昭, 我獨昏昏'의 '昏昏'도 이처럼 중의적인 맥락으로 이해해야 해요. 無知無識'을 가진, 멍청한 사람, 1 더하기 1도 모르는 사람이라는 맥락으로 이해하면 안 됩니다. 관리와 계몽의 시대를 살면서 그 길에 충실하고, 그런 정보에 밝은 사람, 총명한 사람도 있습니다. 하지만 그런 방향, 그런 정보에 대해 알려고 하지 않는 사람이 있고, 그래서 흐리멍덩하다는 것입니다.

손님의 존재론

관리와 계몽의 시대를 헤쳐 나가는 노자의 삶을 손님의 존재론으로

압축할 수 있습니다. 시대를 이끌어가는 사람들은 과도한 주인 의식을 지니고서 "나 아니면 안 된다"는 자의식의 과잉 상태에 놓여 있었습니다. 이 때문에 타자는 그 자체로 존중되지 않고 지녀야 할 것을 지니지 못한 부재의 존재로 간주되었죠. 세상은 이러한 주인으로 넘쳐났습니다. 주인 의식의 과잉은 필연적으로 나의 생각을 퍼뜨리는 소리의 과잉을 불러올 수밖에 없습니다.

곳곳에 소리가 넘쳐나지만 그 넘쳐나는 소리로 인해 무슨 소리를 하는지 모릅니다. 마치 시장에서 상인들이 죄다 자신의 물건을 사라고 큰 소리로 외치니 정작 무슨 소리를 하는지 알아들을 수 없는 형국과 같습니다. 듣지 않은 사람을 듣게 하려니 소리와 소리가 충돌할 수밖에 없죠. 상대의 소리를 누르고 내 소리만 들리게 해야 하니 말입니다. 이렇게 소리로 넘쳐나는 세상을 노자는 경멸합니다.

豫兮若冬涉川, 猶兮若畏四隣, 儼兮其若客.
예 혜 약 동 섭 천, 유 혜 약 외 사 린, 엄 혜 기 약 객.

- 《노자》 15장

살금살금, 겨울에 살얼음이 언 강을 건너는 듯,
두리번두리번, 사방을 경계하는 듯,
묵직묵직, 손님처럼 구는구나.

15장의 일부입니다. 주인이라야 거리를 제 안방인 양 아무런 거리낌

없이 활보할 것입니다. '예혜(豫兮)', '유혜(猶兮)', '엄혜(儼兮)'는 모두 일종의 의태어로서 주저주저하며 신중하게 처신하는 모습을 그리고 있습니다. 마치 여행자가 낯선 곳에 가서 있는 듯 없는 듯 조용조용 돌아다니는 꼴과 비슷합니다.[2]

노자는 주인 의식으로 넘쳐나는 시대를 살아가며 거꾸로 손님의 자세를 취하라고 권하고 있습니다. 손님은 있는 곳을 소유하지 않고 점유하고 있으며, 재화를 축적하지 않고 이용할 뿐입니다. 내 것으로 만들려고 하지 않습니다. 그러니 사람들이 손님 대 손님으로 만난다면 주인대 주인으로 만나는 것과 사뭇 다른 태도를 보이게 됩니다. 주인이라면거래와 경쟁을 통해 내 것을 더 늘리려고 분투하게 됩니다. 손님이라면지금 가진 것을 나누고 서로 따뜻하게 맞이하며 환대하게 됩니다. 즉주인은 소유와 경쟁의 방향으로 떠들썩하게 나아가는 반면, 손님은 공유와 존중의 태도로 조용하고 묵직하게 어울리게 됩니다. 이처럼 노자는 과잉된 주인 의식으로 인해 빚어진 시대의 분쟁을 통렬하게 반성하며 손님의 자세에서 공존과 환대의 길을 찾아내고 있습니다.

이번 강의를 정리해볼까요? 춘추전국시대에 국가는 부국강병의 길로 가야 한다고 방향을 정해놓고는 백성을 들볶습니다. 깨 볶는 걸 본적 있나요? 프라이팬을 달군 다음 그 속에 깨를 넣는데, 그러면 깨가높이뛰기 선수처럼 퐁퐁 튀어 오릅니다. 국가가 백성을 그렇게 만드는거예요. 사람은 땅에 발을 붙이고 진득하게 있어야 하는데, 이 사회가요구하는 게 많으니까 학교에서 돌아오자마자 다시 이 학원 저 학원으로 뛰어다녀야 해요. 아등바등 살아가게 만들어요. 가끔은 게으름도 피우고 삶에 좀 여유가 있어야 하는데, 이 시대가 그런 꼴을 못 보는 거예요. 당장 뭔가를 하라고 다그치죠.

춘추전국시대도 국가가 사람을 특정한 방향으로 끌고 가려는 계몽의 시대였고, 그 흐름에 합의하지 못하거나 끼어들지 못하면 멍청하다고 했습니다. 하지만 노자는 그렇지 않다고 보았죠. 세계는 외부의 개입 없이 자기 원인에 의해서 스스로 조절해가는 힘을 가지고 있다는 것이 노자의 주장입니다. 여러분도 에너지가 없거나, 길을 잘 모르거나, 뭔가를 확실히 알지 못할 때는 좀 뒤처지기도 합니다만, 이거다 싶을 때면 모든 에너지를 집중한 경험이 있지 않나요? 그게 바로 자기 원인입니다. 그런 순간에는 커다란 바위라도 깰 듯한 기세로 스스로 움직이는 힘이 있다는 거예요.

노자가 말한 '無知無欲'도 같은 맥락입니다. 흔히 욕망이 있어야 무엇인가 하려고 하고, 지식이 있어야 그 욕망을 실현할 수 있다고 생각하기 때문에 '無知無欲'을 우민화로 이해하곤 합니다. 하지만 노자는 모든 것에 대한 '無知無欲'을 말하는 게 아니라, 특정한 것에 대한 '無知無欲'을 말하는 겁니다. 시대가, 국가가 요구하는 방향에 대해 '無知無欲'하라는 겁니다. 기존의 길, 정해진 길이 아니라 다른 길로 갈 수 있다는 것이죠. 그게 '自化'이고 '自然'이에요. 스스로 그렇게 바뀌어가는 거예요.

많은 사람이 가는 길 대신 스스로 선택한 길은 혼자서 가기 때문에 외롭습니다. 그렇다고 비참한 것은 결코 아니에요. 스스로 무한한 힘을 가지고 걷는 외로움일 뿐이지, 비참하게 왕따를 당하는 외로움이 결코 아니라는 거예요. 이 외로움은 손님으로서 나를 불러일으키게 하는 힘입니다. 노자는 정해진 길, 모두가 가는 길보다는 스스로 찾은 길을 가자고 제안하고 있는 겁니다.

7강

政

소국과민이 가져다주는 자유

우리나라는 근대에 약소국으로서 강대국의 간섭과 침략을 많이 받았습니다. 광복을 맞이한 뒤에 국력을 키워서 다시는 식민지가 되지 않으려고 경각심을 가지게 되었죠. 그래서 우리나라의 실정에 맞게 발전 모델을 세우면서 강대국과 맞설 수 있는 강소국이 되어야 한다고 말합니다. 간혹 핵무장론까지 제시하는 사람도 있습니다. 강하면 주위의 간섭을 받지 않을 수 있으니 나름 일리가 있습니다. 이러한 상황에서 강한 나라가 아니라 약한 나라를 지향하자고 하면 어떻게 될까요? 아마 많은 사람이 들고 일어나며 "도대체 무슨 소리를 하느냐?"고 따질 것입니다.

바로 노자가 그런 주장을 했죠. 다들 나라의 규모를 키우고 사람을 늘려야 한다는 광토중민(廣土衆民)[1]을 말하는 상황에서 반대로 소국과민(小國寡民)을 주장했습니다. 도대체 왜 그랬을까요? 예를 들어 용돈이 많이 필요한데 부모님이 안 주시면 어떻게 하죠? 아르바이트를 많이 해야 하잖아요. 아르바이트를 많이 하면 돈은 많이 벌지만, 시간이 들고 몸이 힘들죠. 국가도 마찬가지예요. 한 국가가 광토중민을 추구하려면 백성에게 많은 고통을 줄 수밖에 없습니다. 군량이나 무기가 저절로 생기는 게 아니잖아요. 물론 당시 국가로서는 어쩔 수 없는 측면이 있다는 것을 노자도 알았어요. 그렇다고 해서 모든 것을 허용하고 국민은 그저 따르기만 해야 하느냐는 거예요. 여러분도 돈이 필요해서 아르바이트를 하다가 몸이 못 견디면 그만두잖아요. 노자도 마찬가지예요. 광토중민 노선의 어쩔 수 없는 측면은 인정한다 치더라도, 그것이 사람을 지나치게 괴롭힌다면 계속 그 방향으로 끌려가야 하냐는 겁니다. 노자는 그걸 멈출 때도 되었다고 말하는 겁니다. 이것이 노자가 소국과민으로 돌아가야 한다고 말하는 이유입니다.

여성의 울음이 그칠 날 없는 시대

아마 노자를 잘 모르는 사람이라도 노자 사상의 대표적인 것을 꼽아보라고 하면 무위(無爲), 도(道), 소국과민 등의 개념들을 열거할 것입니다. 이번 강의에서는 소국과민에 대해 살펴보겠습니다. 당연히 정치 이야기가 초점이 되겠죠.

노자와 공자는 비슷한 시대를 살았습니다. 당시에는 140여 개의 나라가 약육강식과 상호경쟁에 의해 점점 줄어들고 있었죠. 강한 나라가 약한 나라를 멸망시켜버리는 시대를 살았던 거예요. 이때 자기 나라가 망하기를 바라는 사람은 아무도 없을 겁니다. 그러면 어떻게 해야 할까요?

혹시 초등학교에 다닐 때 이런 일을 겪은 사람이 있나요? 학교에서 우연찮게 싸움이 일어났는데, 나보다 큰 친구한테 맞았어요. 그날 집으로 돌아와서 엄마에게 태권도 도장에 보내달라고 졸라요. 평소 엄마가 건강을 위해 태권도를 배우라고 할 때는 싫다고 내빼더니, 친구에게 한 대 맞고는 스스로 나서서 가겠다고 하는 거예요. 친구들 앞에서 맞은 게 부끄럽고, 다음에는 이기고 싶어진 거예요. 태권도를 배우면 싸움 실력이 커진다고 생각하는 거죠.

1강과 5강에서 살펴보았듯이 노자와 공자가 활약하던 제자백가 시대는 늘 전쟁이 일어나던 시대예요. 그래서 매일매일 어떤 나라가 어떤 나라에게 망했다는 소식이 들려요. 이때 여러분이 약한 나라에 속해 있었다면 어땠을까요? 다른 나라가 망했다는 게 남의 이야기가 아닌 거예요. 적이 공격하면 여러분의 나라도 망할 수 있는 거잖아요. 이럴 때 가만히 앉아서 기도만 한다고 다른 나라의 침략을 면할 수 있는 게 아니잖아요. 걱정만 할 게 아니라 대비를 해야 하죠. 그래서 광토중민으로 방향을 잡는 겁니다.

전쟁이라는 게 한 차례의 전투만으로 끝나는 게 아니죠. 전쟁을 하려면 병사들을 먹여야 하는데, 농사를 지으면서 전투를 할 수는 없어요. 그러니 평소에 식량을 많이 준비해놓아야 오랫동안 전쟁에 나가더라도 병사들을 굶기지 않게 됩니다. 전쟁에는 식량뿐만 아니라 무기도 넉넉히 있어야 하죠. 공격을 하려고 해도 그렇고, 수비를 하려고 해도 그렇습니다. 전쟁이 끝날 때까지 끊임없이 무기를 만들어내야 해요. 식량이나 무기 등을 계속 공급해야 전쟁이 일어나더라도 지지 않을 수 있습니다. 그러니 평소에 대비를 해두어야 합니다.

그림 14는 《공자성적도》 중 〈태산문정(泰山問政)〉이라는 그림입니다. '태산에서 정치를 묻다'라는 뜻입니다. 그림을 보면 수레에 타고 있는 사람이 공자예요. 공자가 태산 지역을 지나는데, 한 여인이 나무 아래에서 울고 있어요. 인정과 호기심이 많은 공자가 그냥 지나치지 못하고 제자를 보내 왜 우는지 물어보았습니다. 그랬더니 여인이 자신의 사연을 털어놓았어요. 자신은 산속에 살고 있는데, 호랑이가 와서 시아버지와 남편을 잡아먹더니, 이번에는 자식마저 잡아먹었다는 거예요. 그 이야기를 들은 공자와 제자들은 딱하게 여기면서도 궁금했습니다. 그처럼 위험한 곳이라면 왜 진작 도시로 떠나지 않았을까요? 사람들이 많이 모여 사는 도시라면 제아무리 호랑이라도 덤벼들지 못할 텐데. 그러니까 여인은 산속이 아무리 위험하다고 하더라도 도시에서 사는 것보다는 편안하다고 대답합니다. 공자 일행은 더 당혹스러워졌습니다. 호랑이에게 잡아먹히는 판인데도 산속이 도시보다 낫다니 이상하지 않습니까?

1강에서 전국시대의 핵심은 광토중민 또는 부국강병이라고 말씀드렸죠. 한 나라가 전쟁에 이기기 위해서는 많은 물자를 비축해야 해요. 그런데 그 물자가 어디에서 나오겠어요? 백성이 생산한 것들 중에 일부

그림 14 《공자성적도》 중 〈태산문정〉

를 세금으로 거둬들이는 거죠. 백성은 세금을 내고 남은 것으로 먹고살아야 하는데, 세금을 너무 많이 내서 남은 것이 늘 부족하니 아주 궁핍한 삶을 살아야 합니다. 그러니 도시에서 살면서 나라에 빼앗기는 세금이 산속 호랑이보다 무섭다고 말하고 있는 겁니다. 여기서 나온 고사성어가 바로 '苛政猛虎(가정맹호)'입니다. 이를 통해서 춘추전국시대의 국가들이 백성에게 얼마나 많은 세금을 거두었는지 알 수 있죠. '가정맹호'의 내용에는 전쟁이 언급되지 않지만, 이야기 속에 전쟁으로 인해 가족이 당할 수밖에 없는 참화를 담고 있습니다. 즉 이 시대는 전쟁에 나가서 죽고, 전쟁이 싫다고 숲속에 살다가 호랑이에게 물려서 죽으니 남정네를 잃은 여성의 울음소리가 그칠 날이 없었던 것입니다.

《장자》에도 '가정맹호'와 비슷한 맥락의 이야기가 나옵니다. 말을 잘 조련하기로 유명한 백락(伯樂)이라는 사람이 있었습니다. 그는 자신에게 말을 맡기면 보통 말도 천리마로 만들어주겠다고 큰소리를 쳤습니다. 천리마로 만들려면 어떻게 해야 하죠? 훈련을 시켜야 하잖아요. 백락은 말을 훈련시킨다면서 털을 지지고, 발굽을 깎고, 인두질을 하는데, 그러는 중에 20~30퍼센트가 죽어나가요. 또 훈련을 하다가 명령에 따르지 않으면 먹이나 물을 주지 않고 채찍질을 해대서 절반이 죽어나가요.[2] 이러니 백락은 말을 잘 조련하는 사람이기도 하지만, 동시에 말을 제일 많이 죽인 사람이기도 합니다.

말은 어떤 생태에서 생활했을까요? 장자는 말이 야생에서 자유롭게 뛰노는 장면을 다음처럼 묘사하고 있습니다.

馬, 蹄可以踐霜雪, 毛可以禦風寒, 齕草飮水, 翹足而陸, 此馬之眞性也.
마, 제가이천상설, 모가이어풍한, 흘초음수, 교족이륙, 차마지진성야.

– 《장자》〈마제(馬蹄)〉

말은 굽으로 서리와 눈을 밟을 수 있고, 털로 바람과 찬 기운을 막을 수 있다. 풀을 뜯고 물을 마시며 발을 들어 땅을 박찬다. 이것이 말의 참 성질이다.

말이 전쟁터를 질주하게 하려면 평소 마구간에서 돌보고 온갖 훈련을 시키게 됩니다. 하지만 야생에 있으면 말은 걸음을 훈련할 필요도 없이 제 발로 눈밭 위를 달리고, 안장과 마구를 찰 필요도 없이 제 털로 추위와 바람을 막습니다. 스스로 풀을 뜯어먹고, 물을 마시고, 제 발로 뛰는 등 하고 싶은 대로 하는 게 말의 천성이라는 거예요.

장자는 말 이야기를 통해서 무슨 말을 하려는 걸까요? 결국 사람 이야기를 하고 있는 거예요. 사람이 전쟁터에 나가서 위험한 곳을 다니는 게 본성이겠어요? 배고프면 밥 먹고, 피곤하면 집에서 낮잠을 자는 게 사람의 천성이잖아요. 그런데 사람을 부역에 동원하고 전쟁터로 몰아대니, 엊그제까지 멀쩡하던 사람이 시신이 되어 돌아오는 거예요. 국가가 추구하는 광토중민을 따라가니 이런 일이 생기는 거죠. 장자는 백락의 이야기를 통해 천하를 다스리는 사람의 잘못을 말하는 거예요. 장자는 역시 날카롭습니다. 보통 사람이 보는 것 말고 다른 면을 꿰뚫어보는 거죠.

공자의 〈태산문정〉에 나오는 '苛政猛虎'나 장자의 〈마제〉에 나오는 백락 이야기를 통해 광토중민이 한편으로 대세이면서 유효한 길이라고 생각하지만, 다른 한편으로 사람을 위험하게 만들고 힘들게 하는 측면이 있다는 것을 알 수 있습니다.

광토중민과 소국과민은 서로 반대되는 개념입니다. 당시의 대세는 국가의 규모를 키우는 것이었지만, 노자는 국가의 규모를 작게 만들어야 한다고 주장합니다. 노자의 주장에는 나라가 크다고 해서 자유를 가져오지는 않는다는 생각이 깔려 있습니다. 예컨대 사람들은 저마다 적정 체중이 있습니다. 그런데 갑자기 5킬로그램쯤 찌면 어떻게 되죠? 몸놀림이 부자연스러워져요. 움직임이 부자연스럽고, 기우뚱거리는 것 같고, 자기 몸이 아닌 것처럼 느껴집니다. 노자가 말하는 것은 이 시대가 무조건 몸집을 키우려고 하지만, 크다고 해서 좋은 것만은 아니라는 겁니다.

노자의 설명은 이렇습니다.

持而盈之, 不如其已. 揣而銳之, 不可長保. 金玉滿堂, 莫之能守.
지 이 영 지, 불 여 기 이. 췌 이 예 지, 불 가 장 보. 금 옥 만 당, 막 지 능 수.

富貴而驕, 自遺其咎. 功遂身退, 天之道也.
부 귀 이 교, 자 유 기 구. 공 수 신 퇴, 천 지 도 야.

-《노자》9장

어느 정도 가지고서도 가득 채우려는 것은 그만두는 것보다 못하다. 어느 정도 날카로운데도 끝까지 벼리는 것은 오래 간직할 수 없다. 금과 옥의 보물이 집에 가득 있으면 늘 완전히 지킬 수 없고, 부귀하고 교만하면 스스로 허물을 벌게 된다. 공적이 이루어지면 몸이 물러가는 것이 자연의 길이다.

이런 상황을 생각해봅시다. 아이의 지갑에 10만 원이 있을 때와 1만 원이 있을 때 심리적 태도가 같을까요? 달라요. 10만 원이 있을 때는 불안해 보여요. 혹시라도 잃어버릴까 신경이 쓰이죠. 하지만 돈이 조금밖에 없으면 마음이 편합니다. 그래서 '持而盈之, 不如其已(지이영지, 불여기이)'라고 하는 겁니다. '揣而銳之, 不可長保(췌이예지, 불가장보)'는 무엇인가를 날카롭게 하고 뾰족하게 만들어도 오래갈 수 없다는 뜻입니다. 칼이 날카로우면 날카로울수록 금방 손상되잖아요. 칼을 적당히 갈아야지, 너무 날카롭게 갈면 망가지기 쉽죠. 또 집에 금은보화가 가득하면 원치 않는 손님을 불러들일 수 있죠. '金玉滿堂, 莫之能守(금옥만당, 막지능수)', 금과 옥이 집에 가득 쌓여 있으면 오랫동안 제대로 지킬 수가 없다는 겁니다.

이처럼 노자는 눈에 보이는 현상을 반대 방향에서 사고하는 데에 익숙합니다. 무엇인가를 높이 쌓으려는 것에 대해, 몸집을 크게 하려는 것에 대해 반성하기를 요구합니다. 크기의 신화에 잠식된 시대를 뒤흔들고 있습니다. 이 시대의 부국강병은 국가를 중심으로 해서 모든 것을 집중시키고, 독점하려는 욕망이 강해지고 있었습니다. 그런 욕망이 결국 사람과 사람이, 나라와 나라가 서로를 넘보게 만든다는 겁니다.

대규모가 낳는 재앙

요즘 다들 하나씩 가지고 있을 정도로 스마트폰은 생활필수품이 되었습니다. 스마트폰은 한 번 사면 그만이 아닙니다. 하루가 다르게 새로운 기종이 쏟아져 나옵니다. 그때마다 새로 나온 스마트폰이 너무 갖고 싶은데, 지금 형편으로는 살 수가 없습니다. 마침 도서관 옆자리에 앉은 친구가 그걸 가지고 있어요. 그런데 마치 시험이라도 하듯이 그 친구가 스마트폰을 자리에 두고 화장실에 갔어요. 이럴 때 견물생심(見物生心)이 생기죠. 꼭 훔쳐가지는 않더라도 갖고 싶은 생각이 한번쯤 들 수 있습니다.

사람들이 귀중하다고 여기는 게 있으면 누구나 그것에 관심을 두게 되며, 다른 사람이 그걸 소유하면 나도 그것을 가지고 싶다고 생각하게 됩니다. 그런데 노자는 반대되는 방향을 말합니다. 자연에 따르라는 거예요. 천지의 작용에 의해 사계절의 순환이 일어납니다. 겨울에 산에 가보면 모든 것이 죽은 듯하지만, 봄이 되면 파릇파릇 새싹이 돋고, 여름이 되면 숲이 우거지고, 가을이 되면 열매를 맺죠. 그렇다고 하늘과 땅이 자신들 덕분에 나무가 자랐으니 자신들에게 감사하라고 요구하던가요?

자연은 자기 자리를 고집하지도 않아요. 여름은 가을에게 자리를 물려주고, 가을은 겨울에게 자리를 물려주고, 겨울은 또 봄에게 자리를 물려줍니다. '功遂身退, 天之道也(공수신퇴, 천지도야)', 공이 이루어지면 물러날 뿐입니다. 그러면서 또 다른 일이 성취됩니다. 하나가 영원히 지속되는 것이 아니라 물러나고 갈마드는 것이 천지의 활동 과정입니다.

우리는 왜 규모를 키우려고 할까요? 앞서 이야기한 태권도를 배우려는 아이는 힘을 길러서 다른 친구가 자신을 얕잡아보지 못하게 해야겠다고 생각했습니다. 그래서 자신을 키우는 방향으로 가려고 했죠. 그런데 무언가를 키우는 것이 만능은 아니라는 걸 《손자(孫子)》를 통해서 알 수 있습니다.

治衆如治寡, 分數是也. 鬪衆如鬪寡, 形名是也.
치중여치과, 분수시야. 투중여투과, 형명시야.

- 《손자》〈병세(兵勢)〉

많은 군사를 다루며 마치 적은 군사를 다루듯이 하는 것은 장병 각자의 몫을 나누었기 때문이다. 많은 군사로 싸우며 적은 군사로 싸우듯이 하는 것은 장병 개개인마다 한다고 말한 것과 실제로 한 것을 일치시키는 형명 덕분이다.

손자는 규모가 큰 것을 다스릴 때 규모가 적은 것처럼 하라고 말합니다. 군대 지휘를 생각해보세요. 군대에는 사람 수에 따라 부대 이름이 다르잖아요. 10명 정도의 분대가 있고, 30~40명의 소대가 있고, 90~150명의 중대가 있고, 300~600명의 대대가 있고, 1,500~2,500명의 연대가 있고, 2,000~5,000명의 여단이 있고, 10,000명의 사단이 있고, 40,000명의 군단이 있지 않습니까? 1만 명이나 4만 명의 병사를 한꺼번에 풀어놓고 싸우라고 하면 개인이 가진 전투력을 제대로 발휘하지 못한다는 거예요. 1만 명을 5천 명으로 나누고, 다시 반으로 나누고, 다시 반으로 나누기를 반복해서 결국 10명 단위의 개별 부대가 일사분란하게 싸움을 해갈 때 오히려 1만 명이라는 큰 힘을 발휘를 할 수 있습니다. 손자가 말한 '治衆如治寡(치중여치과)'는 많은 대중, 많은 군사, 많은 것을 다스리려면 작은 단위로 잘게 나누어서 큰 힘을 발휘할 수 있도록 하라는 뜻입니다. 각자에게 맞는 직무를 잘 부여해야 한다는 겁니다.

'鬪衆如鬪寡, 形名是也(투중여투과, 형명시야)'도 같은 맥락입니다. 많은 군사와 싸울 때 적은 군사와 싸우는 것처럼 효율적으로 하라는 겁니다. 예를 들어 시험공부를 생각해보세요. 시험을 보는 과목이 대여섯 과목일 때 그걸 통째로 생각하면 공부가 제대로 될 리가 없습니다. 오늘은 어떤 과목을 공부하고 내일은 어떤 과목을 공부할지 나누어서 생각해야지, 대여섯 과목을 한꺼번에 공부하려고 하면 공부가 잘 안 되잖아요. 그러니 해야 할 일이 있을 때 무조건 규모를 키우는 것이 능사가 아니라, 그것들을 작은 단위로 나누어서 잘 운용해야만 큰 힘을 발휘할 수 있다는 겁니다.

결국 노자와 손자는 사람들에게 '무조건' 또는 '덮어놓고' 덩치만 키우는 방향으로 나아가는 광토중민의 시대 상황에 대해 다시 한 번 생각해보라고 주문하는 것입니다. 과연 덩치가 큰 것이 좋은 것이고, 모든 상황에서 유용하냐고 묻는 거죠. 그렇지 않을 수 있는 측면을 부각시켜서 생각을 전환시키는 계기를 제공하고 있습니다.

요즘 사람들은 다들 날씬해지려고 합니다. 하지만 무조건 날씬한 게 좋은 건 아니죠. 사람마다 체격이 다르고, 각각의 체격마다 적정한 체중이 있잖아요. 그런데 체격은 무시한 채 특정 체중만 고집한다면 얼마나 힘들겠어요? 반대로 덩치가 크다고 해서 늘 좋은 건 아닙니다. 덩치가 크면 다른 사람이 덤벼들지 못하게 시위하는 데는 유용할 수 있지만, 큰 것 자체가 반드시 큰 힘으로 발휘되겠느냐는 것이 노자와 손자가 제기한 의문입니다. 오히려 큰 것을 작게 나누어 활용할 때 유용성이 늘어나게 된다는 거예요. 그런 측면에서 노자가 '小國寡民'을 제안했던 것입니다.

시대가 부국강병을 향해 달려가고 있는데 왜 노자는 반대로 소국과민을 주장하는지 이제 이해가 될 겁니다. 노자의 '小國寡民'은 이런 맥락에서 파악해야 합니다.

자연의 균형과 도의 균형

노자는 도대체 국가나 자신을 어떤 식으로 이끌어가려고 했을까요? 특정 방향이 국가와 사람을 오도한다고 하더라도 아무렇게나 살 수는 없지 않습니까? 노자가 중요하게 생각한 것은 균형입니다. 다양한 현상과 관계 사이의 균형을 잡아야 한다는 것입니다. 크기와 규모를 키워야만 한다는 광토중민의 방향은 일방적으로 큰 쪽으로 가는 것이지만, 노자는 작은 것끼리의 균형을 강조했습니다. 노자가 어떻게 균형을 강조하는지 살펴보도록 하겠습니다.

> 天之道, 其猶張弓與! 高者抑之, 下者擧之. 有餘者損之, 不足者補之.
> 천지도, 기유장궁여! 고자억지, 하자거지. 유여자손지, 부족자보지.
>
> 天之道, 損有餘而補不足. 人之道, 則不然, 損不足以奉有餘.
> 천지도, 손유여이보부족. 인지도, 즉불연, 손부족이봉유여.
>
> – 《노자》 77장

하늘(자연)의 길은 마치 활을 당기는 것과 같구나! 높으면 누르고 낮으면 들어준다. 넉넉한 것은 덜어내고 부족한 것은 보태준다. 하늘의 도는 넉넉한 것을 덜어내어 부족한 것에 보태준다. 사람의 도는 그렇지 않다. 부족한 것에서 덜어내어 넉넉한 쪽에 받들어 모신다.

노자는 활을 쏠 줄 알았던 것 같아요. 세세한 내용을 곁들이며 활 비유를 들고 있잖아요. 하늘의 도, 즉 자연의 도는 활시위를 당기는 것과 같다고 말합니다. 한쪽이 너무 높으면 그 부분을 살짝 내려주고, 너무 낮으면 살짝 들어줍니다. 왜 그래야 할까요? 균형이 맞아야 화살을 자기가 보내고 싶은 방향으로 쏠 수 있기 때문이죠.

'有餘者損之(유여자손지)', 남는 부분을 덜어내서 그것으로 부족한 부분에 보탠다는 겁니다. 그러면 여기는 남고 저기는 모자란다는 것이 아니라, 여기와 저기가 적절하게 균형을 이루겠죠. 하늘의 도, 자연의 도가 그렇다는 겁니다. '損有餘而補不足(손유여이보부족)', 즉 남은 것을 덜어내서 부족한 데에 보태준다는 겁니다. 그다음 말이 폐부를 찌릅니다. '人之道, 則不然(인지도, 즉불연)', 사람의 길은 그렇지 않다는 거죠. '損不足以奉有餘(손부족이봉유여)', 오히려 부족한 데 있는 것을 빼앗아서 남는 곳에 보태준다는 거예요. 그러면 모자란 사람은 그 상태를 벗어날 수가 없습니다. 요즘 말로 하면 '부익부 빈익빈'이죠.

자연에도 '有餘(유여)'와 '不足(부족)'의 차이가 발생하기는 해요. 하지만 자연은 부족은 부족대로, 유여는 유여대로 두는 게 아니라 균형을 회복하는 역량을 지니고 있다는 겁니다. 물에 여러 가지 물감을 풀어보세요. 처음에는 한 가지 색깔이 주도적으로 나타나다가 시간이 흐르면서 색의 균형이 나타납니다. 하지만 사람은 균형을 파괴하고, 독과점을 통해 다른 것보다 절대적으로 우세해지려는 측면이 있다는 것이에요. 이렇게 노자는 '天道(천도)'와 '人道(인도)'를 날카롭게 대비시키고 있습니다.

시소 탈 때를 생각해보세요. 한쪽 사람의 체중이 너무 무거우면 시소 놀이가 지속될 수 없죠. 가벼운 쪽 사람이 아무리 노력해도 오르락내리락할 수가 없어요. 양쪽이 똑같지는 않더라도 엇비슷해야 시소 놀이를 할 수 있습니다. 균형이 잡혀야 해요.

노자의 말은 부의 재분배, 사회복지, 공정거래 등과 관련해서 많은 시사점을 던져줍니다. 근대 사회에서 합법적인 이익 추구는 법과 도덕의 규제를 받지 않습니다. 금융 자본이 실물 경제에 끼치는 영향력이 점차 늘어나면서 작은 규모의 기업은 대기업과 경쟁하기가 점점 어려워지고 있습니다. 골목 빵집이 아무리 좋은 빵을 만들어도 대기업의 프랜차이즈와 경쟁하면 자본 규모에서 당해낼 재간이 없기 때문입니다. 이러한 상황이 방치된다면 부자는 더 부유해지고 빈자는 더 가난해지는 부익부 빈익부의 현상이 심화됩니다. 부익부 빈익빈은 노자가 말한 '損不足以奉有餘'와 같은 맥락입니다

우리는 부의 재분배를 통해 더 많은 사람이 도전할 수 있는 기회를 주고 자본의 크기에 상관없이 공정하게 경쟁할 수 있게 하여 경제 활력을 꾀하고자 합니다. 이것은 노자가 말한 '損有餘而補不足'과 같은 맥락입니다. 하지만 인간 세상은 기득권 세력이 카르텔을 형성하여 자신의 이익을 공고히 하려고 하기 때문에 '損有餘而補不足'보다 '損不足以奉有餘'가 일어나기 쉽다는 것이죠. 이러한 현상은 영화 〈내부자들〉(우민호 감독, 2015) 등에서 여실하게 그리고 있습니다. 노자는 많은 것을 가진 여자(餘者) 위주로 편향되어가는 세상에 여자와 부족자(不足者)가 균형을 맞출 수 있는 원리를 제시했던 것입니다.

노자는 광토중민의 일방향이 사람에게 고통을 주므로 자연의 균형에 어울리는 소국과민의 정체(政體)가 타당하다고 보았습니다. 여기서 말하는 자연의 균형은 다시 노자가 말하고자 하는 도와 연결됩니다. 이제 도의 균형에 대해 어떻게 설명하는지 살펴보겠습니다.

有物混成, 先天地生, 寂兮廖兮, 獨立不改, 周行而不殆, 可以爲天下母.
유물혼성, 선천지생, 적혜료혜, 독립불개, 주행이불태, 가이위천하모.

吾不知其名, 字之曰道, 强爲之名曰大. 大曰逝, 逝曰遠, 遠曰反.
오부지기명, 자지왈도, 강위지명왈대. 대왈서, 서왈원, 원왈반.

– 《노자》 25장

어떤 것이 뒤섞여 이루어져 있으면서 천지보다 앞서 있다. 고요하고 휑하구나. 홀로 우뚝 서서 바뀌지 않는다. 두루 미치지만 어그러지지 않으니 세상의 어머니가 될 수 있다. 나는 그 이름을 모르지만, 억지로(임시로) 글자를 붙여 '도'라고 부르겠다. 억지로 이름 붙여서 크다고 한다. 크면 떠나가고 떠나가면 멀어지고 멀어지면 다시 돌아온다.

앞부분의 내용은 이 세상이 시작되기 전부터 도가 있었다는 것입니다. 도라는 게 있다고 하니까 사람들은 자기 손에 있는 연필이나 호주머니 속의 지갑 같은 구체적인 물건처럼 있다고 생각하는 경향이 있습니다. 그래서 노자는 그러한 생각을 교정하기 위해 다르게 설명하고 있습니다. 먼저 도는 구체적인 물건과 같은 형태로 있는 게 아니라는 겁니다. 계절이 바뀔 때 신이 지구를 갑자기 빨리 돌려서 계절이 바뀌는 게 아니죠. 계절의 변화는 태양과 지구의 움직임에 의해 때가 되니까 나타나는 현상일 뿐이에요. 이런 자연 현상 자체에 도가 있다는 겁니다. 도는 현상의 배후 어딘가에 있지 않습니다. 도는 하늘과 땅이 있기 전부터 계속 작용하고 있었고, 그래서 천하의 부모라는 겁니다. 천지가 있고 나서 도가 있다고 하면 도는 시간에 좌우되는 구체적 현상과 같아지기 때문입니다.

우리는 새로운 것을 볼 때 뭐라고 불러야 하는지 묻곤 합니다. 새로운 물건에는 '컴퓨터'라든가 '스마트폰'처럼 다른 물건과 구별되는 이름을 붙입니다. '吾不知其名(오부지기명)'도 같은 상황입니다. 처음에 그것을 뭐라고 불러야 할지 모르겠지만 일단 이름을 붙여야 하니 '曰道(왈도)', 도라고 불러보는 거예요. 이것이 '道'라는 이름이 탄생한 맥락입니다. 거창한 비밀이 있으리라 기대했다면 실망이 클 것입니다. 도는 임시로 붙인 이름이 다른 이름으로 대체되지 않고 그대로 굳어진 거죠. 그러니 반드시 '道'라고 불릴 이유는 없었던 겁니다. 훗날 사람이나 사물이 나아가는 길을 '道'와 연관시키게 되었습니다. 이것도 '道'가 원래 담고 있던 의미가 아니라 그 이름이 굳어지면서 사람들이 '道'에 갖다 붙이게 된 의미일 뿐입니다.

그다음에 다른 이름이 없을까 생각하다가 억지로 붙이게 된 것이 '曰大', '크다'는 표현입니다. 여기서 '크다'는 '작다'에 대응하는 말이 아닙니다. 상대적인 크기가 아니라 모든 것을 담고 있다는 뜻에서 크다는 것입니다. 이 '크다'는 그 자체로 있는 것이 아니라 '大曰逝(대왈서)', 움직이는 것입니다. 한 지점에서 움직이기 시작하면 출발 지점에서 점점 멀어지겠죠. 그런데 한 방향으로 계속 가는 게 아니라 '遠曰反(원왈반)', 다시 돌아온다는 겁니다. 모든 사물과 관계를 맺고 있으면서 다시 출발점으로 돌아오는 것입니다. 이것을 계절의 변화에 견주어보면 좀 더 이해하기 쉬울 거예요.

어느 쪽으로 나아갔다가 다시 처음으로 돌아오는 것을 노자는 40장에서 '反者, 道之動(반자, 도지동)'이라고 설명합니다. 사람은 혼자 살지 못하고 다른 사람들과 어울리며 살아가게 됩니다. 그러다가 어떤 사람이 미워질 때도 있죠. 처음에는 예쁜 측면만 보였는데, 못마땅한 점이 드러나면서 미워지게 됩니다. 그러다가도 돌아보면 다시 예뻐하기도 합니다. 이처럼 우리 마음도 미워하는 것과 예뻐하는 것이 한쪽 방향으로만 움직이는 게 아니라, 미워하는 쪽으로 갔다가 다시 예뻐하는 방향으로 돌아오는 특성을 가지고 있다는 거죠.

노자는 왜 도가 돌아오는 것이라고 말할까요? 우리는 자연에 자정 작용이 있다고 말합니다. 서울에는 한강이 유유히 흘러가고 있습니다. 지금 우리는 한강의 푸른 물을 봅니다만, 1970년대 산업화가 한창 진행될 때는 물고기가 살 수 없을 정도로 오염이 심했습니다. 그래서 식수로 사용할 수 없었죠. 오랜 시간에 걸쳐 환경 운동을 하며 오수와 폐수를 정비하고 더럽힌 물을 정화했더니 맑은 물로 회복되었습니다. 그 결과 생물이 사는 터전이 되었죠. 도는 어떤 방향으로 나아가게 해서 돌아오지 못하게 하는 게 아니라, 원래 상태로 돌아올 수 있는 회복 역량을 가지고 있다는 것입니다.

그네뛰기를 생각해봅시다. 만약 그네를 탈 때 한 번 발을 굴러서 앞으로 간 뒤 돌아오지 못한다면 그네를 탈 수 있을까요? 그네를 탈 때 무릎을 구부려서 힘을 가하면 앞으로 나아가지 않습니까? 힘을 주지 않으면 출발했던 곳으로 되돌아오죠. 이런 작용과 반작용을 통해 그네뛰기를 즐깁니다. 이 때문에 《춘향전》에서 이도령이 그네 타는 춘향의 모습을 보고 반한 이야기가 나올 수 있었던 거죠. 그네가 왔다 갔다 하며 흔들리니까 이도령의 마음도 흔들린 거예요. 춘향의 그네가 다시 돌아오지 않았다면 이도령의 마음에 사랑이 생겨났겠어요? 그게 바로 '道'와 같다고 생각하면 됩니다. 처음 출발할 때는 서서히 움직이다가 속도가 붙고, 갈 만큼 가다가 다시 돌아옵니다. '道'의 작용도 그처럼 '反者, 道之動'이라는 겁니다.

간섭하지 않고 내버려두다

도에 따른 삶은 어떤 모습일까요? 도는 '反者, 道之動'에서 보이듯 직선이나 갈지자형이 아니라 회귀하는 원운동을 합니다. 어느 쪽으로 나아갔다가 간 것만큼 다시 돌아오는 평형의 특성을 가지고 있는 거죠. 우리는 어떻게 해야 삶에서 평형을 유지하는 도를 닮게 될까요? 도와 사람의 관계를 어떻게 설정해야 할까요? 그 해답의 실마리는 '放任(방임)'이라는 글자에 달려 있습니다.

앞서 1강에서 노자가 시대의 광토중민에 맞서 소국과민을 주장했다고 말씀드렸습니다. 그 구절이 나오는 《노자》 80장을 살펴보도록 하겠습니다.

小國寡民, 使有什佰之器而不用, 使民重死而不遠徙.
소국과민, 사유십백지기이불용, 사민중사이불원사.

雖有舟輿, 無所乘之. 雖有甲兵, 無所陳之.
수유주여, 무소승지. 수요갑병, 무소진지.

- 《노자》 80장

나라의 크기를 작게 하고 인민의 수를 적게 하라. 만약 인력보다 열 배나 백 배의 효율을 내는 문명의 이기(利器)가 있더라도 쓰지 말자. 사람으로 하여금 죽음을 귀중하게 여겨 멀리 나다니지 않게 한다. 편하게 멀리 갈 수 있는 수레나 배가 있다고 하더라도 타고 갈 곳이 없고, 예리한 무기와 병사가 있다고 하더라도 펼쳐서 쓸 일이 없게 해야 한다.

80장만 보면 왜 노자가 열 배나 백 배의 효율을 내는 기구가 있는데도 쓰지 말라고 하는지 의문이 생길 겁니다. 아니, 편하게 일할 수 있는 길을 내버려두고 고생하라니 노자를 꽤나 괴팍한 노인네라고 생각할 겁니다. 예를 들어 집에 빨래가 수북하게 쌓였어요. 노자의 말에 따르면 그 많은 빨래를 세탁기로 빨지 말라는 거예요. 그러면 어떻게 해야 돼요? 손빨래를 해야 하는 거예요. 당장 "미쳤다."는 말이 튀어나올 겁니다. 노자가 문명의 편리함을 통째로 거부한 어리석은 사람처럼 보입니다.

저는 노자가 문명의 이기를 비판한 것은 맞지만, 송두리째 부정했다고는 보지 않습니다. 부정이라기보다는 절제를 주장했다고 봅니다. 애초에 빨래가 수북이 쌓일 만큼 많은 옷을 소유하지 않는다거나 수레나 갑옷을 갖추었다고 하더라도 그것을 사용할 때는 절제하라는 겁니다. 오늘날 스마트폰은 편리한 기기이지만, 가족이 함께 밥을 먹는 자리에서도 그걸 보느라 대화가 단절되고 있죠. 이를 두고 여기저기에서 우려의 목소리가 나오고 스마트폰 사용을 자제해야 한다는 주장이 설득력을 얻어가고 있습니다. 이 상황도 노자가 우려했던 일과 다를 바가 없습니다. 노자는 문명의 이기를 덮어놓고 많이 쓰자는 시대를 향해 "과연 그런가?"라는 합리적 의문을 제기하고 있는 겁니다.

예전 사람들은 먼 거리를 가려면 말을 탔습니다. 오늘날에는 자동차를 이용하죠. 자동차가 흔해지고 익숙해지니까 짧은 거리도 다 차를 타고 다녀요. 요즘 느림과 웰빙이 사회의 의제가 되면서 올레길이나 둘레길 등이 주목을 받고 있습니다. 걷기 열풍이 불기 시작했죠. 왜 그럴까요? 사람들이 갑자기 원시시대로 돌아갔나요? 아니면 차를 아예 쓰지 말자는 건가요? 그건 아니죠. 짧은 거리조차 차를 이용하다 보니 건강에 안 좋다는 겁니다. 차를 써야 할 때는 쓰지만, 쓰지 않아도 될 때는 쓰지 말자는 겁니다.

'使有什佰之器而不用(사유십백지기이불용)'도 마찬가지 상황이에요. 문명의 이기를 절대 쓰지 말자는 이야기가 아닙니다. 그런 도구가 있으면 굳이 쓰지 않아도 될 때도 거기에 의존하게 된다는 겁니다. 더 심한 말로 하면 기계의 노예가 되는 거죠. 편리한 도구가 있더라도 무조건 쓸 게 아니라. 그걸 쓰면서 생기는 부작용도 함께 고려해보자는 겁니다. 장점과 단점 중 하나만 보는 것이 아니라 둘 다 함께 고려해서 균형적인 사고를 하자는 거죠. 이렇게 보면 노자는 참으로 냉철한 사람이라고 할 수 있습니다. 이런 맥락에서 이해하면 노자가 기계파괴주의자가 아니라는 점을 알 수 있을 겁니다.

우리나라 사람들은 혼자 있는 것보다 함께 어울리는 것을 좋아합니다. 그러다가 상처를 받기도 하죠. 연결 중독증이라고 할 수 있습니다. 무리와 떨어져 있으면 불안하니, 자꾸 연결하고픈 거죠. 그런데 노자는 사람 사이에 거리를 두어야 한다고 말하고 있습니다.

使人復結繩而用之, 甘其食, 美其服, 安其居, 樂其俗.
사 인 부 결 승 이 용 지, 감 기 식, 미 기 복, 안 기 거, 락 기 속.

鄰國相望, 雞犬之聲相聞, 民至老死, 不相往來.
인 국 상 망, 계 견 지 성 상 문, 민 지 로 사, 불 상 왕 래.

– 《노자》 80장

백성이 끊임없이 확장되는 한자 대신에 다시 매듭을 엮어 쓰도록 하고, 제 고장의 음식을 달게 먹고, 제 고장의 옷을 아름답게 여기고, 제 고장의 집에 편안해하고, 제 고장의 풍속을 즐긴다. 이웃한 나라끼리 서로 바라보이고 개 짖고 닭 우는 소리가 서로 들리더라도 백성은 늙어서 죽을 때까지 서로 오가지 않는다.

마지막 구절에서 이웃나라가 서로 마주보고 있다고 했으니 거리가 아주 가깝다는 뜻입니다. 닭 우는 소리와 개 짖는 소리가 들릴 만큼 가깝습니다. 그래도 늙어 죽을 때까지 왕래하지 말라고 합니다. 연결 중독증에 걸린 우리로서는 쉽게 납득이 되지 않습니다. 그러면서 '甘其食, 美其服, 安其居, 樂其俗(감기식, 미기복, 안기거, 락기속)', 자기가 사는 곳에서 편안하게 살라고 합니다. 주인이라면 미지의 곳을 남겨두지 않고 찾아가야겠죠. 노자는 주인이 아니라 손님의 자세로 살아가기를 제안하고 있습니다. 내가 모든 곳에 간여할 필요가 없는 거죠.

현대인은 한편으로는 여행을 좋아해서 자꾸 떠나려고 합니다. 가본 곳의 경험과 견문을 넓히려고 합니다. 또 다른 한편으로는 따로 떨어져 있는 것을 두려워합니다. 그래서 지금 내가 있는 곳을 넘어서 다른 사람과 연결되어 있는 것이 편하다고 생각하죠. 여기서는 후자에 대해 이야기를 해봅시다.

노자는 연결되어 있다는 것, 관계라는 것이 과연 자유만 주느냐고 묻습니다. 여러분이 일요일이라서 집에서 쉬고 있는데, 친구에게 연락이 옵니다. 애인에게 차였으니 나와서 위로 좀 해달래요. 그래서 쉬고 싶다니까 그러고도 친구냐고 원망을 합니다. 그러면 아무리 피곤해도 옷을 주섬주섬 챙겨 입고 나갑니다. 사람과 맺는 관계가 늘어날수록 이런 일들도 더 많아집니다. 노자가 반성하고자 하는 것은 이처럼 관계를 맺고 영역을 넓힌다는 것이 과연 우리에게 자유를 주는가 하는 점이에요. 오히려 고통을 준다는 거예요.

노자가 말하는 소국과민은 단지 규모를 줄이자는 게 아니라, 외적인 조건에 흔들리지 말고 개체로서 지켜야 하는 자유를 말하는 것입니다. 우리가 쓰는 스마트폰을 생각하면 간단합니다. 스마트폰을 가지고 있으면 뭔가 새로운 연락이 왔다는 신호음이 수시로 들려요. 웬만한 강심장이 아니고서는 그 소리에 신경 끄기가 어렵죠. 별 내용이 없다는 걸 뻔히 알면서도 열어보잖아요. 지금 회사에서 중요한 일을 하고 있는데도 옆에 스마트폰이 있으면 신경이 쓰이고 수시로 들여다보잖아요. 그러면서 정작 중요한 일에 방해를 받아요. 결국 스마트폰이 주인인지, 사람이 주인인지 헷갈리게 됩니다. 사람이 필요할 때 스마트폰을 쓰는 게 아니라 스마트폰이 작동할 때마다 사람이 반응을 보이잖아요. 주인과 노예의 관계가 역전되는 거죠. 우리는 스마트폰 중독에서 벗어나서 잠시라도 여유를 가져야 합니다.

노자의 소국과민과 도연명의 오두막

소국과민과 관련해서 도연명(陶淵明, 365~427)이라는 시인에 대해 한번 살펴보면 많은 도움을 줄 거예요.[3] 그림 15는 진홍수(陳洪綬, 1599~1652)라는 화가가 그린 〈도연명고사도(陶淵明故事圖)〉 중 '국화를 따다'라는 '채국(采菊)' 부분입니다. 그림 중앙에 여인처럼 예쁘장하게 생긴 도연명이 국화꽃의 향기를 맡고 있습니다. 도연명이 국화를 좋아했기 때문에 국화가 그의 상징처럼 되었습니다. 그림 분위기가 한가롭고 너그럽죠. 이런 도연명의 멋스러움을 중국에서 우표로 만들었습니

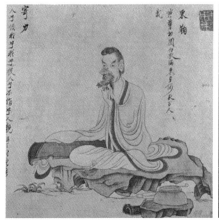

그림 15 진홍수, 〈도연명고사도〉 중 '채국' 부분   사진 4 도연명 우표

다. 사진 4를 보면 역시 오른손에 국화가 들려 있습니다.

　도연명과 국화의 관계는 그의 시에서도 드러납니다. 도연명의 〈음주 (飮酒)〉, 즉 '술을 마시다'라는 시는 모두 20수에 달하는 긴 연작시인데, 그중에서 가장 유명한 것이 제5수입니다.

　　結廬在人境, 而無車馬喧.
　　결 려 재 인 경, 이 무 거 마 훤.

　　問君何能爾? 心遠地自偏.
　　문 군 하 능 이? 심 원 지 자 편.

　　采菊東籬下, 悠然見南山.
　　채 국 동 리 하, 유 연 견 남 산.

山氣日夕佳, 飛鳥相與還.
산 기 일 석 가, 비 조 상 여 환.

此中有眞意, 欲辯已忘言.
차 중 유 진 의, 욕 변 이 망 언.

- 도연명, 〈음주〉

사람 사는 곳에 오두막을 짓고 살아도,

수레와 말 다니는 시끄러운 소리 하나 없구나.

그대에게 묻노니, 어찌하면 그럴 수 있는가?

마음이 멀어지니 사는 곳도 외지고 한갓지다네.

동쪽 울타리 아래에서 국화를 따다가,

느긋하게 남산을 바라본다.

산의 정취는 석양빛 속에 아름답고,

새들은 서로 함께 둥지로 돌아가네.

이 속에 사람의 진정한 의미가 있으니,

그것을 표현하려다 할 말을 잊었노라.

　지금 이 사람은 관직 생활을 하다가 벗어났어요. 그래서 마을 근처에 집을 지었는데, 그럴 듯한 집이 아니라 몸을 겨우 가릴 수 있는 작은 집을 지은 겁니다. '車馬(거마)'는 관료들이 타고 다니는 수레와 말을 가리킵니다. 한적한 곳에 집을 지으니까 수레와 말이 지나가는 떠들썩한 소리가 들리지 않아요. 고속도로 근처에 있는 집을 생각해보세요. 여러분이 차를 몰고 다닐 때는 편하지만, 그 집에서 자려고 하면 그 소리가 귀찮지 않겠어요?

'問君何能爾(문군하능이)', 도시에 살던 사람이 시골로 갔으니 걱정이 되어 묻습니다. 그러니까 '心遠地自偏(심원지자편)'이라고 대답해요. 마음이 멀어지니 땅도 멀어진다. 눈에서 멀어지니까 마음에서도 멀어진다는 뜻입니다.

가장 유명한 구절이 이어집니다. '采菊東籬下, 悠然見南山(채국동리하, 유연견남산)', 그 집의 동쪽 울타리 아래에서 국화를 꺾다가 문득 느긋하게 남산을 바라보았다는 겁니다. 일을 하다 허리가 아파서 몸을 펴기도 하고, 우연히 몸을 일으킬 때도 있잖아요. 그렇게 허리를 폈는데, 바로 눈앞에 남산이 다가온 거예요. 여러분이 일요일 아침에 일어나서 오랜만에 집 청소를 시작했어요. 그런데 아침 햇살이 쏟아지면서 세상이 너무나 고요해요. 먼지까지도 고요한 것 같아요. 문득 차 한 잔이 생각나서 차를 준비합니다. 그렇게 차를 마시다가 청소하는 걸 잊어버린 채 시간이 흐릅니다. 이 시에서도 일부러 무엇을 하는 게 아니라, 그저 시간의 흐름 속에서 자연스럽게 움직이고 있지 않습니까?

마지막에는 '此中有眞意, 欲辯已忘言(차중유진의, 욕변이망언)'이라고 했습니다. 이 속에 참다운 뜻이 있고, 뭔가를 말하려고 해도 할 말이 떠오르지 않는다는 뜻이죠. 사람과 사람이 주인으로 만나서 이야기를 할 때는 목소리를 높이고 말을 하죠. 하지만 이 세상의 손님으로 햇살 속에서 홀로 차 한 잔 마실 때는 세상의 일이 들리나요? 무엇을 하라는 요구도 없고, 세상과 분리된 채 혼자만 있는 아늑함이 느껴지지 않습니까? 이런 경지를 맛보는 것이 노자가 말한 소국과민과 비슷합니다.

정리를 해보겠습니다. 광토중민은 자기보존과 생존의 기술로 제시되었지만, 결국 고통을 낳을 수밖에 없다는 것이 노자의 생각입니다. 일시적인 방법은 될지 몰라도 노자가 찾고자 하는 상(常)의 방법이 될 수 없습니다. 노자가 생각하기에 규모를 키운다는 것은 지속 가능한 발전을 일구어내지 못합니다. 이에 반해 자연은 균형이 무너지면 스스로 회복하는 자기 조절의 기능을 가지고 있습니다. 노자가 말하는 소국과민은 단순히 규모를 줄이자는 게 아니라 이 세상이 전부 큰 쪽으로 달려갈 때 균형을 잡기 위한 방법입니다. 노자는 작은 것이 오히려 자유를 가져다준다는 사유를 일깨워준 것입니다.

우리도 살다가 한 번씩 대청소를 하면서 필요 없는 물건을 내다버리잖아요. 그러면 집이 쾌적해집니다. 많은 것을 싸안고 있기만 하면 불편함이 해결될 길이 없습니다. 집에 있는 물건을 버리면서 쾌적한 상태로 가는 것처럼, 부국강병으로 향하는 흐름에 대해 소국과민을 통해서 자유로운 공간을 회복하자는 게 노자의 주장입니다.

우리는 광토중민에 맞서 소국과민을 일구려는 시도에서 문명에 대한 노자의 생각을 정리할 수 있습니다. 우리가 이미 편한 것에 중독되어 있으니 문명의 이기를 사용하지 말자는 노자의 제안이 잘 이해되지 않는 거예요. 100미터 거리도 차를 이용하는 습성이 배어 있으면 걷는 것을 상상할 수가 없죠. 그런데 올레길이나 둘레길을 걷고 온 사람들의 이야기를 들어보세요. 걷다 보니 생각도 맑아지고, 여유를 가지게 되고, 평화를 되찾았다는 이야기를 들을 수 있어요.

우리가 자꾸만 효율을 따지면서 귀찮고 힘든 일들은 하지 말아야 한다고 생각하는 경향이 있습니다. 하지만 우리는 자동차의 편리함도 알지만, 그것이 주는 구속도 알고 있지 않습니까? 문명에 대한 노자의 비판은 이런 측면에서 나온 말입니다. 문명을 완전히 거부하자는 것이 아니에요. 살아가면서 문명을 완전히 거부할 수 없다는 것은 노자도 인정합니다. 다만 쓸 데 쓰고, 쓰지 않아도 될 때는 쓰지 말라는 겁니다. 스마트폰이 필요할 때만 쓰면 사람이 스마트폰의 노예가 되는 일은 없겠죠. 그렇게 공이 사람한테 넘어오는 거예요. 문명의 주체 자리를 사람에게 다시 넘겨주는 게 노자의 주장입니다.

聖人

같은 개념에 부여한 새로운 의미

노자는 장자와 함께 '道家(도가)'에 속합니다. 공자나 맹자의 책을 읽어도 '道'가 중요한 개념으로 나옵니다. 동아시아 철학에 익숙하지 않은 사람이라면 '도'는 노자와 장자가 사용하는 전문 용어일 텐데 왜 다른 학파인 공자나 맹자가 쓰는지 모르겠다며 의문을 제기할 수 있습니다. 마찬가지로 노자도 공자나 맹자와 어울릴 법한 '聖人(성인)'이라는 개념을 사용합니다. 철학이 다르다고 해서 같은 시대에 완전히 다른 언어와 개념만 사용할 수는 없습니다. 같은 개념을 다른 의미로 사용할 뿐이죠. 따라서 '道'가 도가의 전유물이고, 다른 사람은 '道'라는 개념을 쓰면 안 되는 건 아닙니다.

사실 '道'라는 말은 노자나 공자뿐만 아니라 춘추전국시대에 활약했던 제자백가의 공통 언어입니다. 그러면 공자의 도와 노자의 도는 어떻게 다를까요? 공자의 도는 하나의 방향을 정해놓고 그 방향으로 가야한다고 주장합니다. 조금 심하게 말하면 경주마의 눈가리개 같은 역할을 하는 거죠. 경주마들이 다른 곳에 신경 쓰지 못하도록, 앞으로만 빠르게 달리도록 하기 위한 장치가 눈가리개잖아요. 노자가 볼 때 공자의 도는 눈가리개와 비슷하다는 거예요. 사람은 앞으로 갔다가 뒤로 올 수도 있고 옆으로 갈 수도 있는데, 한쪽으로만 가라고 몰아댄다는 거죠.

어떤 사람은 그걸 받아들일 수 있지만, 어떤 사람은 힘들어하거나 벗어나고 싶어질 수도 있잖아요. 그런데 공자에 의하면 그런 사람은 문제가 있는 사람처럼 되어버린다는 거죠. 노자는 주춤거리고 돌아보는 게 무슨 문제냐고 묻습니다. 사람에게는 한 가지 길만 있는 게 아니라 이 길 저 길이 있으니 어디든 가볼 수 있다는 겁니다. 우리 사회는 효율성을 강조하다 보니까 "내가 다 해봤는데, 이게 최고야. 그러니 넌 이것만 해."라는 말을 하곤 하는데, 그게 다른 사람에게는 안 맞는 길일 수도 있잖아요. 그런 차이를 인정하자는 게 노자의 주장입니다. 이와 달리 공자는 어떤 길을 정해놓고 그 길로만 가라고 가두어두는 측면이 있습니다. 이번 강의에서는 노자가 어떻게 동시대의 언어를 사용하면서 자신의 독특한 의미를 심어두는지 살펴보고자 합니다.

노자는 언어를 부정했는가

춘추전국시대에 활동한 제자백가는 각자 다른 주장을 했습니다. 그러니 그들이 쓰는 개념이나 언어가 다 달랐을까요? 그렇지 않습니다. 한국철학에서 말하는 '理(리)'와 '氣(기)'도 마찬가지인데, 그에 대해 사람마다 다른 주장을 했더라도 '理'와 '氣'라는 개념을 쓸 수밖에 없었죠. 각자 '理'와 '氣'를 다르게 해석했지만, 완전히 새로운 개념으로 쓸 수는 없습니다. 노자도 마찬가지입니다. 노자는 공자나 상앙, 한비, 손자 등 여러 학자와 다른 주장을 했습니다만, 그들과 완전히 다른 언어를 사용한 것은 아닙니다. 모두가 '道'라는 말을 썼지만, 각자 다른 맥락으로 썼습니다. 그 과정을 살펴보도록 하겠습니다.

학문에서 '개념'은 매우 중요합니다. 사람이 살아가기 위해서는 반드시 음식이 필요하듯이, 학문을 하려면 개념이 필요합니다. 한 가지 간단한 예를 들겠습니다. 두 마을 사이에 개울이나 강이 있으면 서로 왕래하기가 어렵습니다. 건너편으로 가려면 징검다리라도 있어야 해요. 개울에 놓인 디딤돌을 밟아 가면 건너편으로 옮겨갈 수 있죠. 우리 생각도 마찬가지입니다. "앞으로 어떻게 살아갈까?" 하는 질문을 던질 때 개념이 없으면 생각을 조금도 진전시킬 수 없습니다. 이때 개념은 사유를 이끌어가는 내비게이션이라고 할 수 있습니다.

차를 몰 때 내비게이션에 목적지를 입력하면 이쪽으로 가라 저쪽으로 가라 친절하게 안내해주지 않습니까? 그와 마찬가지로 우리도 생각을 진행시키려면 과정을 거쳐야지, 한 번에 다 풀어낼 수는 없어요. 예를 들어 수학 문제를 풀 때는 그 문제에 맞는 공식을 떠올려야 그다음 단계로 나갈 수 있습니다. 초등학교 1학년 때는 '1+1=2'처럼 한 자리 숫자 안에 해당되는 덧셈을 배웁니다. 학년이 올라가면 '9+7=16'처럼

10단위 계산을 배웁니다. 그런데 아주 어린 아이에게 답을 쓰라고 하면 '6'만 써요. 아직 10의 자리라는 개념이 없으니까 '6'만 쓰는 거예요. 마찬가지로 우리도 생각을 한 단계 진전시키려면 개념이 필요합니다.

한자어에서 '개념(槪念)'의 '槪'는 일종의 평미레나 저울 같은 것입니다. 그릇에 쌀을 쏟아 부으면 표면이 가지런하지 않죠. 이때 평미레로 윗부분을 쓱 밀면 높이가 고르게 됩니다. 또는 어떤 결정을 내릴 때 저울에 달아서 이것을 선택할지 저것을 선택할 결정합니다. 점심 때 자장면을 먹고 싶기도 하고 짬뽕을 먹고 싶기도 해서 두 가지를 계속 떠올리고만 있으면 음식이 입에 들어오지 않습니다. 둘 중 어느 것이 좋은지 결정을 내려야 그게 내 입으로 들어옵니다. 이런 다양한 생각의 다발을 어떤 틀이나 기준으로 가지런히 재어야 생각이 다음 단계로 나갈 수 있는 거죠. 여행을 갈 때도 마찬가지예요. 국내 여행을 갈지 외국 여행을 갈지, 기간은 얼마로 할지, 어디에 묵을지 등을 하나하나 해결해야 실제 여행이라는 과정이 물 흐르듯 진행됩니다. 그러지 않고 멍하니 앉아서 생각만 해서는 실제로 여행을 갈 수가 없어요. 하나의 생각이 끝나면 다음을 생각하는 방식으로 사유를 진전시켜야 합니다.

영어로는 개념을 'concept'라고 합니다. 어원은 'conceive'이고, 그 뜻은 '품다, 임신하다, 낳다'입니다. 〈부시맨〉이라는 영화를 봤는데, 하늘에서 콜라병이 떨어지는 장면이 나옵니다. 우리는 그게 무엇인지 아니까 아무도 이상하다고 생각하지 않습니다. 하지만 부시맨들은 그게 뭔지, 어디에 쓰는 건지 알 수가 없죠. 그저 하늘에서 떨어졌으니 신의 선물이겠거니 생각합니다. 그리고 우리와 전혀 다른 창조적인 방식으로 그 유리병을 사용합니다. 콜라병에 대한 개념이 없으므로 원래 쓰이던 용도와 다른 방식으로 사용될 수밖에 없는 것이죠. 문명 간의 교류에서 오해가 창조의 원천이 되는 사례라고 할 수 있습니다.

여기에 망치가 있다고 가정해봅시다. 망치를 처음 보는 사람은 이것을 뭐라고 불러야 할지도 모르고, 이것으로 무엇을 할 수 있는지도 모릅니다. 그런데 '망치'에 대한 개념을 가진 사람은 이것을 뭐라고 부를지, 이것으로 무엇을 할 수 있는지 알고 있기 때문에 못을 박거나 벽을 부수는 데 이용할 수 있습니다. '개념이 없다'는 것은 머릿속에서 생각을 낳을 수 없다는 것과 같은 뜻입니다. 즉 망치가 특정한 음가로 불리고 어떤 용도로 쓰이는지 알 수 없으므로 그냥 '것'으로 남아 있게 됩니다. 다만 새로운 용도를 발견한다면 그에 어울리는 이름이 새롭게 태어나겠죠.

흔히 노자는 언어도 부정하고, 모든 것을 부정한다고 생각하곤 합니다. 그래서 노자는 개념에 대해서도 부정적으로 생각한다고 여길 수 있습니다. 이와 관련해서 7강에서 살펴본 《노자》 25장을 다시 주목하고자 합니다. 7강에서는 《노자》 25장을 도의 균형이라는 관점에서 다루었다면 (이 책 222쪽 참조) 여기서는 언어와 개념의 관점에서 검토하고자 합니다.

1) 有物混成, 先天地生, 寂兮廖兮, 獨立不改, 周行而不殆,
   유물혼성, 선천지생, 적혜료혜, 독립불개, 주행이불태,

   可以爲天下母.
   가이위천하모.

2) 吾不知其名, 字之曰道, 强爲之名曰大.
　　오부지기명, 자지왈도, 강위지명왈대.

3) 大曰逝, 逝曰遠, 遠曰反.
　　대왈서, 서왈원, 원왈반.

1) 어떤 것이 뒤섞여 이루어져 있으면서 천지보다 앞서 있다. 고요하고 휑하
　구나. 홀로 우뚝 서서 바뀌지 않는다. 두루 미치지만 어그러지지 않으니
　세상의 어머니가 될 수 있다.

2) 나는 그 이름을 모르지만, 억지로(임시로) 글자를 붙여 '도'라고 부르겠다.
　억지로 이름 붙여서 크다고 한다.

3) 크면 떠나가고 떠나가면 멀어지고 멀어지면 다시 돌아온다.

　이 글을 편의상 세 부분으로 나누어보겠습니다. 첫 줄에서 노자는 무
엇을 길게 설명하고 있습니다. 그것이 무엇인지에 대해서는 꼭 집어
서 설명하지 않습니다. 두 번째 줄에서 비로소 첫 번째 줄에서 길게 설
명했던 것이 무엇인지 말하고 있습니다. 그게 '道'라고 합니다. 세 번째
줄에서는 '道'의 특징을 한 번 더 설명하고 있습니다.

　여러분도 스무고개를 해보신 적이 있죠? 문제를 낸 사람이 생각하고
있는 게 뭔지 모르니까 하나씩 하나씩 질문을 하면서 범위를 좁혀가잖
아요. 그러다가 답이 무엇일 거라 예상이 되면 지금까지 주고받았던 모
든 말이 하나로 연결됩니다. 이처럼 개념은 우리의 사고를 자석처럼 모

아주고 요약하는 특성을 가지고 있습니다. 이런 과정에서 '道'라는 개념이 없으면, 노자가 아무리 장황하게 설명해도 우리는 도대체 무슨 말인지 이해할 수 없습니다. "유물혼성(有物混成)이라니? 뭔가 뒤섞여 있다는 건데, 도대체 뭘 말하는 거야?" 그러니 우리는 특정 개념과 연관해서 전체적으로 파악해야 합니다.

첫 번째 문장도 그 구절이 어떤 개념과 연관되는지 파악해야 합니다. 이렇게 먼저 '道'라는 개념을 이해하면 다음에 나오는 내용을 '道' 개념에 첨가하게 됩니다. 그 결과 '道'가 어떤 뜻인지 깨닫게 됩니다. 앞에 있는 저 수많은 말이 '道'라는 개념을 설명하기 위한 것이죠. 이처럼 개념은 우리의 사유나 대화를 아주 경제적으로 이끌게 해줍니다. 그런 측면에서 노자는 언어를 부정한 게 결코 아닙니다. 개념을 부정한 것도 아니에요. 오히려 개념을 정확하게 쓰자고 말하는 사람이죠.

언어는 분명 인간에게 축복입니다. 하지만 범죄나 선거를 보면 언어가 선물이 아니라 재앙이라는 느낌이 듭니다. 사기꾼은 피해자의 환심을 사기 위해 마음에 없지만 상대가 좋아하는 말을 적절하게 구사합니다. 피해자는 사기꾼의 말을 곧이곧대로 믿습니다. 자신을 사랑하는 몸짓을 하고 사랑한다는 말을 하는데 어떻게 믿지 않을 수 있겠습니까? 나중에 사기극이 다 밝혀지고 나면 달콤한 말이라도 다 믿을 게 못 된다는 것을 알게 됩니다. 선거 유세가 진행되면 불리한 후보일수록 유권자의 관심을 끌기 위해 자극적이며 이치에 닿지 않은 말을 마구 쏟아냅니다. 지금 당장 거짓임이 밝혀질 것도 아니니 그렇게라도 해서 상대를 음해하고 자신을 띄워보자는 심산입니다. 이러한 언어의 남용과 오용을 겪다 보면 '말 없는 세상'에 살고 싶다는 생각이 들어요. 그게 《노자》 80장에 나오는 '結繩(결승)' 문자를 가리킵니다. 생존에 꼭 필요한 말만 매듭으로 나타내는 언어는 사람을 속일 수도 없고 거짓을 진실로 포장할 수도 없기 때문이죠.

결승 문자도 언어입니다. 노자는 언어의 오용과 남용을 경험하면서 사람들이 '말이면 그대로 믿는 신비주의'의 주술에 걸려 있다고 생각한 모양입니다. 그리하여 노자는 '道' 자도 그렇게 생기고 불려야 하는 아무런 특별한 이유도 없으며 그냥 임시로 부르다 습관처럼 사용된 말에 지나지 않는다고 합니다. 말과 문자의 신비주의에 벗어나서 '道'를 일종의 기호로 보자고 제안하는 겁니다. 그렇다고 해서 노자가 언어와 개념을 전적으로 부정했다고 볼 수는 없습니다.

이제 《노자》의 1장을 살펴보겠습니다. 1장은 《노자》라는 책 전체를 이끌어가는 특징이 있으므로 가장 먼저 다루어질 거라고 예상했을 텐데, 이처럼 늦게 등장시키니 별다른 의도가 있을 것 같지 않나요? 딱히 그렇지는 않습니다. 중요한 내용이긴 하지만 여러 차례 반복할 수도 없고, 그저 지금이 제일 적절해서 여기서 다룰 뿐입니다.

道可道, 非常道. 名可名, 非常名.
도 가 도. 비 상 도. 명 가 명. 비 상 명.

― 《노자》 1장

도가 하나로 말할 수 있으면 한결같은(진실한) 도가 아니고, 이름이 하나로 불릴 수 있다면 한결같은 (진실한) 이류가 아니다.

이 구절은 보통 "말할 수 있는 도는 진정한 도가 아니고, 개념화될 수 있는 이름은 진정한 이름이 아니다."는 식으로 번역됩니다. 이 번역대로만 하면 노자는 개념도 부정하고 언어도 부정했다고 볼 수 있습니다. 기존의 번역에 따르면 '道'는 언어로 표현할 수 없는 신비한 것이죠. 하지만 노자가 말하는 '道'는 구체적인 대상, 예컨대 물이나 불, 못, 펜 등 어느 하나에만 대응되는 것이 아니라 세계의 모든 것과 연관을 맺고 있습니다. '道'는 어느 하나에만 연결되는 게 아니라는 겁니다. 훗날 장자도 '道'의 의미를 설명하기 어려워했습니다. 그는 문을 여닫을 때 필요한 문의 지도리, 즉 도추(道樞)로 '道'를 설명하고자 했습니다. 문은 다양한 부분으로 이루어져 있습니다. 지도리는 어느 한 부분과 이어지고 않고 문 자체가 세 기능을 할 수 있도록 해줍니다.[1] 참으로 적절한 비유라고 할 수 있죠.

테레사 수녀님이나 하나님이 나만의 어머니, 나만의 하나님이 아니라 모든 사람의 어머니이고 하나님인 것처럼, '道'도 모든 사람, 모든 것과 관련을 맺고 있습니다. 노자는 1장에서 도의 이러한 포괄적 특성을 전달하고자 했던 것입니다. 그러니 '하나'로 말할 수 있는 도는 어떤 하나와만 관련을 맺을 수 있다는 맥락에서 1장을 이해해야 합니다. 다소 역설적으로 느껴질 수 있습니다. 도는 모든 것과 연관을 맺기 때문에 어느 하나하고만 연결될 수는 없지만, 하나하나와는 모두 연결된다는 말이니까요. 이것이 도의 가장 기본적인 내용입니다.

하지만 '道'로 표기하고 '도'라고 읽기 시작하면 노자가 말하는 '道'는 길과 다르면서도 사람들이 걸어 다니는 길의 이미지와 뒤섞이게 됩니다. 길이 노자가 말하는 '道'의 의미를 부분적으로 드러낼 수 있지만, 길에 갇히는 순간 보편적 연관성을 잃어버리게 됩니다. 그래서 노자는 25장에서 '道'는 임시 이름이고 '大' 등으로 상징될 수 있다고 말하는 것입니다.(이 책 222~224쪽 참조)

그리고 '常(상)' 자도 주목할 만합니다. 노자는 당시 사람들이 광토중민의 노선에 따라 자기 보존의 욕망을 실현하고자 하지만 그것은 일시에 그치는 임시적 정책이라고 보았습니다. 얼마 지나지 않으면 바꿔야 할 정책을 평생 가는 것처럼 사람을 들볶아대고 있으니 그 과정에 동원한 언어가 얼마나 가엾게 느껴지겠습니까? 개그맨이 아주 무서운 얼굴로 방청객에게 "너 죽어!"라고 말하지만 그 말은 오히려 웃음을 자아낼 뿐 공포를 낳지 못합니다. 노자는 광토중민의 결실을 위해 진지한 자세로 날선 언어를 내뱉는 시대를 보면서 웃음을 참지 못해 얼마나 힘들었을까요?

이것은 안데르센의 동화 《벌거벗은 임금님》을 연상시킵니다. 임금님은 벌거벗은 채 거리를 걸어가면서 세상에서 제일 아름다운 옷을 입었다고 믿습니다. 재봉사와 신하의 말을 믿은 거죠. 거리의 사람들도 기묘한 언어 놀이에 동참하기 때문에 진실을 보지도 말하지도 못합니다. 하지만 어린아이는 어떠한 두려움도 느끼지 않으므로 벌거벗은 진실을 볼 수도 있고 말할 수도 있습니다. 이 때문에 노자는 기성의 사고와 언어에 물들지 않은 아이에게서 희망을 찾곤 합니다.[2] 아이가 하는 진실한 말은 간단하고 꾸밈이 없습니다. 그리고 원하는 게 뚜렷하므로 한결

같습니다. 노자는 아이들이 쓰는 언어에서 언어의 남용과 오용을 막을
수 있는 길을 찾았던 것입니다.

공자의 도와 노자의 도

외국어를 배우다 보면 하나의 대상을 다양하게 부른다는 것을 실감
할 수 있습니다. 한국어의 '사과'는 영어에서 'apple(애플)'로, 중국어에
서 '苹果(핑궈)'로 쓰입니다. 꼭 하나의 이름으로만 쓰일 특별한 이유가
없습니다. 이처럼 같은 개념도 얼마든지 다른 방식으로 쓰일 수 있습니
다. 이러한 점에 대해 道를 가지고 설명하겠습니다.

노자와 공자는 道라는 말을 각각 어떻게 사용했을까요? 노자의 경
우 道를 대부분 수식이 없이 사용합니다. 道 앞에 다른 글자가 거의
없어요. 복합어로 쓴 경우는 '大道(대도), 天道(천도), 不道(부도), 天之
道(천지도), 人之道(인지도), 古之道(고지도), 聖人之道(성인지도)' 등인
데, 이때도 다양한 영역으로 세분화되지 않고 '天, 人, 古' 등에 한정되
어 있습니다.

이에 비해 공자가 道를 사용하는 방식은 상당히 다릅니다. 공자는
道를 독립적인 형태로는 잘 쓰지 않고, 다른 말과 결합된 복합어로 많
이 씁니다. 그 유형을 살펴보면 '天道(천도), 有道(유도), 無道(무도), 古
之道(고지도), 父之道(부지도), 先王之道(선왕지도), 君子之道(군자지도),
夫子之道(부자지도), 吾道(오도)'처럼 노자에 비해 훨씬 더 작은 영역을

가리키는 말과 결합되고 있습니다. 노자는 '天, 人, 古'처럼 큰 세계와 결합해서 쓰는 반면에, 공자는 '父, 君, 吾'처럼 아주 작은 영역과 결합해서 쓰는 거죠.

이런 특징을 통해 또 다른 점에 주목해볼 수 있습니다. 노자는 도를 목적으로 쓸 때 주로 '保道(보도), 從道(종도), 同於道(동어도), 聞道(문도)'처럼 사람이 도를 닮아서 같아지는 문맥에서 씁니다. '同於道', 즉 사람이 도와 닮아서 도와 하나가 된다는 말이 전형적인 경우죠. 사람은 도를 독점할 수 없고, 모든 사람과 공정한 거리에 있다는 겁니다.

공자의 경우 도를 '行道(행도), 聞道(문도), 志於道(지어도), 弘道(홍도)'처럼 반드시 실현해야 하는 목표로 말하고 있습니다. 사람은 목숨을 걸고서라도 도가 실현되는 영역을 넓혀야 한다는 겁니다. 공자는 '君道(군도), 父道(부도), 子道(자도)'와 같은 각각의 영역에서 도가 적용될 수 있도록 세계를 개척하는 특징을 가지고 있습니다.[3]

이처럼 노자와 공자는 같은 '道'를 사용하면서도 차이를 보입니다. 노자의 도는 특정한 방향을 전제하지 않습니다. 반드시 그 방향대로만 나아가야 한다고 말하지 않죠. 반대로 공자의 도는 특정한 방향과 가치를 전제하고 있습니다. 예를 들어 '志於道', 즉 도에 뜻을 두어야 한다는 것은 다른 데에 뜻을 두어서는 안 된다는 말을 함축하고 있죠.

노자의 사상에는 평등의 가치가 담겨 있습니다. 사람은 도와 일치되는 삶을 사느냐에 따라 진정한 삶과 허황된 삶이라는 차이가 생기지만, 진정한 삶 안에는 어떤 것이 더 높고 어떤 것이 더 낮다는 차등은 없습니다. 그런데 공자의 경우는 상당히 다릅니다. 공자의 경우에는 사람이 도의 방향으로 나아가느냐 가지 않느냐에 따라 정(正)과 사(邪)의 구분이 있습니다. 올바른 것과 사악한 것의 구분이라고 할 수 있죠. 그리고 올바른 길, 즉 '正道(정도)'를 얼마나 실현하느냐에 따라 인격이 더 높은 사람과 덜 높은 사람으로 구별됩니다. 노자는 도와 같아지느냐를 따집니다. 도와 같아지면, 그 안에서는 아무런 차이가 없습니다. 점수로 말하자면 모두 100점인 거예요. 그런데 공자의 경우에는 도에 뜻을 두더라도 그것을 얼마나 실현하느냐에 따라 차이가 난다는 겁니다. 어떤 사람은 100점, 어떤 사람은 80점, 60점, 40점이라는 거예요.

우리가 흔히 이런 질문을 해요. "제자백가라고 하면 사상이 다르니까 자기의 핵심적인 사상을 담아내기 위해서 다른 개념이나 다른 언어를 써야 될 것 같은데 사실 그렇지 않으니 왜 그럴까요?" 다른 말을 쓰면 구분이 쉬워 이해하기가 쉬울 텐데 그러지 않으니 좀 어렵다는 거죠. 그건 우리 인간이 완전히 새로운 말들을 만들어낼 수가 없기 때문이에요. 그래서 같은 말을 쓸 수밖에 없는 거죠. '재활용'이라는 말로 이해하시면 될 겁니다.

지금까지 살펴본 것처럼 이미 있던 말을 가지고 와서 자기의 사상을 담을 수 있도록 다시 가공을 해서 쓴다는 것이죠. 이건 노자만이 아니라 공자도 마찬가지입니다. 누군가 썼던 중요한 개념이 있으면 "노자가 그 개념을 썼으니까 난 절대 안 써. 공자가 썼으니까 난 절대 안 써." 이런 식으로 접근하는 게 아닙니다. 노자도 공자도 이미 있는 말을 가지고 오면서 그것을 자기의 문맥에서 새롭게 사용하는 방식이었으니, 우리는 그 차이를 면밀하게 갈라내야 합니다. 이 때문에 철학에서 개념을 철저히 따지는 경향이 있습니다. 모래 위에 집을 지으면 쉽게 허물어지듯이, 개념의 의미가 정확하지 않으면 주장과 이론이 탄탄할 수 없기 때문이죠.

소국과민에 왜 왕이 있는가

노자가 주장하는 '小國寡民'의 세상은 규모도 아주 작고 사람들이 각자 알아서 살아가므로 계몽하고 관리하는 '侯王(후왕)'이라는 존재는 필요 없을 것 같습니다. 그런 생각으로 《노자》를 읽다가 '聖人'이나 '侯王'이라는 용어가 나오면 당혹스럽죠. 노자도 시대에 갇혀 있을 수밖에 없어요. 만약 노자가 후왕이나 왕이 없는 세상을 그릴 수 있었다면, 굳이 그런 용어를 쓰지 않았을 거예요. 그렇지만 노자는 성인이라든지 후왕이라는 용어를 쓰지 않으면 정치 체제를 말할 수 없는 시대를 살았어요. 노자와 공자가 모두 사용했지만 다른 뜻으로 사용한 개념 중에 이번에는 '侯王'이라는 용어를 살펴보겠습니다.

노자가 말한 '小國寡民'이나 '無爲'는 기성의 정치 권위를 부정하고 사람들이 각자 알아서 살아가도록 방임하고 자유를 주는 측면과 잘 호응이 됩니다. 이런 측면에서 노자의 정치사상은 아나키즘으로 읽힙니다. 또 사유 재산을 신성시하여 독점하지 않고 자연의 '損有餘而補不足(손유여이보부족)'의 자원으로 봅니다. 사유 재산이 부의 재분배 대상이 되지 않으면 부익부 빈익빈으로 나아가는 '損不足以奉有餘(손부족이봉

유어)'의 현상으로 이어질 수 있기 때문이죠.

그런데 《노자》를 읽어보면 후왕이라든지 성인처럼 사람을 특정한 방향으로 이끌고 계몽하는 뜻과 정치 행위가 일어나는 용어들이 있어요. 그런 말들이 《논어》에 있으면 자연스럽겠지만, 《노자》에 있으니 앞뒤가 안 맞는 것 같아요. 과연 노자는 정치 지도자를 연상시키는 말들을 어떤 뜻으로 쓴 걸까요? 이것을 알아보려면 《노자》 32장과 8장을 겹쳐서 읽어볼 필요가 있습니다. 먼저 32장을 살펴보겠습니다.

道常無名. 樸, 雖小, 天下莫能臣也. 侯王若能守之, 萬物將自賓.
도상무명. 박, 수소, 천하막능신야. 후왕약능수지, 만물장자빈.

天地相合, 以降甘露, 民莫之令而自均.
천지상합, 이강감로, 민막지령이자균.

- 《노자》 32장

도는 특정한 이름으로 불릴 수 없다. 다듬지 않은 통나무처럼 소박하지만 천하의 누구도 도를 부릴 수 없다. 후왕(지도자)이 도를 온전히 지킬 수 있다면 만물이 스스로 손님으로 찾아올 것이다. 하늘과 땅이 서로 만나서 화합하여 단 이슬을 내리듯, 후왕의 백성은 시키지 않아도 스스로 고르게 된다.

첫 번째 구절의 '道常無名(도상무명)'이란 도에 어떠한 이름을 붙일 수 없다는 뜻이 아니라, 구체적인 사물의 이름처럼 다른 것으로 불릴 수 없는 하나의 길로 한정시킬 수 없다는 뜻입니다. 도는 모든 것을 다

포괄해야 하니까요. '天下莫能臣也(천하막능신야)', 세상에서 누구의 신하가 될 수 없다는 겁니다. 신하가 되는 순간 도는 특정한 역할과 기능을 하는 것으로 전락하기 때문입니다. 그렇다고 도가 왕의 노릇을 하는 것은 아닙니다. 도는 세상의 모든 것과 등거리를 유지하면서 대칭성을 담보하고 있을 뿐입니다.

그다음에 후왕이 그러한 도의 특징을 잘 지킬 수 있다면 만물이 모두 손님으로 찾아온다고 말합니다. 후왕은 결코 주인인 양 '有爲'를 일삼지 않고 '無爲'를 합니다. 모두 손님으로 찾아오려면 후왕은 상대를 결코 불편하게 해서는 안 될 뿐만 아니라 이거 해라 저거 해라 간섭해서도 안 됩니다. 모두가 손님이 되는 것은 후왕도 이 세상의 손님이기 때문입니다. 후왕은 6강에서 살펴본 《노자》 15장의 '儼兮其若客(엄혜기약객)'처럼 서둘거나 채근하지 않고 서로 일정한 거리를 유지하면서 편한 손님과 같습니다. 이 때문에 노자는 주인이 아니라 손님의 존재론을 말하고 있다는 것입니다.

노자는 '天地相合, 以降甘露(천지상합, 이강감로)'에서 신비한 신적 존재를 지웁니다. 그냥 하늘과 땅이 조건에 부합할 때 서로 만나서 조화를 이루고 그 결과 때마침 비가 내립니다. 누구도 의도하지 않았지만 모든 일이 척척 제대로 진행되고 있습니다. 후왕이 유위의 정치를 잘해서 그런 것이 아니라 내적 원인에 부합하여 무위의 정치를 하니까 그렇게 된 것입니다. 사람의 입장에서 이것은 운 또는 운명의 문제가 됩니다. 하지만 노자는 운 또는 운명의 문제를 더는 자세히 다루지 않습니다.[4] 백성도 천지자연을 닮아 이렇게 해라 저렇게 해라 명령을 내리지 않아도 스스로 균형을 잡는다는 겁니다.

이런 점에서 노자의 후왕은 공자가 말하는 후왕과 확실히 다릅니다. 물론 공자의 후왕도 순임금 같은 사람이라면 나서지 않는 정치가 가능할 겁니다.[5] 하지만 그 순임금조차도 자신이 이끌고자 하는 방향을 열성적으로 전달했고, 그 결과 백성이 감화를 입었기 때문에 '무위'가 가능했던 것입니다. 순임금은 무위를 했지만 정치를 이끌어가는 주체라는 생각을 버린 적이 없고, 이 세상의 주인이라는 역할을 내려놓은 적도 없습니다.

노자가 '후왕'처럼 정치 지도자를 가리키는 용어를 사용하기는 했지만, 그것은 지배와 피지배의 권력 관계나 서열이 있는 관계를 말하는 게 아닙니다. 사람과 사람이 교제할 때, 오늘 상대방이 내 집을 찾아오면 나는 주인이 되고 찾아온 사람은 손님이 됩니다. 반대로 내일 내가 그 사람 집에 가면 그 사람이 주인이 되고 나는 손님이 됩니다. 그러니까 주인과 손님이라는 이름은 각각의 상황에서 맡게 되는 역할에 따른 명칭입니다. 고정불변의 이름이 아니라는 거죠. 노자가 말하는 '후왕'은 이런 뜻입니다. 특정한 방향을 정해놓고 사람들을 그 쪽으로 끌고 가는 계몽의 정치 지도자를 가리키는 공자의 후왕과는 다르죠.

후왕에 대한 노자와 공자의 차이는 4강에서 다룬 《노자》 8장의 '上善若水(상선약수)'에서 잘 드러납니다. 최고의 선, 가장 아름다운 선은 물과 같다는 뜻이죠. 물은 주변을 적셔주어서 생명을 잉태시키지만, 다른 것과 더불어 싸우지 않고, 모든 사람이 싫어하는 낮은 곳에 처하니, '道'의 이미지와 가장 가깝다는 것입니다. 32장의 '樸(박)'도 비슷한 이미지입니다. '樸'은 숲의 나무를 베어내서 잔가지를 치고 난 다음에 아직 어떤 모양으로 만들어지지 않은 재료 상태를 말합니다. 나중에 그것이 책상이 될 수도 있고 침대가 될 수도 있지만, 아직은 특정한 꼴이 드러나지 않은 상태죠. 그게 바로 '道'라는 겁니다. '樸', '水' 등은 노자가 '道'의 의미와 이미지를 전달할 때 즐겨 차용되는 대상입니다. 그만큼 도를 닮았기 때문이죠.

노자는 도가 모든 것과 관련을 맺을 수 있지만, 단 하나와 관련을 맺지는 않는다고 말합니다. 물도 그런 특징이 있다는 겁니다. 그리고 후왕이 그런 특징을 잘 지키면 만물이 그를 따를 거라고 말합니다. 공자의 사고에서 후왕은 백성을 특정한 방향으로 이끌어가는 지도자입니다. 하지만 《노자》 32장을 보면 후왕은 백성 앞에서 그들을 이끄는 사람이 아니에요. 백성도 후왕의 명령에 따라서만 움직이는 수동적인 존재가 아닙니다. '民莫之令而自均(민막지령이자균)'이라고 했잖아요. 이렇게 해라 저렇게 해라 명령하지 않아도 스스로 균형을 잡는다는 거예요. 32장에 나오는 후왕은 8장에 나오는 물과 같은 존재라는 거죠. 물과 닮았다는 겁니다.

네 가지 정치 형태

물론 노자도 소국과민과 같은 정치 체제를 말하고, 그 안에 후왕의 존재를 설정합니다. 그렇지만 그 왕은 공자나 상앙이 말하는 왕의 이미

지나 역할과는 완전히 다릅니다. 그렇다면 노자가 말하는 정치는 어떤 것일까요? 네 가지 유형으로 나누어 설명하고 있습니다. 노자는 아마 첫 번째 유형을 바라는 모양입니다.

太上, 下知有之. 其次, 親而譽之. 其次, 畏之. 其次, 侮之.
태상, 부지유지. 기차, 친이예지. 기차, 외지. 기차, 모지.

有不信焉. 悠兮, 其貴言, 功成事遂, 百姓皆謂我自然.
유불신언. 유혜, 기귀언. 공성사수, 백성개위아자연.

- 《노자》 17장

최고의 상태는 백성이 누군가 있다는 정도만 안다. 그다음은 가까이하며 칭찬한다. 그다음은 두려워한다. 그다음은 업신여긴다. 한쪽의 믿음이 충분하지 않으니 다른 쪽도 믿지 못한다. 멈칫멈칫, 말을 귀하게 여기는구나. 공적이 이루어지고 일이 마무리되면 백성은 모두 말한다. '우리는 스스로 그렇게 했다.'

여기서 노자는 네 가지 정치 형태를 열거하고 있습니다. 그중 가장 좋은 정치 행태는 지도자가 있는지 없는지 신경 쓰지 않는 것이라고 말하고 있습니다. 아니면 누가 있다고 들어본 적이 있는 정도입니다. 아마 이름을 대보라고 하면 멈칫멈칫하다가 "잘 모르겠다", "생각이 나지 않는다"라고 말할 것입니다. 백성이 평소에 지도자가 있는지 없는지, 그가 어떤 사람인지 그다지 신경을 쓰지 않아도 되는 상태라는 겁니다.

백성이 지도자가 있다는 것만 알 뿐, 지도자에게 관심이 없어요.

　언뜻 보면 노자가 무슨 말을 하는지 이해가 잘 되지 않을 수 있습니다. 조금 더 생각해보면 그럴 듯해요. 정치인이 아니라면 우리는 평소 정치에 많은 관심을 갖지 않습니다. 대형 참사가 나거나 외교 분쟁이 생길 때 소리 소문도 없이 문제를 잘 해결하면 사건 자체 많은 신경을 쓰지 않습니다. 반면 일이 생겨도 해결의 기미가 없고 무능하기 그지없으면 "도대체 이런 일이 왜 자꾸 생기는 거지?", "왜 무능하지?"라며 정부와 정치인에 관심을 갖습니다. 잊고 있던 인물을 다시 소환하는 셈이죠. 노자의 첫 번째 단계는 백성이 정치에 굳이 관심을 기울이지 않더라도 문제가 생기지 않고, 생기더라도 잘 해결되니 누가 무엇을 하는지 알려고 하지 않는 거죠.

　두 번째 단계는 뭘까요? 지도자와 친해지려고 하면서 그 사람의 장점을 늘어놓는 거예요. 지도자도 업적이 있으면 온갖 홍보 매체를 동원해서 자랑하겠죠. 또 이전과 비교하면서 자신이 얼마나 대단한지 알아달라고 말하겠죠. 세 번째는 지도자를 두려워하는 겁니다. 지도자에 대해 물으면 "그 사람은 무서워요."라는 반응이 나오는 거죠. 사람들이 자신의 말을 달갑게 여기지 않으니 공포의 수단을 동원해서 억압하는 거죠. 네 번째는 욕하는 단계예요. 백성이 지도자를 비하하는 별칭으로 부르고 업신여기는 겁니다. 지도자가 하는 일마다 엉망이고 문제가 생기면 나 몰라라 하거나 과거의 탓으로 돌리니 백성이 업신여기지 않을 수가 없죠.

　노자는 아마 당시의 정치를 관찰하면서 네 가지 유형을 분류했을 겁니다. 만약 그가 사회학자였더라면 '侮之(모지)'가 어느 나라에 해당되고, '畏之(외지)'가 어느 나라에 해당된다는 식으로 더 구체적으로 논의를 진행했겠죠. 하지만 그는 철학자로서 정치가 작동하는 원리를 보여주고자 했을 뿐입니다. 우리나라 헌정사를 보더라도 어느 정권은 노자의 어떤 유형에 해당되는지 어느 정도 가늠이 되리라고 봅니다. 이를 통해 노자는 정치가 백성을 이래라 저래라 지시하고 간섭하며 요구해서는 안 되며, 오히려 반대로 백성이 필요로 하는 여건을 조성하여 일이 잘 풀리도록 도와야 한다는 점을 밝히고 있습니다.

요즘 정치인들이 길거리에 플래카드를 내걸고 자신이 뭔가를 해냈다고 알리는 것을 많이 보셨을 겁니다. 자기네 당이 뭘 했네, 대통령이 뭘 했네 하고 내세워요. 잘 봐준다면 두 번째 유형에 속하겠죠. 그런데 노자는 '功成事遂, 百姓皆謂我自然(공성사수, 백성개위아자연)'을 말합니다. 일이 끝나고 나면 백성은 그것이 지도자 덕분이 아니라 자기들 스스로 했다고 생각하는 것이 '太上, 下知有之(태상, 하지유지)'라는 겁니다. 그러니까 지도자가 도와주었거나 정책을 펴서 그 일을 한 게 아니라 백성이 그쪽으로 나아갔고, 그것이 정치와 우연히 맞아떨어졌다는 거죠. 주도권이 정치권에 있는 게 아니라 백성, 나 자신에게 있다고 보는 거예요.

지도자가 정치적인 가치를 정하고, 정책을 통해 실천한 결과 이루어진 것이 아니라 때가 맞아서 저절로 그렇게 된다는 겁니다. 아마 정치인 중에서 자기 홍보나 치적을 강조하는 사람은 봄에 꽃이 피어도 자신이 한 일이라고 할 거예요. 여름에 비가 내려도 자기가 내렸다고 할 거예요. 그게 얼마나 헛소리냐는 거예요. 그냥 때가 되어서 꽃이 피고, 비가 올 때가 되어서 왔는데, 그게 왜 자기 덕분이냐는 거예요. 이렇게 노자는 네 가지 정치 중 자연스럽게 일어나는 것이 가장 좋은 정치라고 말하고 있습니다.

노자는 정치를 비판한 적은 있지만 부정한 적은 없습니다. 다만 당시의 정치가 사람을 괴롭히는 양상을 보면서 《노자》 17장에서 정치가 어떠해야 하는지 성찰하고 그 대안을 제시했습니다. 이제 노자가 긍정적으로 보았던 '下知有之(하지유지)'의 정치가 우리의 삶과 어떻게 관련을 맺는지 살펴보겠습니다.

譬道之在天下也, 猶川谷之於江海.
비 도 지 재 천 하 야, 유 천 곡 지 어 강 해.

– 《노자》 32장

도가 천하에 있는 것을 비유하자면, 물이 계곡을 흘러 강과 바다를 향하는 것과 같다.

여기서 노자는 도와 천하(天下)의 관계를 보여주기 위해 고심하고 있습니다. 사물과 사물의 관계는 감각적으로 확인할 수 있으므로 어떠하다고 말하기가 쉽습니다. 우리가 책상 위의 물건에 힘을 가하면 그 방향으로 움직입니다. 물건이 움직이는 것을 직접 보면 이해하기 어렵다고 말할 사람은 없겠죠. 하지만 도의 작용은 감각적으로 완전히 설명될 수 없다는 점에서 곤혹스럽습니다.

이에 노자는 상상력을 발동하여 설명의 곤혹스러움을 벗어나려고 했습니다. "저기 물과 강을 봅시다. 강은 어떻게 흘러갑니까? 계곡을 거쳐 결국 바다로 흘러듭니다. 누가 강물을 끌어다 바다로 가게 합니까? 아닙니다. 강물은 낮은 곳으로 흐르다 보니 결국 바다에 이르는 거죠. 도의 작동도 이와 비슷합니다. 도가 세상에 대해 이래라 저래라 간섭하지 않습니다. 그렇지만 강물이 바다로 흘러들듯 도는 이 세상이 그저 그렇게 돌아가도록 하고 있습니다."

노자는 강물과 바다의 관계를 차용하여 도와 세상의 관계를 설명하고 있습니다. 계곡의 물이 어떻게 흘러갈까요? 뒷물이 앞물을 후려치니까 앞물이 가고 싶지 않아도 앞으로 나아가는 것일까요? 그렇지 않습니다. 그저 위치 차이에 의해 저절로 강으로 흘러가고, 바다로 흘러갑니다. 그냥 세 물은 데 갈 긴은 가는 것이지, 누군가 뒤에서 채찍질을 하며 강요한다고 해서 흘러가는 게 아니라는 거죠.

그렇다고 도를 위치의 차이에 의해 흐름이 생겨나는 특정 분야의 과학 이론으로 한정시킬 필요는 없습니다.[6] 그것을 포함하면서 더 많은 의미 맥락을 갖고 있기 때문입니다. 예컨대 《노자》 5장에 나오는 탁약은 위치 에너지와 관련이 없지만 도의 작용을 잘 나타내고 있습니다. 하늘과 땅 사이에 기압의 변화로 바람이 생겨나고, 그 바람이 지나가면 풍매화(風媒花)는 꽃이 피고 날씨가 시원해지거나 비가 내립니다. 누가 바람을 불게 한 게 아니지만, 기압의 변화로 인해 후속적으로 많은 일이 벌어지게 됩니다.

여기서 우리가 주목할 것은 도가 과학의 특정한 이론으로 한정될 것이 아니라 사람의 주관적 원망과 상관없이 이 세상에 작용하는 객관적 흐름과 관련이 있다는 것입니다. 그 흐름은 인간을 위해 존재하지 않으므로 자비롭다거나 냉혹하다고 말할 수 없습니다. 그냥 저절로 그렇게 되는 '自然'일 뿐이죠. 노자는 그러한 '自然'의 실례로 강과 바다의 관계를 제시하고 있습니다. 이러한 실례는 얼마든지 제시할 수 있으므로 어떤 것으로 특정할 수는 없습니다. 다만 우리는 강과 바다의 관계를 통해 도가 이 세상과 관계를 맺는 방식, 즉 부분을 통해 전체를 만날 수 있습니다.

요즘 주말이 되면 산과 바다를 찾는 사람들이 늘어나고 있습니다. 밤이 되면 숯불에 고기를 구워 먹으며 일행끼리 도란도란 이야기를 나눕니다. 별을 보며 먹는 고기가 도시에서 먹는 것보다 운치도 있고 맛도 좋을 테죠. 이렇게 시간을 보내고 집으로 돌아오며 '잘 쉬었다', '개운하다'고 말합니다. 이때 우리는 자연과 어떤 식으로 만날까요? 산과 바다는 사람을 둘러싸고 있는 배경에 지나지 않습니다. 우리는 그 배경 속으로 더 깊이 들어가지 않고 배경 언저리를 돌다가 그치게 됩니다.

반면 낮에 산을 오르다 길가에 핀 야생화를 보거나 중턱에서부터 턱턱 숨이 막히는 자신의 체력을 돌아보기도 하고 시원하게 뻗은 산줄기를 넋 놓고 바라보기도 합니다. 또 저녁이 되면 밤하늘에서 떨어지는 별똥별도 보고 시원한 바람 소리를 듣다가 문득 과거 자신의 모습을 떠올리고 그로 인해 지금 자신이 살아가고 있는 모습을 반성해봅니다. 이때 자연은 사람이 사진을 찍을 때 좋은 그림을 선사해주는 배경 이상이 되죠. 사람은 자연을 만나며 자신을 돌이켜보고 세상과 어떻게 대면할지 생각하게 됩니다. 나는 그렇게 자연의 일부가 되고 자연은 내가 잊고 있던 삶의 질서를 돌아보게 만듭니다. 즉 나는 자연의 일부를 통해 세상이 돌아가는 도를 만나게 된 것입니다. 도는 늘 어디에나 존재하지만 우리는 그 존재를 의식하지 못하다가 어떤 계기를 통해 만나게 됩니다.

그림에서 읽는 도

예술가들은 도가 이 세상과 관련을 맺는 양상을 표현하고자 노력했습니다. 책을 통해 음악을 들을 방법은 없으니 그림을 실례로 들어보겠습니다. 그림 속에 도가 어떻게 표현되고 있는지 살펴봅시다.

그림 16은 청나라 화가 황신(黃愼)의 〈청파조사도(淸波釣徙圖)〉입니다. 동양화는 색을 많이 쓰지 않습니다. 그러니 청파라고 했는데 왜 푸른 색깔이 없냐고 시비는 걸지 마세요. 그냥 맑은 물결이 있다고 생각해보세요. 거기에 한 사람이 낚싯대를 드리우고 고기를 낚고 있습니다. 이 사람이 만약 생업으로 물고기를 잡아서 팔아야 되는 사람이라면, 이 장면은 세계와 부분적으로만 만나는 것입니다. 왜냐하면 물고기를 잡아서 돈으로 바꾸고, 다시 다른 걸 사와야 하잖아요. 그러니 이 장면에는 물고기를 잡는 것만이 아니라 또 다른 측면이 있는 거죠.

여러분도 일 때문에 여행을 갈 때와 휴가로 갈 때는 느낌이 다르잖아

그림 16 황신, 〈청파조사도〉

요. 일 때문에 여행을 가면 빨리 끝내야 되고, 그곳을 제대로 즐기지 못합니다. 그런데 휴가처럼 아주 편하게 그 지역과 관계를 맺으면, 모든 것이 여유롭게 다가옵니다. 이 그림 속의 사람도 마찬가지예요. 물고기를 꼭 잡아야겠다는 생각이 없어요. 물고기가 물면 잡고, 물지 않으면 못 잡는 거죠. 이 사람은 세계와의 관계에서 느슨한 형태를 유지한다는 거예요.

우리는 세계와 관계를 맺을 때 효율적이고 목적적인 방식으로 만나는 것을 좋아합니다. "너 왜 개랑 친구가 되었니?"라고 물었을 때 "개

그림 17 김득신, 〈파적도〉

집이 잘살아."라고 대답하는 것이 그런 관계의 전형이죠. 목적을 가지고 관계를 맺는 거예요. 그 사람이 좋아서가 아니라, 그 사람과 친해지면 뭔가 생기는 게 있기 때문에 관계를 맺는 겁니다. 생기는 게 없으면 헤어지죠. 이것은 사람과 사람의 관계가 좁은 겁니다. 넓은 강물이 아니라 좁은 개울물이에요. 이에 반해 몸은 나누어져 있지만 마음은 모두 흐르는 관계도 있죠. 이 그림은 그런 넓은 관계를 나타내고 있습니다.

그림 17은 조선 후기의 화가 김득신(金得臣)의 〈파적도(破寂圖)〉입니다. 제목과 그림 내용이 어울리지 않는다고 느껴지면 이렇게 생각해보

세요. 때는 여름이에요. 점심을 먹은 후 부부가 대청마루에서 낮잠을 즐기고 있었어요. 시간이 멈춘 듯한 고요함, 그게 '寂(적)'이에요. '靜寂(정적)'이죠. '破寂(파적)'은 정적을 깬다는 뜻인데, 왜냐하면 갑자기 어떤 소리가 들렸거든요. 고양이가 나타나서 병아리를 채가는 바람에 병아리가 "삐약!" 하고 소리를 지른 거예요. 그 바람에 부부가 잠에서 깼어요. 고양이가 병아리를 채가는 모습을 본 남편이 곰방대를 들고 쫓아가려다가 대청마루에서 넘어질 듯해요. 아내의 눈은 어디를 향하고 있나요? 이게 재미있어요. 아내의 눈은 고양이에게 가 있지 않아요. 남편에게 가 있죠. 저러다 남편이 다칠까 봐 걱정하는 거예요. "저 양반이 왜 저래? 그냥 내버려두지." 이렇게 말하는 거예요.

만약 여기서 버선발로 뛰어가서라도 반드시 고양이를 잡아서 병아리를 되찾으려고 하면 이익 관계가 강하게 반영되는 것입니다. 물론 병아리가 잡아먹히는 것 자체는 잔인하죠. 하지만 자연에서는 일어날 수 있는 일이잖아요. 그걸 어떻게든 고양이를 잡아야 한다고 생각하면 관계가 한정되어버린다는 거예요. 세계와 보편적인 관계를 맺지 못하고, 특수라는 작은 구멍으로만 세상을 바라보게 된다는 거죠. 반면에 이 장면을 이익의 관계를 떠나서 남편은 고양이를 쫓는 행동을 하고, 아내는 남편의 부상을 염려하는 장면으로 본다면, 사람과 자연의 관계가 전면적인 관계가 되겠죠.

그림 18은 조선 후기의 화가 신윤복의 〈단오풍정(端午風情)〉입니다. 세 가지 그림 중에서 여러분이 가장 잘 알고 있는 그림일 겁니다. 단오가 배경이니, 날씨가 풀려서 바깥출입을 할 때입니다. 단옷날을 맞아

그림 18 신윤복, 〈단오풍정〉

여성들이 개울에서 머리를 감기 위해 나왔습니다. 오랜만에 집 밖에 나왔으니 다들 들떠 있습니다. 한쪽에서는 머리를 감고, 한쪽에서는 그네를 타고 있습니다. 그 모습을 훔쳐보는 까까머리 어린 중도 보입니다. 일부러 훔쳐보는 거라면 관음증이라고 할 수 있겠네요. 그런 욕망은 사심(邪心)이죠. 그저 왁자지껄한 소리에 이끌려서 와본 것뿐이라면 자연스러운 행동이라고 할 수 있을 겁니다. 보편적인 심성이라는 거죠. 그런데 무슨 일이 일어나고 있는지 알면서도 와서 훔쳐보고, 그걸 몰래 사진을 찍고, 인터넷에 올려서 소문을 내는 건 보편적인 심성이라고 할 수 없습니다. 그것은 세계를 자신이 보고자 하는 방식으로만 보는, 좁은 틈새로만 보는 거예요.

노자는 사람과 사람 사이에서 특정한 관계가 아니라 누구든지 그런 상황에 놓이면 그런 방식으로 움직여갈 수 있는 것에 주목하고 있습니다. 겨우내 집에 갇혀 바깥출입을 못하다가 봄날 개울에 나와서 옷을 벗고 씻는 행동은 누구나 할 수 있는 행동이라고 보는 거예요. 계절이 바뀌고 기온이 따뜻해지면 누구든지 저 그림 속의 여인들처럼 행동할 만하죠. 여러분도 저 그림 속에 들어가게 되면 그네를 타고, 개울에 발을 담그고, 웃옷을 벗고 물을 적실 거예요. 그게 자연이니까요. 저절로 그러한 방식으로, 물이 흘러가는 것처럼 흐르는 것이 자연이라고 보는 거예요.

어떤 목표를 향해 안달복달하면서 동동거리며 살아가는 게 아니라, 그 일을 할 때는 목적적으로 하지만, 그 세계에서 빠져나오면 여유롭게 살 필요가 있습니다. 여러분도 일을 열심히 하다가 휴가를 가면 맨 처음에 하는 일이 숙소에 도착해서 침대에 벌러덩 드러눕는 일일 거예요. 생업 현장이나 학교에 다닐 때와는 다른 방식으로 세계와 접속하는 것이죠. 생업이 이익과 효율의 방식으로 세계와 접속한다면, 여행은 치유와 쾌감의 방식으로 접속합니다. 그러니 해방감을 느끼잖아요. 그런 방식으로 자유롭게 세상과 접속하자는 거죠. 반드시 돈을 벌어야 된다든가 상대방에게서 뭔가를 받아내야 된다는 방식으로만, 작은 구멍으로만 세상을 바라보지 말자는 겁니다.

이번 강의의 내용을 정리해보겠습니다. 학문에서는 개념이 중요합니다. 나아가 언어와 관련해서 노자를 오해하곤 하죠. 노자가 개념이나 언어에 대해 부정적이라고 보는 견해가 있는데, 노자가 아무리 뛰어나더라도 언어나 개념 자체를 부정할 수는 없습니다. 다만 그것들의 남용을 비판할 수 있을 뿐이에요. 노자도 언어에 의존할 수밖에 없기 때문이죠. 부국강병을 추구하지 말라고 할 때, 왜 그런지 말로 설명해야 하잖아요. 그래서 노자는 공자와 같은 개념을 쓰기는 했지만 다른 방식으로 사용했고, 우리는 그 점을 알아야 합니다.

같은 개념을 가지고도 다른 방식으로 쓸 수 있는데, 학문에 있어서 개념은 사유를 낳고 그 사유를 생산적으로 진행시키는 필수품입니다. 여행을 갈 때 여권이 필요하고, 돈이 필요하고, 지도가 필요한 것처럼, 우리가 사유를 하는 데에는 개념이 필요합니다. 개념이 없으면 사유가 일정 정도 이상 나아갈 수 없습니다. 개념은 강과 개울을 건너갈 때 이용하는 징검다리와 같습니다. 노자도 '道'나 '侯王'처럼 공자가 쓰는 언어를 쓰지만, 거기에 그와 전혀 다른 의미를 부여하고 있습니다. 노자는 사람을 포함해서 모든 존재는 매개 없이 '道'와 직접 연결되는 삶을 살고 있고, 도를 얼마나 가졌느냐 덜 가졌느냐에 따라서 위격의 차이가 생기지는 않는다고 생각합니다. 같은 도의 형제, 도의 자녀라는 평등한 세상을 꾸리고자 했던 것이 노자가 주장하고자 하는 세상이지 않나 생각합니다.

道家

노자를 계승한 사람들

진시황의 제국이 바람과 달리 영원히 지속하지 못합니다. 진승(陳勝)의 봉기 이후 그동안 억눌렀던 반정부 세력이 우후죽순처럼 일어났습니다. 유방과 항우(項羽)의 대결로 압축된 뒤 한 제국이 등장하죠. 한 제국은 초기부터 분열과 전쟁 시기에 방치되었던 고대의 문헌을 수집하고 정비하는 작업에 박차를 가했습니다. 이를 통해 대중에게서 황하 유역의 중화 문화를 옹호한다는 평판을 얻을 뿐만 아니라 학계에서는 신뢰할 만한 정부라는 지지를 끌어내려고 했기 때문입니다.[1]

오늘날 우리가 사용하는 '도가(道家)', '유가(儒家)'라는 말도 한 제국 초기에 황실 도서관에 수집된 광범한 자료를 분류하는 과정에서 태어난 말입니다. 이로써 노자는 사상가 개인 이름으로 불리면서도 '도가'라는 학파의 일원이 되기도 합니다. 따라서 '도가'는 노자에 의해 만들어지고 끝날 수가 없습니다. 그 이전에 은둔자 그룹과 양주에 의해 싹이 나왔다가 노자와 장자를 거치면서 꽃으로 피어나고 다시 위진시대 왕필(王弼) 등에 의해 사상가의 대세로 거듭나게 됩니다. 이번 강의에서는 노자를 포함한 도가의 역사를 살펴보고자 합니다. 달리 말하면 노자를 계승한 사람들입니다.

은둔자 그룹, 노자 사상의 기원

노자를 잘 이해하기 위해서는 노자만이 아니라 그와 연관된 사람들도 살펴볼 필요가 있습니다. 앞뒤 좌우를 두루 살펴야 노자를 정확하고 제대로 이해할 수 있으니까요. 가족도 마찬가지죠. 그 사람을 알려면 그의 자녀를 보라는 말도 있지 않습니까? 자녀가 어떻게 자랐는지를 보면 부모를 알 수 있는 것처럼, 노자를 알고 싶으면 그의 핵심 사상이나 시대적 환경뿐만 아니라 그의 주변 사람들을 알아볼 필요가 있습니다. 그래서 노자와 관련이 있는 대표적인 네 사람, 즉 양주, 장자, 한비자(韓非子), 왕필을 통해 이야기를 풀어가도록 하겠습니다. 네 사람 이외에도 살펴볼 인물은 많습니다. 7강에서 살펴본 도연명도 도가 저술을 내지는 않았지만 시로 도가의 삶을 그렸다고 할 수 있습니다. 아울러 7강을 비롯하여 강의 중간에 살펴본 다양한 그림도 도가의 사상을 예술로 승화시킨 경우라고 할 수 있습니다.

첫 번째는 노자의 선배가 되는 사람입니다. 노자에 앞서 세상을 피해

살았던 은둔자들과 양주는 훗날 노자가 사상을 꽃피울 수 있는 토양을 일구어냈습니다. 따라서 은둔자 그룹과 양주의 사상이 어떻게 노자의 사상으로 이어졌는지를 살펴보겠습니다.

춘추전국시대에 사회가 혼란해지자 개인의 노력으로는 상황을 바꿀 수 없다는 생각을 공유한 사람들이 늘어나게 됐습니다. 물론 여전히 공자처럼 끝까지 포기하지 않고 세상의 문제를 풀어가려는 사람들도 있었죠.[2] 반대로 그러한 움직임을 포기하는 사람도 늘어났다는 거예요. 이들은 공자와 같은 사람들에 대해 불가능한 일을 하는 사람, 즉 노력을 해도 그에 상응하는 결과를 얻을 수 없는 일을 하는 사람이라고 보았습니다. 무모하게 희생을 한다고 보았죠. 그래서 무모하게 희생하기보다는 위험한 속세를 떠나서 정치적으로 개인적으로 안정될 수 있는 숲을 찾아가는데, 그런 사람들이 바로 은둔자입니다. 부국강병의 세상은 필연적으로 은자의 탄생을 가져올 수밖에 없습니다. 오늘날 세계화로 인해 경쟁이 치열해지자 느림이 사회적으로 주목받는 것과 비슷한 이치라고 할 수 있습니다.

전체 20편으로 되어 있는 《논어》의 열여덟 번째 편이 〈미자(微子)〉입니다. 그 〈미자〉에 보면 숲에서 쟁기를 끌면서 먹고사는 것을 해결하는 장면이라든지, 지나가는 사람들을 대접하면서 살아가는 화전민처럼 다양한 은둔자들이 나옵니다. 이러한 사람들이 노자 사상의 단초가 아니었을까 생각합니다. 그렇다면 어떤 점에서 은둔자들이 노자와 이어질까요? 공자와 은둔자들의 대화를 통해 살펴보겠습니다.

공자는 50대 중반에 노나라를 떠나 다른 나라를 돌아다니면서 정치적인 기회를 찾으려고 노력했습니다. 오늘날처럼 내비게이션이 있는 것도 아니니, 수레를 타고 다니다 길을 잃을 때가 종종 있겠죠. 그래서 길을 가다가 사람을 만나면 어디로 가야 되는지 묻는 장면이 여러 번 나옵니다. 어느 날 공자 일행이 길에서 은둔자인 장저(長沮)와 걸닉(桀溺)을 만나서 어디로 가야 나루터가 나오는지 물은 적이 있습니다.

이때 장저와 걸닉은 자신들에게 다가온 자로에게 이렇게 말합니다.

滔滔者天下皆是也, 而誰以易之? 且而與其從辟人之士也,
도 도 자 천 하 개 시 야, 이 수 이 역 지? 차 이 여 기 종 피 인 지 사 야,

豈若從辟世之士哉?
기 약 종 피 세 지 사 재?

— 《논어》〈미자〉 6 (483)

우당탕거리며 모든 걸 휩쓸어가는 것이 하늘 아래의 형세인데, 누가 무엇으로 이를 바꾸겠소? 당신도 사람을 피하려 드는 인물(공자)을 따라다니기보다는 아예 세상을 등지고 사는 인물을 따르는 게 어떻겠소?

여름에 계곡으로 캠핑을 가는 사람이 많습니다. 계곡에서 불어오는 바람을 쐬면 더위를 잊을 수 있죠. 하지만 계곡에는 위험한 것도 있습니다. 폭우가 쏟아지면 잔잔하던 계곡물이 어느새 사나운 짐승처럼 변해서는 주위에 있던 걸 마구 쓸어가 버리지 않습니까? '滔滔者天下皆是(도도자천하개시)'가 바로 그런 상황입니다. 거칠 것 없이 우당탕탕 하

면서 천하의 모든 것을 삼킬 것처럼 굴러간다는 거예요. 그런 상황에서 '而誰以易之(이수이역지)', 누가 무엇을 가지고 그런 흐름을 바꿀 수 있겠느냐는 겁니다. 만약 그 상황을 바꾸려고 한다면 물에 빠져죽는 게 대부분일 거예요. 그 상황에서는 길이 '避人之士(피인지사)'와 '避世之士(피세지사)'로 나뉩니다.

여기서 중요한 지점이 바로 '避人之士'와 '避世之士'의 구별입니다. '辟'는 '벽'으로도 읽지만, 여기서는 '피하다'의 뜻이기 때문에 '피'로 읽습니다. '避人(피인)'은 '사람을 피하다, 사람을 가리다'의 뜻이고, '避世(피세)'는 '세상을 버리다, 세상을 피하다'라는 뜻입니다. 은둔자들이 자신을 '避世之士'라고 부르는 거예요. 세상에 있으면 위험하니까 그곳을 떠나서 안전한 산속에 산다는 뜻이죠. '避人之士'는 공자를 가리키는 말입니다. 공자가 어떤 사람을 찾아갔다가 자신과 뜻이 맞지 않으면 그 사람을 떠나서 또 다른 성지 제도자를 찾아다니지 않습니까? 그래서 '사람을 피하는 사람'이라고 부르는 겁니다.

장저와 걸닉이 나루터를 묻는 자로에게 "피인지사인 공자를 따르기보다는 피세지사인 우리 은둔자를 따라다니는 게 어떠냐?"고 묻는 겁니다. 공자의 노선을 포기하라고 권유하는 셈이죠. 이 이야기를 전해들은 공자는 이렇게 대꾸합니다.

鳥獸不可與同羣, 吾非斯人之徒與而誰與? 天下有道, 丘不與易也.
조 수 불 가 여 동 군, 오 비 사 인 지 도 여 이 수 여? 천 하 유 도, 구 불 여 역 야.

— 《논어》 〈미자〉 6(483)

사람은 날짐승, 들짐승과 무리 지어 살 수는 없지. 내가 이들 사람의 무리가 아니면 누구와 더불어 지낼 수 있겠느냐? 하늘 아래 이 세상이 제 갈 길을 가고 있다면 구가 여러분과 함께 세상을 바꾸려고 하지 않을 텐데.

자신은 사람들과 더불어 살아야지, 짐승들과 함께 살 수 없다는 거예요. 그러니까 공자는 새나 짐승과 함께 숲에서 살아가는 피세지사들의 생활에 동의할 수가 없다는 겁니다. 공자가 생각하기에 뜻하는 대로 움직여지지 않는 세상에 실망하더라도 결국 자신이 만나야 될 것은 짐승들이 아니고 사람이라는 거죠. 그리고 이어지는 '天下有道, 丘不與易(천하유도, 구불여역)', 즉 세상이 도에 따라 굴러간다면 자신이 고치려고 나서지 않았을 것이라는 말을 통해 공자가 사람에 대한 끊임없는 기대와 열망을 가지고 있음을 알 수 있습니다.

이 장면을 보면 당시에는 공자처럼 세상을 구원하기 위해 끊임없이 움직이는 사람도 있었습니다만, 그러한 시도가 무모하다고 보며 세상과 연관을 접고 은둔하는 집단도 나타났음을 알 수 있습니다. 도가는 이 은둔자 그룹과 관련이 있습니다.

양주의 '나를 위한 삶'

은둔자들을 이어서 양주라는 사람이 등장합니다. 양주는 분명 제자백가 중 한 명에 속하지만 아쉽게도 그의 책이 전해지지 않습니다. 그 이유로 여러 가지를 추측해볼 수 있습니다. 제 생각으로는 양주의 사상이 당시 사람들에게 수용될 수 없을 정도로 위험했다는 증거가 아닐까 싶습니다. 한 제국의 황실 도서관에서 서적을 분류하면서 체제에 위협이 되므로 소멸해버릴 수 있습니다. 하지만 그의 사상이 《맹자》나 《한비자(韓非子)》 등에 토막글 형태로 소개되고 있습니다. 그의 말이 반대파의 책에 소개되지 않았더라면 양주는 영영 사라진 사상가가 될 뻔했습니다. 양주의 경우 이마저도 행운이었다고 할 수 있겠죠. 사정이 이렇다 보니 양주의 일생에 대해 알려진 바가 거의 없습니다. 다른 사상가는 여러 사람이 그린 초상화가 많습니다. 양주는 그마저도 얼마 되지 않지만 후대의 화가가 상상해서 그린 초상화를 통해 그의 일면을 추측해볼 수 있습니다.

양주는 도발적인 문제 제기를 하는데, 두 가지 주장이 널리 알려져 있습니다. 그중 하나가 '輕物重生(경물중생)'이고, 다른 하나가 '拔一毛而利天下, 不爲(발일모이리천하, 불위)'입니다. 두 번째 주장부터 살펴보겠습니다. 우리는 맹자의 입을 통해 이 이야기를 들을 수 있습니다.

楊子取爲我, 拔一毛而利天下, 不爲也.
양 자 취 위 아, 발 일 모 이 리 천 하, 불 위 야.

– 《맹자》 〈진심〉 상 26

양자는 자기만 위하려고 했지, 한 오라기의 털을 뽑아서 천하에 이롭게 된다 하더라도 하지 않았다.

'楊子(양자)'는 양주를 가리킵니다. 양주는 공자와 묵자를 이어서 등장한 사상가죠. 맹자는 양주의 사상을 '爲我(위아)'라고 요약합니다. '자신을 위한다, 자신을 돌본다'는 뜻이죠. 요즘 말로는 개인주의 성향이라고 할 수 있습니다. 양주가 어떻기에 '爲我'라고 말했을까요? '拔一毛而利天下(발일모이리천하)'는 내 몸에 난 털 한 올을 뽑아서 천하를 이롭게 한다는 뜻입니다. 여러분이라면 털 한 올 뽑아서 세상을 이롭게 할 수 있다면 어떻게 하겠어요? 당연히 하겠죠. 그런데 양주는 과감하게 '不爲(불위)', 안 하겠다고 거절합니다.

양주의 이러한 사고는 사람을 공동체(가족, 지역, 국가 등)의 일원으로 생각하던 관행을 정면으로 부정하고 있습니다. 내가 가족이나 국가의 일원인 것은 맞지만 궁극적으로 나와 가족, 나와 국가의 이해관계가 대립할 때 내가 가족이나 국가에 양보해야 할 이유가 없다는 것입니다. 가족과 국가의 목표가 아무리 중요하다고 하더라도 나의 욕망과 목표보다 먼저 고려할 근거가 없다는 말이기도 합니다. 양주의 말이 몇 가지 토막글 형태로만 전해져서 더 깊이 다룰 수는 없지만, 그의 사상은 개인주의로 나아갈 가능성을 충분히 담고 있습니다. 공동체의 권위나 전통의 가치보다 나의 욕망과 권리를 더 높이 여기기 때문이죠.

맹자의 전언에 따르면 양주는 상당히 이상하면서 위험한 사람입니다. 양주는 왜 그런 반응을 보였을까요? 내 몸에 난 털은 나의 일부이지만, 세상은 나의 바깥에 있는 것입니다. 그래서 자신의 몸에 있는 털이 아무리 사소하더라도 세상보다는 중요하다고 생각했습니다. 양주는 자신의 주장을 납득시키기 위해 이런 제안을 합니다. 탁자 위에 지도가 놓여 있어요. 여러분이 칼로 내려치기 전에 그 지도를 잡는다면 그 땅을 준다는 제안을 받았다고 합시다. 실패하면 신체 일부를 잃겠죠. 만약 손가락을 잃을 정도의 위험성이 있다면, 여러분은 고민을 하다가 제안을 받아들일 겁니다. 손 전체를 잃을 정도의 위험성이라면 어떨까요? 한참을 고민하다가 그래도 도전을 해볼 겁니다. 그런데 목을 내놓아야 할 정도의 위험성이라면 어떨까요? 1초도 고민하지 않고 거절할거예요. 이게 무슨 뜻일까요?

원래 나에게 있는 것과 있지 않은 것 중에서 어느 게 더 중요할까요? 우리는 작은 것을 잃고 그보다 더 큰 것을 얻을 수 있다면 그 작은 것을 희생할 수 있다고 생각합니다. 하지만 내 몸은 모든 부분이 생명을 유지하는 데 꼭 필요합니다. 여러분은 손톱 밑에 작은 가시가 박히면 어떻게 해요? 그 가시는 1그램도 안 될 거예요. 그런데도 아프다고 난리를 피우잖아요. 내 몸은 어느 한 군데도 소중하지 않은 부분이 없다는 거예요. 그래서 양주는 털 한 올도 자신의 생명이라고 보는 겁니다. 자신의 생명을 희생하면서까지 천하를 이롭게 하는 일을 하지 않겠다는 겁니다. 자신의 생명이 우선이니까요.

양주의 또 다른 주장은 '輕物重生'입니다. 재산이나 명예 같은 것을 가볍게 여기고 생명을 중시하라는 거예요. 이런 주장이 나중에 노자의 사상으로 이어지는 고리 역할을 합니다. 은둔자들이 왜 '避世'를 했죠? 조정에 있으면 정치적인 사건에 연루되어 감옥에 갈 수도 있고, 그러다 보면 없는 죄도 뒤집어쓰고 사형을 당할 수도 있잖아요. 그런 일이 닥쳐오기 전에 차라리 다른 데로 떠나버리면 사형을 면할 수 있죠. 그래서 '避世'를 했습니다. 양주는 그런 피세지사의 생각을 더 이어받은 사람이고, 노자는 양주의 사상을 이어가는 사람이었습니다.

이들의 계승 관계를 어떻게 알 수 있을까요?

吾所以有大患者, 爲吾有身. 及吾無身, 吾有何患?
오 소 이 유 대 환 자, 위 오 유 신. 급 오 무 신, 오 유 하 환?

故貴以身爲天下, 若可寄天下. 愛以身爲天下, 若可託天下.
고 귀 이 신 위 천 하, 약 가 기 천 하. 애 이 신 위 천 하, 약 가 탁 천 하.

- 《노자》 13장

나에게 커다란 걱정이 계속 생기는 까닭은 나에게 몸이 있기 때문이다. 나에게 몸이 없다면 무슨 걱정이 생기겠는가? 자신의 몸을 천하만큼 소중히 여긴다면 천하를 건넬 수 있고, 자신의 몸을 천하만큼 아낀다면 천하를 맡길 수 있다.

사람들은 보통 천하를 가장 크고 소중하다고 생각합니다. 거기에 모든 이익이 걸려 있기 때문이죠. 그렇지만 노자는 '吾所以有大患者(오소이유대환자)', 내게 큰 고통거리나 문제가 생기는 것은 '爲吾有身(위오유신)', 내 몸이 있기 때문이라고 생각합니다. 만약 자신의 몸이 없다면 아무 문제도 생기지 않는다는 겁니다. 이런 생각의 연장선으로 자기 몸을 천하와 같이 소중하게 여긴다면 그 사람에게 천하를 건넬 수 있고, 자기 몸을 천하를 돌보는 것처럼 할 수 있다면 그 사람에게 천하를 맡길 수 있다는 거예요.

당시 '천하'는 최대 소유이자 모든 권력과 최고의 가치를 가진 상징물입니다. 노자는 천하를 어떻게 보고 있습니까? 양주는 내 털 한 올하고도 안 바꾼다고 했어요. 노자도 '毛'를 '身'으로 바꾸었지만 서로 같은 맥락을 말하고 있습니다. 노자는 역설적으로 이런 사람한테 천하를 맡길 수 있다고 봅니다. 이런 사람이라면 다른 사람의 목숨을 빼앗지 않을 거라는 거죠. 내 몸과 천하를 바꾸지 않을 사람이기 때문에 다른 사람에게도 마찬가지로 대할 것이라고, 천하를 위해 다른 것을 희생하지 않을 것이라고 말합니다. 노자가 양주나 은둔자들과 이어지는 고리가 여기에 있습니다.

장자, 물인(物人)의 모에 공감하다

노자 사상의 기원이 은둔자와 양주에게 있다면, 장자와는 어떻게 이어지는지 살펴보도록 하겠습니다. 도가가 '노장(老莊)'과 거의 동의어로 사용되다 보니 노자와 장자의 관계에 대해 관심이 많습니다. 노자와 장자가 실제로 만난 적이 있을까요? 저는 두 사람이 만난 적이 없다고 추정합니다. 제자백가의 일생이나 활약에 대한 고찰은 사마천의 〈열전〉에 주로 의존하는데, 만남의 이야기가 나오지 않습니다. 다만 《장자》에 노자와 노담(老聃)을 자주 언급하고 있습니다.[3] 아마 장자가 활약할 당시 노자는 이미 선배 학자로서 꽤나 높은 명성을 누리고 있었던 모양입니다.

노자나 장자의 책을 안 읽어본 사람도 '호접몽(胡蝶夢)'이라는 말은 많이 들어보았을 겁니다. 장자가 낮잠을 자다가 꿈을 꾸었습니다. 자신이 호랑나비가 되어 훨훨 날아다니는 아주 선명한 꿈이었죠. 잠에서 깨어난 후 갑자기 이상한 생각이 드는 거예요. 내가 나비 꿈을 꾼 건지, 나비의 꿈속에 내가 있는 건지 의심이 들었습니다. 여러분도 꿈이 너무 생생하면 꿈과 현실의 경계가 불확실할 때가 있지 않습니까?

장자는 어떻게 살아야 되는지 질문합니다.

安時而處順, 哀樂不能入也. 此古之所謂縣解也.
안 시 이 처 순. 애 락 불 능 입 야. 차 고 지 소 위 현 해 야.

而不能自解者, 物有結之. 且夫物不勝天久矣.
이 불 능 자 해 자. 물 유 결 지. 차 부 물 불 승 천 구 의.

- 《장자》〈대종사(大宗師)〉

때에 편안해하고 자연에 순응한다면, 슬픔과 즐거움이 끼어들 수 없다네. 이것이 옛날에 현해, 즉 매인 데에서 풀려나기라고 한 것이네. 그러나 스스로 풀 수 없는 경우는 사물에 얽매여 있기 때문이지. 또 사람(사물)이 천을 이기지 못하는 건 오래된 사실일세.

이것은 《장자》〈대종사〉에 나오는 구절입니다. 노자는 5장에서 '天地不仁, 聖人不仁(천지불인, 성인불인)'이라고 했습니다. 천지와 성인은 사람에게 자비(은총)를 베풀어 애지중지하지 않는다는 겁니다. 노자는 세상을 자비라든가 사랑이라는 시각으로 바라보지 않습니다. 장자도 마찬가지예요. 세상이 우리를 위해 돌아가거나 우리를 위해 비를 내려주거나 나를 위해 뭔가 도와준다고 생각하지 않습니다. 그저 여러 가지 조건이 있고, 그 조건이 맞으면 어떤 일이 일어난다고 보고 있습니다.

'安時(안시)'란 때가 오면 거기에 맞춰 조율하는 것입니다. 예컨대 갓 연애를 시작한 두 사람은 밤 11시가 되어도 헤어지기 싫어요. 시간이 늘어나면 좋겠는데, 그런 일은 결코 일어나지 않죠. 반대로 아주 싫어하는 사람과 마주하고 있어요. 빨리 시간이 흘러서 이 자리를 벗어나고 싶어요. 그래도 시간의 속도를 높일 수는 없습니다. 객관적인 시간은 1초가 지나야 하고, 2초가 지나야 합니다. 한 계절은 그 계절이 끝나야 끝나는 거잖아요.

장자는 자신이 마주한 시간이 빨리 가기를 바라지도 말고 늦게 가기를 바라지도 말라는 겁니다. 그 시간은 그만큼 지나야만 지나가는 것이기 때문이라는 거죠. 바라지 않아야 사태를 편안하게 여기고 순조롭게 처신할 수 있습니다. 또 어떤 상황에 대해 지나치게 슬퍼하거나 즐거워하지 말라고 합니다. 지나친 감정에 휩싸여 있으면 사고를 일으키거나 병을 얻을 수도 있잖아요.

연애에 실패한 친구가 세상이 무너진 것처럼 슬퍼할 때 흔히 이런 말로 위로합니다. "세상에 너에게 어울리는 짝은 아주 많아. 그 사람이 전부는 아니야." 그래도 친구는 그 사람이 아니면 안 된다며 항변하죠. 하지만 한 번 실패했다고 하늘이 무너지는 것처럼 슬퍼할 필요는 없습니다. 기회는 다음에 또 올 수도 있는데, 이번에 놓쳤다고 세상이 끝난 것처럼 낙담해서 식음을 전폐하지 말라는 거예요. 장자는 자신에게 닥친 상황에 대해 감정을 집어넣어 바라보지 말라고 합니다.

장자는 '顯解(현해)'를 강조합니다. '顯解'는 거꾸로 생각하는 것에서 풀려나는 거예요. 장자는 당시 사람들이 물구나무를 선 채로 살아간다고 봤어요. '倒置(도치)'라고도 하죠.[4] 헬스클럽에 가면 물구나무서기를 도와주는 기구가 있습니다. 그 기구를 이용해도 2~3분만 지나면 머리에 피가 몰려 오래 버티지 못합니다. 그런 상황에서 벗어나라는 거예요. 그래서 장자는 사람들이 중요하게 여기는 것을 중요하지 않다고 생각하고, 중요하지 않다고 생각하는 걸 중요하게 여겼습니다. 두 가지를 바꾸어서 생각하는 거예요. 그게 바로 양주의 '輕物重生'이죠.

우리가 거꾸로 된 상황에서 풀려날 수 없는 것은 물질적인 이익이라든지 관계에 얽매어 있기 때문입니다. 그런 것에서 풀려나야만 자유로울 수 있다는 겁니다. 상황이나 사람을 일정한 방향으로 이끌어가려면 '好(호)'와 '惡(오)'가 생깁니다. 좋아하는 쪽과 싫어하는 쪽, 좋아하는 사람과 싫어하는 사람이 나뉩니다. 때로는 싫어하는 사람을 설득해서 좋아하는 쪽으로 바꾸기도 하죠. 이렇게 해서 정치적인 권력이 생깁니다. 권력이 물구나무로 살아가는 삶에 작용하면 더더욱 복잡하게 뒤엉켜버립니다. 그게 올바른 방향이 아닌데도 반드시 그쪽으로 가야 한다고 계몽하니까 뒤엉켜버리는 거예요. 그러니 이제는 풀려나는 삶에 관심을 가져보자는 겁니다.

그렇다면 노자는 어떻게 장자와 이어질까요? 4강에서 살펴보았듯이 노자는 천지와 만물 사이에 인격적·정서적 유대가 없다는 폭탄선언을 했습니다. "천지는 만물을 사랑하지 않는다." 노자는 이 점을 강조하기 위해 추구(芻狗), 즉 볏짚으로 만든 개의 이미지를 빌려왔습니다. 제사를 지낼 때는 액막이용 추구를 신줏단지 모시듯 정성을 다하지만, 제사가 끝나면 길에 내다버려서 사람들이 밟고 다니도록 합니다. 정서적 유대가 있다면 추구를 그렇게 대접할 수 없죠.

이것이 바로 장자의 '哀樂不能入(애락불능입)', 즉 슬픔과 즐거움이 끼어들 틈이 없다는 말과 통한다는 겁니다. 이런 점에서 노자와 장자가 이어집니다. 이렇게 노자는 은둔자와 양자와 이어지고, 다시 장자와 이어지면서 도가(道家) 사상이 만들어졌습니다.

한비자, 군주의 리더십을 찾다

지금까지 은둔자와 양주에서 노자 사상의 기원을 찾았고, 장자가 노자의 사상을 어떻게 이어갔는지 살펴보았습니다. 이제는 제자백가의 막내이자 제자백가의 사상을 종합한 한비자에게는 노자의 사상이 어떻게 읽혔는지 알아보겠습니다. 이어서 위진시대의 천재로 알려진 왕필이 쓴 최초의 《노자》 주석서에 나타난 노자의 특성을 살펴보겠습니다.

한비자는 《노자》에 주석을 달았습니다. 법가 사상가인 한비자가 도가 사상서인 《노자》에 주석을 달다니, 좀 이상해 보이나요? 그만큼 춘추전

그림 19 한비자

국시대의 제자백가는 학파 개념의 그물에 걸려서 고립되어 있지 않았습니다. 필요하다면 누구의 책이든 공부했죠. 오늘날 학문의 칸막이에 갇혀 있는 우리도 학파를 넘나드는 자유로운 비행을 본받을 필요가 있습니다. 반면 오늘날 학문을 할 때는 출처와 인용을 분명히 밝혀야 하지만, 당시에는 그런 관행이 없었기 때문에 따로 밝히지는 않았습니다. 그래도 다른 사상가들의 주장을 자유롭게 읽고 수용하거나 부정하기도 했습니다.

　왕필보다 앞 세대인 한비자가 이미 《노자》에 주석을 달았는데, 왜 왕필이 최초로 주석을 달았다고 말할까요? 왕필은 《노자》 전체에 대해 주석을 달았지만, 한비자는 《노자》의 몇몇 구절에 대해서만 주석을 달았기 때문입니다. 《한비자》의 〈해로(解老)〉가 바로 그 부분입니다. '노자를 풀이하다'라는 뜻이죠. 조금이라도 주석을 단 것을 기준으로 하면 한비자가 처음이지만, 《노자》 전체에 주석을 단 것을 기준으로 하면 왕필이 처음이 됩니다.

한비자는 노자의 사상에 대해 사람을 다스리는 리더십 맥락에서 해석하고 있습니다. 다음은 《노자》 67장에 나오는 '不敢爲天下先(불감위천하선)'에 대한 한비자의 주석입니다.

凡物之有形者易裁也, 易割也. 何以論之?
범 물 지 유 형 자 이 재 야, 이 할 야. 하 이 론 지?

有形則有短長, 有短長則有大小.
유 형 즉 유 단 장, 유 단 장 즉 유 대 소.

……

不敢爲天下先, 則事無不事, 功無不功, 而義必蓋世, 欲無處大官,
불 감 위 천 하 선, 즉 사 무 불 사, 공 무 불 공, 이 의 필 개 세, 욕 무 처 대 관,

其何得乎?
기 하 득 호?

– 《한비자》〈해로〉

사물에 형태가 있으면 다루기 쉽고 쪼개기 쉽다. 왜 그런가? 형태가 있으면 길고 짧음이 있고, 길고 짧음이 있으면 작고 큼이 있다. …… 서둘러 앞장서지 않으면 어떤 일이나 반드시 풀리게 되고 어떤 공도 반드시 이루게 되며 의

논은 반드시 한 세상을 압도하므로, 대관이 되기 싫어도 그렇게 되지 않는다.

한비자는 사물이 꼴을 갖추고 있으면 쉽게 재단할 수 있고 쉽게 분석할 수 있다고 설명합니다. 왜 그럴까요? 형태가 있다는 건 곧 크기가 있는 거잖아요. 그러니 큰 것과 작은 것, 긴 것과 짧은 것으로 구분할 수 있고, 우리는 그것에 대한 많은 정보를 얻을 수 있다는 거죠. 만약 커튼을 쳐놓고 그 뒤에 있는 사람이 누구인지 목소리만으로 알아맞혀야 한다면 어떻겠어요? 쉽지 않죠. 커튼 하나가 있고 없는 것이 큰 차이를 만들어냅니다.

《노자》의 '不敢爲天下先', 즉 천하에 대해 앞서려고 하지 말라는 말을 한비자는 유형(有形)의 통제라는 측면으로 해석한 겁니다. 앞서려고 하지 않으면 '則事無不事, 功無不功(즉사무불사, 공무불공)'할 수 있다는 겁니다. 한비자가 강조하고자 하는 것은 사람을 어떻게 통제하고 관리할 수 있느냐 하는 점입니다. 예컨대 뭔가 해야 할 일이 있어요. 회의를 주재하는 군주나 리더가 이 일을 어떻게 해야 할 것인지 결정을 내려야 해요. 일이 성공하면 리더의 공이 되지만, 실패하면 리더가 책임을 져야 합니다. 그러니 마음이 이랬다저랬다 합니다.

이런 상황에서 한비자는 노자가 말한 '無爲'를 다음처럼 독해합니다. 어떤 결정을 내릴 때 나서서 결정하지 말고 주위 참모들에게 서로 의논하라고 합니다. 참모들이 갑론을박을 벌이다가 한쪽으로 방향이 모아지면 그 주장을 펼친 사람에게 책임지고 실행하도록 시키라는 겁니다. 그래서 그 일이 성공하면 그 공을 리더가 갖는 거예요. 최종적으로 방향을 정한 것이 리더니까요. 만약 실패하면 그 정책을 주장한 사람이 책임을 져요. 시쳇말로 '손도 안 대고 코 푸는 격'이 되는 거예요. 이때 왕의 존재는 책임에서는 벗어나 있지만 모든 사람이 각자의 능력을 발휘할 수 있도록 하는 거예요. 이때 가장 중요한 게 무엇일까요? 리더가 자기의 의중을 들키면 안 된다는 점입니다. 리더가 어느 쪽으로 마음이 기울어진 것이 드러나면 다른 의견이 나오지 않을 테니까요. 한비자는 바로 이런 식으로 무위를 해석하는 거예요.

노자는 원래 무위(無爲)를 유위(有爲)의 극치인 전쟁을 반대하고 사람을 억압하는 걸 금지하자는 측면에서 말했어요. 그런데 한비자는 왕이나 리더가 책임을 지지 않으면서 사람들을 관리할 수 있는 기술로 해석했죠. 한비자가 인용한 《노자》의 원문은 다음과 같습니다.

我有三寶, 持以保之, 一曰慈, 二曰儉, 三曰不敢天下爲先.
아 유 삼 보, 지 이 보 지, 일 왈 자, 이 왈 검, 삼 왈 불 감 천 하 위 선.

慈故能勇, 儉故能廣, 不敢爲天下先, 故能成器長, 今舍慈且勇,
자 고 능 용, 검 고 능 광, 불 감 위 천 하 선, 고 능 성 기 장, 금 사 자 차 용,

舍儉且廣, 舍後且先, 死矣.
사 검 차 광, 사 후 차 선, 사 의.

– 《노자》 67장

나에게 세 가지 보물이 있는데, 잘 지녀서 갈무리한다. 첫째는 자애로움이고, 둘째는 검소함이고, 셋째는 함부로 천하를 위해 나서지 않는 것이다. 자

애롭기 때문에 용감할 수 있고, 검소하기 때문에 넓힐 수 있고, 함부로 천하를 위해 나서지 않기 때문에 큰 그릇(지도자)을 이룰 수 있다. 지금 자애로움을 버린 채 용감해지려 하고, 검소함을 버린 채 넓히려 하고, 뒤로 물러서는 것을 버린 채 앞에 나서려 하면 죽음뿐이다.

노자는 자신에게 세 가지 보물이 있다고 말합니다. 참으로 무슨 보물인지 궁금해집니다. 나아가 자신은 그 보물을 잘 지키기 때문에 자신에게는 아무런 문제가 생기지 않는다는 거예요. 그 세 가지가 바로 자비로움과 검소함, 그리고 '不敢爲天下先'이라고 말합니다. 세상 사람들 앞에 서서 이끌려고 하지 않는다는 뜻이죠. 여기서 '앞에 선다'는 것은 계몽하거나 관리하는 거예요. 어떤 방향을 정해놓고 그 방향으로 사람들을 몰아대는 것을 말하죠. 그러니까 노자는 사람들을 어떤 방향으로 몰아가지 말라고 말하고 있는 겁니다. 원하지 않는 사람까지 그쪽으로 안 가면 큰일이라도 날 것처럼 몰아가는 것을 금지하자는 거잖아요.

그런데 《한비자》에서는 왕이나 리더는 자신의 생각을 절대 드러내지 않아야 한다는 식으로 말하고 있어요. 그렇게 되면 모든 책임이 자신에게 돌아오게 될 테니, 절대 자신의 의중을 누설하지 말라는 거예요. 한비자는 이러한 방식으로 《노자》를 읽었습니다. 사람을 어떻게 배치하고 관리해서 그 사람의 능력을 최대한 쓸 수 있을까에 대해 《노자》에서 답을 찾고자 했습니다.

왕필, 환원주의로 《노자》를 읽다

왕필은 장자나 한비자와 다른 방식으로 《노자》를 해석했습니다.[5] 왕필은 모든 것이 하루아침에 바뀌는 후한 이후의 격변기를 살면서 변하지 않은 것에 관심을 두었습니다. 어제까지 잘나가던 인물이 오늘 형장의 이슬로 사라지고, 오늘까지 시장에서 어슬렁거리던 왈패가 다음 날 왕의 호위무사로 나오는 드라마처럼 인간의 운명이 참으로 불안했습니다. 그래서 '불변'에 대한 관심은 왕필만이 아니라 위진시대 사상가들의 공통된 현상이며, 이 현상은 송나라 신유학의 태동에도 커다란 영향을 끼쳤습니다. 이를 위진시대의 형이상학적 근원에 대한 관심의 제고라고 할 수 있습니다. 이것은 분명 노자와 공자의 시대와는 상당히 다른 상황이었습니다. 다만 공자의 《논어》보다 노자의 《노사》가 그 핀심을 키워갈 수 있는 좋은 사고의 자양분을 제공했습니다. 그 결과 《노자》는 《장자》, 《주역》과 함께 심오한 학문이라는 뜻의 '삼현학(三玄學)'으로 불릴 정도로 그 시대에 가장 주목받는 책이었습니다.

우리도 보통 사춘기 때 자신의 출생과 세상의 기원에 대해 관심을 가지기 시작합니다. 예컨대 자신이 어떻게 태어났는지 묻죠. 자신을 낳은 부모님과 그 부모님을 낳은 조부모님으로 생각이 거슬러 올라가다 보면 최초의 인류에 대한 질문까지 이릅니다. 그 모든 것이 태어나게 된 근원을 찾으려는 거죠. 이런 질문은 환원주의(reductionism)의 특성을 보여줍니다. 세상의 다양한 사물과 현상을 감각을 초월한 최초의 원인

그림 20 왕필

하나에 연결시켜서 설명하려는 것을 환원주의라고 합니다. 이러한 사
유가 싹트기 시작하는 게 위진시대 무렵입니다.

　환원주의의 영향을 받은 왕필도 그 시선에 따라 《노자》를 해석합니
다. 왕필이 쓴 《노자지략(老子指略)》의 일부를 살펴보겠습니다.

老子之書, 其幾乎可一言而蔽之. 噫! 崇本息末而已矣.
노자지서, 기기호가일언이폐지. 희! 숭본식말이이의.

觀其所由, 尋其所歸, 言不遠宗, 事不失主. 文雖五千, 貫之者一.
관기소유, 심기소귀, 언불원종, 사불실주. 문수오천, 관지자일.

-《노자지략》

《노자》를 한마디로 요약할 수 있다. 아! 본(本)을 높이고 말(末)을 그치게 하는 것일 뿐이다. 만물이 말미암아 생겨난 길을 살피고 최종으로 돌아가는 길을 들여다보니, 주고받는 말은 마루 종(宗) 자에서 멀지 않고 하는 일은 주인 주(主) 자를 벗어나지 않는다. 글자가 오천 자나 된다고 하더라도 그 글자를 꿰뚫는 것은 하나이다.

대단하죠? 5천 자의 책을 한 글자, 한 단어, 한 개념으로 포괄한다면 뭐라고 할 수 있겠느냐는 큰 질문을 던지고 있어요. 그러면서 '崇本息末而已矣(숭본식말이이의)'라고 합니다. 가장 근원적인 것을 중시하고, 그 이후에 전개된 말단에 대해서는 가볍게 여기라는 말입니다. 왕필은 노자 사상의 핵심을 '崇本息末(숭본식말)'로 보는 거예요. 그러면서 덧붙입니다. '文雖五千, 貫之者一(문수오천, 관지자일)', 《노자》라는 책이 비록 5천 자로 되어 있지만, 그 책을 관통하고 있는 근본적인 내용은 이 하나라는 겁니다. 그 '崇本息末'을 노자의 개념으로 표현하면 '道'입니다. 모든 것을 '道' 하나에 관련지어서 설명하죠.

이처럼 철학에서는 세계(자연, 우주)를 전체적으로 장악하는 능력을 중시합니다. 사랑하는 연인이 주고받는 수만 마디의 말은 결국 '사랑' 두 글자로 압축되지 않겠습니까? 멀리 외국에 나가 있는 자식을 염려하는 부모님이 듣고 싶은 말은 결국 '안부(安否)' 두 글자로 요약되지 않겠습니까? 왕필은 자세하게 설명하는 만큼이나 많은 말을 한두 마디로 요약하는 사고를 강조하고 있습니다. 서울에서는 강의 넓이가 1천 미터에 달하는 한강도 결국 강원도 태백시 창죽동에 있는 분출수로, 대덕산과 함백산 사이에 있는 금대봉(해발 1,418미터) 자락의 검룡소(劍龍沼)에 솟아나는 물방울에서 시작되었습니다. 왕필은 한강을 볼 때 서울 지역의 풍부한 수량에만 주목하지 않고 그것이 어디에서 시작했을지 질문을 던진 셈이죠.

이것은 거나하게 취해서 기분이 좋아진 아버지의 넋두리와 비슷합니다. 넋두리의 시작은 자신의 어린 시절이죠. 모든 이야기가 "그때는 그랬는데, 지금은 이렇다"라는 식으로 진행됩니다. 내가 볼 때는 과거의 그 일과 지금의 이 일과는 아무런 상관이 없는데, 아버지의 넋두리는 꼭 그곳에서 시작되죠. 특히 나를 야단칠 때는 "나는 그때 안 그랬는데, 너는 지금 왜 그러냐?"는 식의 이야기를 되풀이합니다. 아버지의 넋두리, 부모와 자식의 관계를 설명하는 출발점이 있어요.

왕필도 술 취한 아버지의 넋두리처럼 눈에 보이는 사물과 현상에 만족하지 않고 늘 그 근원을 찾아가려고 했습니다.《노자》를 풀이하는 출발점을 '崇本息末'이나 '道'로 설정해놓았죠. 모든 이야기가 '道'에서 시작해서 '道'로 끝나고, 현상에 대한 본질의 우선권을 '崇本息末'로 표현한 것이죠. 과연 왕필의 해석에 걸맞은 내용이《노자》에 있을까요? 왕필은《노자》40장에 대한 주석에서 자신의 견해를 주장합니다.

> 天下之物, 皆以有爲生, 有之所始, 以無爲本.
> 천하지물, 개이유위생, 유지소시, 이무위본.

-《노자》40장 주석

천지의 모든 개별자는 유에서 생기고 유는 무에서 생긴다.

夫物之所以生, 功之所以成, 必生乎無形, 由乎無名.
부 물지소이생, 공지소이성, 필생호무형, 유호무명.

無形無名者, 萬物之宗也.
무 형무명자, 만물지종야.

- 《노자지략》

사물이 생겨나는 까닭과 공적이 이루어지는 까닭은 반드시 무형에서 생겨나
고 무명에서 비롯된다. 형체 없고 이름 없는 것들은 만물의 마루이다.

왕필은 《노자》 40장에 대해 이렇게 주석을 달았습니다. 천하의 모든
사물은 가지 수로 따지면 이루 헤아릴 수 없을 정도로 많습니나. 하시
만 그러한 만물은 결국 특정한 형체와 특성을 가진 '有'를 바탕으로 해
서 생겨나고, 그 '有'가 생겨나는 근본은 '無'라는 겁니다. 결국 '道'나
'無'로써 모든 것을 설명하려고 합니다. 도나 무는 몇 단계를 거치지만
만물이 생겨나는 근원이 되는 거죠.

《노자지략》도 마찬가지입니다. 모든 사물이 생겨나는 바탕은 '無形
(무형)'이라는 겁니다. 왕필은 세계를 설명할 때 '道, 無, 無形, 無名'을
최초의 출발점으로 삼고, 거기에서부터 하나하나 차곡차곡 끌어내려고
하고 있습니다. 집을 지을 때 주춧돌부터 시작합니다. 거기서부터 시작
했다고 해서 그 의미를 강조한 거죠. 그것이 없으면 집이 무너질 거라

고 생각하는데, 그게 바로 왕필의 사고예요. 왕필은 이 주춧돌에서 집이 시작되었기 때문에 주춧돌이 없으면 집이 무너진다고 말하는 거죠. 물론 왕필의 반대파는 그가 주춧돌의 의미를 지나치게 강조하여 이 주춧돌에서 모든 집이 생겨났다고 과장한다고 비판하겠죠. 사실 주춧돌도 집의 일부일 뿐이거든요.

夫衆不能治衆, 治衆者, 至寡也. 夫動不能制動, 制天下之動者,
부 중 불 능 치 중. 치 중 자. 지 과 야. 부 동 불 능 제 동, 제 천 하 지 동 자,

貞夫一者也.
정 부 일 자 야.

......

物無妄然, 必由其理. 統之有宗, 會之有元. 故繫而不亂, 衆而不惑.
물 무 망 연. 필 유 기 리. 통 지 유 종. 회 지 유 원. 고 계 이 불 란. 중 이 불 혹.

......

夫少者, 多之所貴也. 寡者, 衆之所宗也.
부 소 자. 다 지 소 귀 야. 과 자. 중 지 소 종 야.

- 《주역약례(周易略例)》〈명단(明彖)〉

많은 것(多)은 많은 것을 다스릴 수 없다. 많은 것을 다스리는 것은 가장 적은 것(一)이다. 움직이는 것은 움직이는 것을 제어할 수 없다. 세상의 움직이는 것을 제어하는 것은 하나에 의해 통솔된다. …… 사물은 제멋대로 움직일 수 없고 반드시 그 나름의 이치에 따른다. 통솔하는 데에 마루가 있고 모

이는 데에 근원이 있다. 많은 것이 마루와 근원에 묶여서 어지럽지 않고 많더라도 헷갈리지 않는다. …… 적은 것은 많은 것이 소중히 여기는 근원이고 적어지는 것은 많아지는 것이 으뜸으로 여기는 근원이다.

왕필 이전에는 많음이 현상의 다양성과 풍요성을 나타냈습니다. 많음을 아름다움[美]과 착함[善]으로 보는 진한 제국의 경우 '衆(중)'과 '多(다)'는 가치의 우위를 차지했죠.[6] 하지만 왕필은 '衆'과 '多'가 풍요의 상징이라고 하더라도 서로 경쟁하고 갈등하는 상황에서 우열을 정할 기준이 없다고 봅니다. 손자는 일찍이 군사 분야에서 병사의 '衆'이 무조건 좋은 상황이 아니라 '寡(과)'의 통제를 받을 때 전력을 극대화할 수 있다고 보았습니다.[7] 왕필은 《주역》과 《손자》의 사고를 받아들여서 현실 세계의 다자를 형이상학적 근원의 일자에 귀속시키는 환원주의에 의해 세계의 질서를 수립하고자 했던 것입니다.

사실 이러한 형이상학의 근원은 3강에서 살펴본 이항 대립의 사고와 다릅니다. 모든 것을 하나의 근원으로 환원하게 되면 그 사고는 이항 중 대립항의 존재를 인정하지 않고 하나의 절대만 긍정합니다. 예컨대 '高(고)'와 '低(저)'는 높이로, '廣(광)'과 '狹(협)'은 넓이로, 대와 소는 크기로 환원되어 하위의 특성으로 나뉘게 되죠. 반면 고와 저, 그리고 대와 소의 이항 대립은 이항 중 하나의 항이 다른 항에 대해 우위를 갖는다는 일방성을 나타냅니다. 노자는 세계를 이항 분류로 보는 틀을 수용하지만 유위의 이항 대립이 부분적일 뿐이고 원래 무위의 이항 의존과 발전이 주도적이라고 보았습니다. 형이상학적 근원을 설정하면 현상은 근원의 동일성에 얼마나 참여하느냐 아니면 동일성을 얼마나 닮느냐에 따라 가치 우열이 생겨납니다. 왕필은 노자가 세계의 본래 모습으로 보았던 이항관계를 형이상학적 근원(일자)으로 환원하는 도식으로 수정했던 것입니다. 신유학은 왕필의 '無'나 '道'를 '理'나 '太極'으로 바꾸어 인류 가치의 우열을 분류하고자 했습니다.[8]

하나로 규정되지 않는 《노자》

그렇다면 왕필의 환원주의는 《노자》 40장의 '天下萬物生於有, 有生於無(천하만물생어유, 유생어무)'를 충실하게 해석한 것일까요? 언뜻 보면 왕필의 해석도 타당해 보입니다. 그런데 8강에서 《노자》 1장의 '道可道, 非常道(도가도, 비상도)'를 설명할 때 '道'는 구체적인 것 하나만 관련을 맺는 것이 아니라 모든 것과 관련을 맺는다고 했습니다. 마찬가지로 '無'는 어떤 것이 없는 상태가 아니라 한정되지 않은 것을 가리킵니다. '無'는 특정한 것, 즉 '有'에 대비되는 특징을 가진 어떤 것입니다. 특정한 것으로 한정할 수 없는 것, 확정되지 않는 것, 정해지지 않는 것, 한정되지 않는 것을 나타냅니다. 단지 한정되지 않는 것에만 초점이 있지 않고, 한정되지 않으므로 모든 것과 관계를 맺을 수 있다는 점에 초점이 있습니다.

왕필은 《노자》에 최초로 제대로 주석을 달았을 뿐만 아니라 위진시대의 사상계에서 노자를 부활시킨 인물입니다. 그런데 그의 해석이 노자의 원의를 드러낸 것이라기보다는 자기 해석이라면 우리는 왕필의 작업을 어떻게 바라봐야 할까요? 이 문제는 '노자의 사상＝왕필의 사상'으로 알려져 있는 만큼 한 번 짚고 넘어가지 않을 수 없습니다.

중국에서 《노자》의 이본(異本)이 다양하게 발굴된 사정을 2강에서 설명했죠?(이 책 67쪽 참조) 그 이본들을 비교해보니, 이 판본에는 있는 내용이 저 판본에는 없고, 저 판본에는 있는 내용이 이 판본에는 없기도 해요. 그러니 왕필이 읽었던 《노자》도 그런 이본들 중 하나일 겁니다. 《노자》의 이본들이 발견되기 전까지는 왕필이 노자의 사상을 가장 잘 대변하는 사람이라는 게 통설이었습니다만, 그 이후부터는 반드시 왕필 식으로만 해석될 수 있는지 회의가 일기 시작했습니다. 그뿐만이 아니죠. 《노자》에 대한 다른 해석들도 많습니다.

노자가 강조했던 것이 '無'입니다. '無'는 어느 것 하나로 규정하지 말라는 것입니다. 예를 들어 여러분이 어떤 사람을 미워하고 있는데, 그 사람이 여러분에게 예쁜 짓을 해요. 맛있는 걸 사주기도 하고. 그러면 쟤가 나한테 뭔가 바라는 것이 있어서 그러는 거라고 생각하죠. 이미 밉다는 생각에 갇혀 있기 때문에 상대방이 자신을 좋아할 수도 있다는 새로운 생각이 들어오지 못하는 거예요. 노자는 그렇게 한 가지로 규정하지 말라는 겁니다.

또한 노자는 사람에 대해 한정하지 말라고 주장합니다. 사람은 누구나 무한한 가능성을 가지고 있으니, 특정한 목적에 가두어두지 말라는 거예요. 여러분도 자신에게서 새로운 재주를 발견할 때가 있지 않나요? 친구들과 함께 노래를 부르러 갔다가, 이전까지는 몰랐던 가수의 소질이 발휘되기도 하잖아요. 그런데 자신이 노래를 못한다고 생각해서 그 자리에서 노래를 안 불렀다면 자신에게 그런 소질이 있는지도 몰랐을 거예요. 그렇게 가두어두지 말라는 거예요.

왕필의 해석도 마찬가지입니다. 왕필의 해석이 노자와 충돌하는 지점이 있기는 합니다만, 왕필의 시선으로 해석할 만한 구절이 있는 것 또한 사실입니다. 그러니 왕필의 해석을 한쪽으로만 볼 게 아니라 다양한 가능성을 열어두고 살펴보는 것이 좋겠습니다.

프로이트 심리학에서 즐겨 쓰는 은유로 빙산이 있습니다. 우리 눈에 보이는 바다 위의 빙산은 전체의 작은 부분에 지나지 않아서 '빙산의 일각'이라고 말하지 않습니까? 이처럼 드러나는 의식보다 드러나지 않는 무의식이 사람에게 더 큰 영향을 미친다고 말하죠. 노자가 말하려는 것도 이와 비슷합니다. '無'는 보이는 것을 가리키는 게 아니라 보이지 않는 것까지 포함하여 확정할 수 없는 어떤 것을 말합니다. '無'는 특정한 것에 대한 이름이 아닙니다. 이렇게 본다면 왕필이 형이상학적 일자로 《노자》를 해석했지만, 그것은 《노자》의 원래 뜻이라기보다는 왕필 자신의 해석이라고 할 수 있습니다. 즉 왕필은 《노자》를 바탕으로 자신의 사상을 전개한 셈이죠.

지금까지 살펴본 것처럼 《노자》라는 책은 하나입니다만, 그 책을 바라보는 사람들은 각자 자신의 관점에 따라 해석했습니다. 한비자와 왕필도 각각 자기 시대에 등장했던 의제를 중심으로 《노자》를 해석한 것입니다.

정리를 해보겠습니다. 이번 강의에서는 노자의 사상이 어디에 기원을 두고 있고 어떻게 왕필까지 이어지는지 살펴보았습니다. 양주는 공동체보다 개인을 중시한 인물입니다. 그 때문에 이기주의자라는 비판을 듣기도 했습니다만, 양주의 사상이 어떤 의의를 가지고 있는지 반드시 확인할 필요가 있습니다. 우리는 보통 목표를 위해 희생하라는 말을 많이 듣는데, 양주는 그런 흐름에 맞서 개인의 생명이 중요함을 강조한 사람입니다. 그는 은둔자 집단의 사고를 발전시킨 것이죠.

장자는 변화의 흐름에 순응해야지, 저항하거나 특정한 방향으로 억지로 끌어가려고 해서는 안 된다고 말합니다. 억지로 뭔가를 하려다 보면 좋아하는 것과 싫어하는 것으로 인해 권력 관계가 발생하므로 그런 관계에서 풀려나자는 겁니다. 장자는 현해(顯解)를 요구합니다. 장자는 이런 사고의 흐름을 《노자》에서 읽어냈습니다.

한비자는 세상의 중심에 서서 나른 시김을 통게하고 이끌어가는 측면에서 《노자》를 해석하고 있습니다. 마지막으로 왕필은 모든 것이 '道'가 없으면 의미가 없고, '道'와 관계를 맺으면서 의미를 갖는다는 환원주의적인 사고를 가졌습니다.

《노자》는 여러 가지 특성을 가지고 있기 때문에 한비자 식으로 해석될 수도 있고, 장자 식으로 해석될 수도 있고, 왕필 식으로 해석될 수도 있고, 또 다른 방식으로 해석될 수도 있습니다. 양생(養生)의 방식으로 해석하는 사람도 있고, 군사(軍事)의 방식으로 해석하는 사람도 있죠. 또는 《노자》라는 책을 '無'라고 말할 수도 있습니다. 특정한 사상을 담은 책으로만 한정할 수 없는 다양한 가능성을 가지고 있기 때문입니다.

三敎

《노자》와 동아시아 문명

드디어 마지막 강의에 이르렀습니다. 지금까지 노자를 춘추전국시대에 가둬놓고 살펴봤다면, 이번에는 중국을 벗어나 동아시아로 무대를 넓히고, 시대도 고대를 뛰어넘어 현대까지 확장해보겠습니다. 간혹 중국 학자를 만나면 공자와 노자의 사상을 중국의 전통문화로 강조하는 경향이 강하게 드러납니다. 기원이 중국 대륙이라고 하더라도 그 발전은 지역을 초월하여 공동으로 일구어낸 성과라고 할 수 있습니다. 이처럼 넓은 지평에서 노자가 남긴 자취를 살펴봄으로써 노자가 어떤 사상가였는지를 훑어보겠습니다.

세계의 문화를 분류할 때 보통 동아시아를 한자 문화권 또는 유교 문화권으로 분류합니다. 전근대에 유교가 사회적으로 작용했던 영향력을 고려한다면 이의가 있을 수 없는 주장일 겁니다. 하지만 유교는 인간의 세속적 욕망과 행복을 사욕(私欲)으로 여기며 적극적으로 만족의 길을 이야기하지 않고, 신이 없는 상태에서 인간이 스스로 자신을 주재하기 위해 학습과 수양을 해야 하는 상당히 고된 길을 제시합니다. 물론 유학자들은 이 고된 길이 인간다운 길이라며 기꺼이 걸어가고자 합니다. 문제는 이러한 길이 과연 대중성을 확보할 수 있느냐 하는 점입니다. 사람은 과거에 합격하여 개인과 가문의 영광을 드날리고 싶고, 돈을 많이 벌어 실컷 먹고 마음껏 멋을 부리고자 합니다. 함께 일할 때 자신은 적게 일하려 하고, 줄을 설 때 빨리 가려고 새치기를 하곤 합니다. 이를 사욕이라며 절제하라고 끊임없이 요구할 수 있을까요?

보통 한나라 때 유교가 국교의 지위를 얻었다고 말하지만, 저는 명나라 이후에라야 유교가 전 계층의 생활로 침투했다고 생각합니다. 그 이전에는 학자-관료와 정부의 영역을 규율하는 도덕정치의 체계였죠. 대신 민간 영역에는 도교가 불교와 함께 커다란 영향력을 끼치고 있었습니다. 따라서 누가 "중국을 유교의 나라라고 하는데, 중국에는 도교의 영향이 얼마나 있었나요?"라고 묻는다면 일종의 편향된 교육의 결과라고 할 수 있습니다. 중국 역사를 설명할 때 유교의 가치를 아주 강조하고 도교의 영향력을 적게 기술한 교과서로 배워서 그런 선입견을 갖게 된 것입니다.

중국에서는 유교가 큰 영향력을 발휘하지 못하던 때도 있었고, 도교가 일상생활에 스며들어 생활화된 적도 있었습니다. 그뿐만 아니라 노자나 장자가 신적인 존재로 여겨지기도 하죠. 중국에는 이런 말이 있습니다. "관직에 있을 때는 유자가 되고, 은퇴한 뒤에는 도사가 된다." 자신의 삶에서 뭔가를 이루려는 적극적인 의지가 있을 때는 유가의 성향을 보이지만, 그린 길에서 한 발짝 물러나면 도가의 측면을 드러냈다는 거죠. 중국에 가서 도관(道觀)을 찾아가 보면 그런 측면을 실감할 수 있습니다. 여러분이 중국의 도시를 찾을 기회가 있을 때 도관을 방문해서 참배를 해보세요. 얼마나 많은 사람이 각자의 욕망과 소원을 진지하게 빌고 있는지 확실히 느낄 수 있을 겁니다.

공자의 실패와 유교의 부활

여러분은 중국 하면 어떤 종교 또는 사상, 이념이 전통시대에 주류적인 역할을 했었으리라고 생각하나요? 많은 사람이 당연히 유교라고 생각하실 거예요. 지금까지 우리가 살펴본 도가 또는 도교는 책에만 존재하고, 현실에서는 과연 아무런 영향력이 없었던 것이냐는 질문이 제기되겠죠. 그래서 이번 강의에서는 과연 중국에서 유교라는 교의가 다른 어떤 교의보다도 지배적인 위치를 차지하면서 도교가 설 자리는 없었던 것인지, 아니면 거꾸로 도교가 유교보다 더 득세했던 것인지 살펴보도록 하겠습니다.

공자는 동아시아 문명의 기틀을 다진 사람으로 여겨지기도 하고 유학을 창시한 사람이라고도 알려져 있습니다. 공자는 50대 후반에 정치적인 기회를 잡아서 자신의 이상을 펼치기 위해 조국을 떠나서 다른 나라를 15년 동안 떠돌았지만, 모두 실패했어요. 훗날에는 성인(聖人)이라는 평가까지 받았지만, 고위 공직자가 아니라 일반 시민으로 생을 마감했습니다. 당시에는 다들 부국강병에 관심을 가지고 있는 터라 사랑과 정의를 배양한 고상한 덕목을 외치는 공자의 목소리를 들으려는 정치 지도자들이 많지 않았습니다. 공자가 말하는 사상을 받아들여서 정치에 적용해봐야겠다고 요청하거나 꿈을 꾼 제후(諸侯)들도 없었죠. 물론 3천여 명의 제자를 길러냈다고 하지만 특정 시대를 살았던 인물로서 공자는 성공보다 실패의 삶을 살았다고 할 수 있습니다. 이러한 상황이 지속된다면 당시 공자의 명성이 아무리 대단하다고 하더라도 역사적으로 '잊힌 존재'가 될 뻔했습니다.

그렇다면 여러분은 새로운 의문이 들겠죠. 당사자가 살았을 때는 실패했는데 왜 중국 역사에서 위인으로 여겨지고, 중국 하면 유교를 연상하고, 중국을 유교의 나라라고 생각하는지 질문을 던질 만합니다. 처음에는 간단한 것 같았는데, 이야기를 하다 보니 유교와 도교가 중국에서 차지했던 위상이 그렇게 간단하지 않고, 도깨비 방망이 같다는 생각이 들겠죠.

애초에 별 볼 일 없던 유교가 유방이 한 제국을 세우면서 그 이전과는 다른 위상을 가지게 됩니다. 한나라 앞에 어떤 제국이 있었죠? 진 제국이 있었습니다. 진 제국이 망하고 난 뒤에 한 제국의 조정에서 여러 가지 회의를 하며 뜨거운 논쟁이 펼쳐졌습니다. 이때 핵심 주제가 '과진론(過秦論)'입니다. 이것을 번역하면 "진 제국이 무엇을 잘못했는가?" "진 제국이 왜 일찍 망했을까?"라고 할 수 있습니다. 기세등등하게 등장한 진 제국이 왜 그렇게 망할 수밖에 없었을까? 이러한 질문에 대한 담론이 과진론입니다. 우리도 대통령 선거를 실시하면 후보자들이 선 성권의 실정과 부패를 공격하고 자신이 집권하면 과감한 개혁을 실시하겠다고 공언합니다. 공언이 진실하려면 먼저 전 정권의 공과를 객관적으로 평가하겠죠. 그 작업도 한 제국 초기에 실시했던 과진론과 다를 바가 없습니다.

그런데 한 제국을 세운 유방이 처음부터 유교에 관심을 가진 것은 아닙니다. 그 사실을 증명하는 상징적인 사건이 있었죠. 그는 유자(儒者)를 만나면 그의 관을 빼앗아 짓밟아버리고 거기에다가 오줌을 누는 일종의 모독 행위를 했습니다. 그러다가 이런 입장을 바꾸게 됩니다. 그 계기가 바로 육가(陸賈)의 설득입니다. 육가가 다음처럼 말했습니다.

可以馬上得天下, 不可以馬上治天下.
가 이 마 상 득 천 하, 불 가 이 마 상 치 천 하.

-《사기》〈역생육가열전(酈生陸賈列傳)〉

말 위에서 천하를 얻을 수는 있으나, 말 위에서 천하를 다스릴 수는 없다.

유방은 내가 말 위에서 천하를 얻었고, 내가 이미 천하를 얻었으면 그만이지 다른 게 필요하냐고 반문했습니다. 육가가 말하는 유교의 가르침이 현실에 필요하지 않다는 말이죠. 그러자 육가가 멋지게 응수한 것이 위의 내용입니다. 말 위에서 천하를 얻을 수는 있지만, 말 위에서 천하를 다스릴 수는 없다는 거죠. 이 말에 유방은 등줄기가 서늘했을 거예요. 자신도 잊고 있던 점을 의식하게 된 거죠. 유방은 늘 어떻게 전쟁에서 이길까를 생각해왔지만 이 제국을 어떻게 다스릴지는 깊이 고민하지 않았던 거죠.

육가의 말을 들은 유방은 대꾸할 말이 선뜻 생각나지 않았습니다. 그후에 자신의 생각을 완전히 바꿉니다. 지도자는 자신이 똑똑하기도 해야 하지만 자신이 놓치고 있는 걸 옆에서 알려주면 받아들일 줄 아는 도량을 가지고 있어야 합니다. 그러지 않고 제 고집만 피우면 작은 실수로 그칠 일을 재앙으로 키울 수 있기 때문이죠. 그 뒤로 유방은 유교에 대해 호의적인 태도를 보였고, 그런 흐름이 한 무제에서 큰 변화를 낳게 됩니다. 이렇게 유교는 권력을 쟁투하는 과정에서 크게 기여한 바는 없지만 '건국(建國)' 이후 '치국(治國)'에 기여하면서 변방에서 중앙으로 등장하게 된 것입니다.

중국은 유교의 나라였는가

무제(武帝)가 즉위하기 전만 해도 한 제국은 북쪽의 흉노족에 비해 군사적으로 열세에 놓여 있었기 때문에 수세적인 전략을 취했습니다. 한 고조 유방은 흉노족을 공격하다 포로로 잡혀 배상금을 지불하고 풀려나는 치욕을 겪을 정도였죠. 이 때문에 유방을 이은 문제(文帝)와 경제(景帝)까지 한 제국은 왕이 전면에 나서서 국정을 지휘하거나 의욕적인 정책을 추진하지 않았습니다. 진 제국의 붕괴 이후 오랜 전쟁에 지친 백성에게 휴식할 수 있는 시간을 주고 경제적으로 자립할 수 있도록 방임의 정책을 펼쳤습니다. 이때 유교보다는 황로학(黃老學)이 궁정과 학자-관료의 지지를 받았죠. 이 황로학이 노자의 사상을 발전시킨 형태인지 군주의 리더십으로 축소시켰는지 논란이 있습니다.[1]

당시 황로학의 위상과 관련해서 흥미로운 사건이 일어나기도 했습니다. 경제의 어머니이자 무제의 할머니 두태후(竇太后)는 정국에 커다란 영향력을 행사하고 있었습니다. 두태후는 황로학에 심취하여 유교에 호의적이지 않았던 터라 《노자》를 높이 평가했죠. 두태후는 당시 《시경》 박사 원고생(轅固生)을 불러 《노자》에 대한 평가를 요청했습니다. 원고생은 "이것은 하인들이나 읽는 책입니다."라고 답변했습니다. 두태후는 몹시 화가 나서 원고생을 돼지우리에 들어가 돼지를 찌르게 했습니다.[2] 아마 원고생에게 창피를 주려고 내린 처벌이었겠죠. 하지만 황로학의 운명도 후원자 두태후가 사망하고 무제가 친정을 하면서 달라집니다.

무제에 이르러 경제적인 축적을 바탕으로 대외적으로는 흉노족의 내지까지 깊이 들어가 전쟁을 하는 팽창주의의 정책을 펼치고, 대내적으로는 계몽주의 정책을 많이 펼치게 됩니다. 구체적으로 말하면 학교를 세운다든지 삼로(三老)와 오경(五更) 같은 다양한 제도를 세웁니다. 사람들에게 이러한 방향대로 살아가라고 제시하는 정책을 펼치게 된 것이죠. 이때 동중서(董仲舒)가 등장해서 '罷黜百家, 獨尊儒術(파출백가, 독존유술)'의 정책을 실시하자고 요구합니다. '百家(백가)'는 제자백가를 줄인 말입니다. 제자백가를 전부 내쫓고 오직 유교만 존중하라는 겁니다. 공자와 맹자가 살아 있을 때는 유교가 찬밥 신세였다면, 한 제국의 등장을 계기로 현실에서 존중을 받고 정책을 펼치는 근거 또는 이론이 되었습니다.[3]

한 제국과 유교의 결합 양상이 오늘날까지 어떻게 이어지고 있느냐 하는 점을 살펴볼 필요가 있습니다. 한 제국과 유교의 결합이 성사된 이후 유교의 사회적 지위는 시대에 따라 상대적인 부침을 거듭하기는 했으나 완전히 무시된 적은 없습니다. 후한에 이르러 인도에서 불교가 들어오자 사람들은 현실 정치에 실망을 한 만큼 인과응보와 사후 세계를 설파하는 불교에 많은 관심을 갖게 되었습니다.[4] 이전에 장자 등이 사후 세계가 있다며 새로운 내세에 대해 말했습니다만, 불교만큼 분명하고 확실하지는 않았습니다. 불교는 "사람이 죽고 난 이후가 어떻게 되느냐?"라는 물음에 응답할 수 있었습니다. 천당과 지옥, 그리고 윤회설은 나의 삶이 현세에만 한정되는 게 아니고, 삼세(三世)에 걸쳐 이루어진다고 설명하죠. 그래서 특히 현재에 실패한 사람들은 불교의 교리에 아주 매료됩니다.

후한시대에 이르면 도교도 더는 유교의 위력에 짓눌려 있지 않게 됩니다. 도교는 현세의 유한한 삶을 초월하여 영원히 살 수 있는 다양한 가능성을 제시하면서 열세의 상태를 벗어나게 되었습니다. 특히 도교는 당 제국에 이르러 왕조에게서 유교나 불교보다 강력한 지원을 받으며 사회적으로 성행하게 되었습니다. 불교를 믿는 사람들이 모이는 곳을 사찰, 절이라고 말하는데, 도교의 사찰은 도관(道觀)이라고 합니다. 당 제국에 이르러 도관의 숫자가 전국적으로 급격하게 늘어납니다. 후한 이후에서 당 제국 사이에는 오히려 유교가 차지하는 비중이 줄어들고 노교와 불교가 차지하는 비중이 크게 늘어난 거죠.[5]

이러한 상황에서 문장가로 유명한 한유(韓愈)는 유교가 처해 있는 열세를 극복하기 위해 유교 부흥 운동을 일으킵니다. 이러한 흐름이 송나라 때 이르러 결실을 맺죠. 하지만 후한에서 위진남북조까지, 다시 수당에서 오호십육국까지 전쟁과 혼란의 시대를 거치게 됩니다. 당송은 비교적 안정적인 왕조를 유지하지만, 그 사이마다 오랜 전란을 거칩니다. 사회 전체적으로 보면 문(文)과 무(武) 중에 무 쪽으로 힘이 실리게 되죠. 무단주의(武斷主義)의 시대가 된 겁니다. 이런 맥락에서 송나라가 등장하고 난 뒤에 세상을 움직이는 무(武)의 힘을 문(文)의 방향으로 바꾸려는 야심찬 프로젝트를 시행하게 되는데, 그것이 바로 문치주의(文治主義)입니다.

송나라가 등장하면서 무단에서 문치로 세상을 관리하자는 흐름이 대세가 되었습니다. 그 흐름은 다시 유교와 긴밀하게 결합하게 됩니다. 그리하여 유교는 성리학, 신유학, 주자학, 양명학이라는 새로운 이름을 얻게 되죠. 송명(宋明)이 처한 시대의 상황에 따라 공자와 맹자의 학문을 재해석한 거죠. 이 때문에 기존의 이름이 아니라 재해석을 주도한 사람의 이름을 따서 주자학이나 양명학이라고 하거나 그 흐름을 묶어서 도학(道學), 성학(聖學), 성리학(性理學)이라고 합니다. 이를 묶어서 신유학(新儒學)이라 하는 거죠. 이로써 유교의 가치들이 전례가 없을 정도로 강력하게 부활하게 됩니다.

이러한 흐름이 명청(明淸)시대까지 전개되다가 신중국(新中國)이라

불리는 근대의 국가가 등장하면서 유교의 위상이 다시 떨어지기 시작했습니다. 새로운 중국에는 새로운 가치가 필요하다는 논리입니다. 특히 1949년에 중국이 공산화가 되면서 역사와 사상, 문화를 본격적으로 재평가하게 되었는데, 그때 유교든 도교든 불교든 모든 사상이 전근대의 봉건적인 가치를 담고 있다면서 불온한 사상으로 낙인이 찍히고 이들에 대한 연구를 권장하는 분위기가 사라지게 됩니다. 근현대의 중국에 이르러서 유교는 대내외적으로 아주 약세를 면치 못하게 되죠.

그러나 최근에 이르러 G2라는 말처럼 중국이 미국과 더불어 세계 질서를 이끌어가는 중요한 세력으로 등장하면서 상황이 달라지기 시작했습니다. 공자의 사상이 중국에 살고 있는 사람만이 아니라 타이완과 전 세계에 흩어져 있는 화교(華僑)를 묶어줄 수 있는 정체성 또는 구심점으로 주목을 받았습니다. 유교는 근대 국가에서 봉건 가치로 낙인이 찍혀 보잘것없는 사상으로 전락했다가 다시 예전과 같은 영광을 찾고 활개를 치는 상황에 이르렀습니다. 참으로 유교의 기구한 운명입니다.

신이 된 노자와 장자

공자의 시대부터 근현대까지 유교의 사회적 위상이 어떻게 변하는지 살펴보았으니, 지금부터는 《노자》라는 책과 노자라는 인물에 대해 좀 더 자세히 살펴보겠습니다. 《노자》는 그저 책일 뿐이었을까요, 아니면 현실에 커다란 영향력을 끼쳤을까요? 노자는 그저 시대의 문제를 고민하고 그 대안을 제시한 사상가에 지나지 않을까요, 아니면 현실에서 보통 사람들의 욕망과 꿈을 실현시킬 수 있는 신적 존재로 간주되었을까요?《노자》를 철학 책으로 보고 노자를 사상가로 여길 경우 노자가 신으로 추앙되고《노자》가 도교의 성경으로 인식되었다면 다소 당혹해할 수도 있겠습니다.[6)]

　이야기를 시작하기에 앞서 먼저 살펴봐야 할 것이 있습니다. 유교(儒敎)는 유가(儒家)나 유학(儒學)이라는 말로 불리기도 하는데, 본질적인 차이는 없지만 약간 다르게 쓰이기는 합니다. 교(敎)는 종교의 측면, 가(家)는 학파의 측면, 학(學)은 사상의 측면을 가리킵니다. 도교(道敎)를 말할 때도 도가(道家), 도학(道學)이라고 합니다. 도가는 학파를, 도학은 사상을, 도교는 종교에 초점이 있는 거죠. 그러나 이런 구분법은 참조할 필요는 있지만 얽매일 것까지는 없습니다. 이런 구분법이 맞더라도 그것으로 무엇을 설명해낼 수 있는지 생각해볼 필요가 있습니다. 많은 것을 설명해낼 수 없으면 굳이 구분할 필요가 없다는 거죠.

　동아시아에는 유일신 문화가 강하지 않았습니다. 그러니 중국에도 무에서 유를 창조했다는 유일신이 없어요. 물론 동아시아가 기독교를 수용하면서 유일신 신앙을 믿는 사람들이 많이 늘어나긴 했지만, 외래 종교가 들어오기 전에 동아시아에는 유일신 또는 절대신의 사고와 습관, 종교 행위는 없었습니다. 그런 측면에서 동아시아의 종교와 철학은 서로 겹쳐지는 지점이 많은 특성을 가지고 있었습니다. 교집합 영역이 많다는 거죠. 두 가지가 어떻게 다른지 살펴보는 것이 무의미하지는 않지만, 그런 구분이 그다지 많은 것을 설명해주지 못하니까 집착할 필요가 없다는 거죠.

하지만 노자가 보통 사람들이 바라는 욕망을 이루게 하려면 사상가에 머물지 않고 신이 되어야 합니다. 신이 된 노자가 다소 낯설 수는 있지만, 도교의 사원인 도관을 찾거나 도교의 문헌을 보면 노자는 태상노군(太上老君)으로 간주되고 있습니다. 그렇다면 《노자》에 무슨 내용이 있기에 노자가 신격화될 수 있었을까요? 완전히 《노자》의 내용을 날조하고 왜곡한 결과일까요? 아니면 《노자》 안에 신격화의 가능성이 있는 것일까요?

《노자》 안에서 노자를 신격화할 만한 요소가 있는지 찾아보도록 하겠습니다. 먼저 5강에서 설명한 '無爲(무위)'에서 신격화의 가능성을 찾을 수 있습니다. 무위는 의도적 목표를 가지고 사람을 이끌어가지 않지만 모든 일이 술술 풀려간다는 무간섭의 자유를 말하고 있습니다. 이러한 무위가 특정한 존재에 의해서 작동한다면 노자가 무위의 시스템을 운영하는 신처럼 될 수 있습니다.

그 외에도 《노자》에는 신비주의로 볼 만한 내용이 나옵니다.

蓋聞善攝生者, 陸行不遇兕虎, 入軍不被甲兵, 兕無所投其角,
개 문 선 섭 생 자. 육 행 불 우 시 호. 입 군 불 피 갑 병. 시 무 소 투 기 각.

虎無所措其爪, 兵無所容其刃. 夫何故? 以其無死地.
호 무 소 조 기 조. 병 무 소 용 기 인. 부 하 고? 이 기 무 사 지.

– 《노자》 50장

들자니 삶을 잘 돌보는 사람은 육로로 다녀도 외뿔 들소나 호랑이를 만나지 않고, 군대에 들어가도 무기에 다치지 않는다. 외뿔 들소는 뿔을 들이받을 곳이 없고, 호랑이는 발톱을 할퀼 곳이 없고, 병사는 칼날을 찌를 곳이 없다. 왜 그런가? 죽을 곳이 없기 때문이다.

노자는 "섭생(攝生)을 잘한다면"이라고 단서를 달기는 했지만, 이하에 나오는 내용은 사람에게 불가능한 일입니다. 불에 들어가도 타지 않고 물에 빠져도 죽지 않는다니, 오늘날 우리도 그런 일을 어찌 쉽게 믿겠습니까. 그런데《노자》50장에서는 가능하다고 말하고 있습니다. 아마 50장은 섭생을 잘하게 된 사람은 다른 사람을 해치지 않을 뿐만 아니라 다른 사람도 그를 해치지 않을 거라는 말을 비유적으로 표현하고 있는 걸 거예요. 또는 우리가 두려움에 압도되어 결정을 미루지만 실제로 해보면 생각했던 것만큼 어렵지 않고 술술 풀려 나가는 경우가 있습니다. '百尺竿頭進一步(백천간두진일보)'라고나 할까요. 자신에 대한 믿음을 가지고 꿋꿋하게 앞으로 가면 되는데, 두려움에 떨며 주저하다 보니 한 걸음도 떼지 못하는 거죠. '無爲'와 '攝生'을 종합적으로 고려하면 노자는 사람들이 바라는 것을 이루어줄 수 있는 존재로 비상할 수 있을 듯합니다.

노자와 장자의 사상이 널리 알려지면서 사람들은 그들을 신으로 여기게 되었습니다. 그렇다고 세상을 창조한 신은 아니었죠. 우리는 명절이 되면 엄청난 교통 체증을 감수하면서도 고향에 갑니다. 그리고 조상신(祖上神)에게 제사를 지내죠. 그렇다고 조상신한테 자신의 고민을 털

그림 21 신이 된 노자, 태상노군

어놓지는 않습니다. 조상신은 창조주와 달리 나의 고민을 해결해줄 권능이 없으니까요. 조상신은 후손들이 잘못되지 않고 좋은 일이 생길 수 있도록 보호해주는 역할 정도밖에는 안 합니다. 노자와 장자도 마찬가지예요. 후대 사람들에 의해 신의 위치까지 올라가기는 했습니다만, 무에서 유를 창조한 절대신 같은 역할을 하지는 않습니다.

신으로 떠받들어진 노자는 태상노군(太上老君)이라고 불리게 됩니다. 그림 21을 보면 노자가 아주 근엄하고 점잖은 신으로 모셔져 있습

太淸仙境大聖道德天尊　玉淸聖境大羅天始天尊　上淸真境大聖靈寶天尊

그림 22 태청선경대성도덕천존

니다. 도교를 믿는 사찰인 도관에 가면 이런 그림들이 많습니다. 그림 22는 도교에서 말하는 삼청(三淸)입니다. 세계를 규율하는 세 가지 큰 존재죠. 이 그림의 제일 왼쪽이 바로 노자입니다. 태청선경대성도덕천 존(太淸仙境大聖道德天尊)이라고 부릅니다. 이처럼 노자는 세계를 운영 하고 관리하는 권능을 가진 존재로 신격화되고 있습니다.

　장자는 노자와 함께 도가의 대표적인 인물로 알려져 있습니다. 사진 5는 제가 2015년에 장자의 고향에 가서 찍은 것들입니다. 왼쪽 사진에 '莊子故里(장자고리)', 즉 장자의 고향이라고 쓰여 있는 것이 보이시죠? 이 동네를 돌아다니다 보니 오른쪽 위의 사진처럼 벽돌로 지어진 범상 치 않은 작은 건물이 있었습니다. 그 안에는 오른쪽 아래의 사진처럼

사진 5 장자의 고향

'莊子聖像(장자성상)'이라고 쓰인 그림이 걸려 있고, 회색 재가 잔뜩 쌓여 있는 그릇이 있습니다. 그릇에는 가느다란 향이 꽂혀 있습니다. 장자의 초상화를 모셔놓고 소원을 빌기 위해 향을 피우는 겁니다. 향이 타고 남은 재가 쌓인 높이는 잘 살고 싶어도 그럴 수 없는 고뇌의 높이를 나타낸다고 생각하니 마음이 가볍지 않았습니다.

우리는 장자를 철학자나 사상가라고 생각하는데, 정작 장자의 고향에서 그는 기도를 받는 인물이 된 겁니다. 장자에게 내 삶의 어려움을 해결해달라고 기도하는 겁니다. 향을 태워서 재가 그릇에 수북하게 쌓일 만큼 많은 기도를 받았다는 것은 사람의 삶이 그만큼 팍팍하다는 뜻이겠죠.

이처럼 중국에는 유교만 있는 것이 아니라 도교도 적지 않은 영향력을 발휘하고 있고, 중국 사람들에게 노자와 장자는 자신의 어려움을 해결해달라고 기도하는 대상, 즉 신적인 존재로 받아들여지기도 합니다. 노자와 장자는 텍스트 속에 갇힌 인물이 아니라 현실 속에서 활약하는 존재인 것입니다.

유불도를 넘나들다

중국이 유교뿐만 아니라 도교의 영향도 상당히 받았다는 사실과 함께 놓치면 안 되는 것이 있습니다. 동아시아를 대표하는 사상의 자원을 들라고 하면 유불도(儒佛道)라고 말하지 않습니까? 이때 유, 불, 도로 각각 나누어서 바라보려는 측면이 많죠. 하지만 당 제국 이후부터 다른 흐름이 있었어요. 유교든 불교든 도교든 결국 사람을 행복하게 하거나 세상을 평화롭게 만드는 게 목적입니다. 그래서 '殊塗同歸(수도동귀)', 즉 길은 다르지만 종착지는 같다는 흐름이 생긴 겁니다. 그런 흐름을 삼교합일(三敎合一)이라고 하죠.

유교와 불교, 도교의 장점을 취해서 하나로 합치려는 흐름이 당 제국 이후부터 면면히 이어지고 있었습니다. 삼교합일은 동아시아의 역사에서 무시할 수 없는 종교 현상이자 전제였죠. 이러한 사실도 "동아시아는 유교 문화권이다"라고 굳게 믿는 사람에게는 다소 의외로 느껴질 겁니다. 하지만 학자-관료들은 학파의 경계에 갇히지 않고 넘나들었으며, 민간 사회에서도 상황과 필요에 따라 융통성 있게 학파와 종파를 넘나들었습니다.[7] 유교는 사회 참여에, 불교는 죽음과 내세의 안정에, 도교는 세속적 욕망에 답을 주는 것으로 여겨졌던 것입니다.

유교와 불교, 도교는 각각 서로 경쟁하면서 배제하려는 측면이 있습니다. 특정 시대에는 특정 사상이 탄압을 당하기도 했죠. 조선시대의 숭유억불(崇儒抑佛) 정책이 그런 예입니다. 그런데 이때도 불교의 말살에까지 이르지는 않았습니다. 대등하지는 않지만 병존하고 있었던 거죠. 반대로 유교와 불교, 도교는 공통의 지향을 실현하려는 측면도 있습니다. 이런 측면에 많은 영향을 준 것이 사마천입니다.

사마천은 제자백가의 개별적인 특징을 설명한 뒤 묻습니다. "이 사상가들의 공통점은 뭘까?" 그들은 모두 좋은 세상을 만들기 위해서 자신들의 사상을 발전시켰고, 비록 각자 걸어가는 길은 다르지만 목적지는 같다는 겁니다. 사마천은 《주역》의 '殊塗同歸'를 끌어들여서 제자백가의 공통점을 정리합니다. 이런 흐름을 이어받아 유교와 불교, 도교는 서로의 장점을 수용하면서 세상을 구원하는 삼교합일의 특징을 가지게 되었죠.

동아시아 역사에는 이 두 가지 흐름이 나란히 있었습니다. 세 가지 종교 또는 사상은 서로 경쟁하면서 우위를 차지하려고도 했고, 다른 한편으로는 세상을 구원한다는 공통의 지향점을 갖고 서로의 장점을 취

노자의 인생 강의

하려고 하기도 했습니다. 이처럼 포용의 특성을 가지고 있었기 때문에 동아시아에는 종교전쟁과 같은 갈등이 심하게 일어나지 않았죠. 그런데 종교나 학파의 분류에 갇히면 삼교합일의 역사적 사실을 놓치는 중대한 실수를 할 수도 있습니다.

유일신 문화와 삼교합일의 전통은 매우 이질적입니다. 유일신 문화에서는 하나의 교의를 믿다가 다른 교의를 받아들일 수 없어요. 만약 다른 교의를 믿으려면 개종(改宗)의 절차를 거쳐야 합니다. 종교를 아예 바꾸는 것이죠. 반면 동아시아의 삼교합일은 어제 도교를 믿다가 오늘 유교를 믿을 수도 있습니다. 또 젊었을 때는 유자였다가, 좀 나이가 들면 도사였다가, 더 나이 들면 불자가 될 수도 있습니다. 이를 개종이라 부르지 않았습니다. 종교 바꾸기가 일어나면 안 되는 엄청난 사건이 아니었죠.

송명시대에 공자와 맹자의 사상을 시대의 맥락에 따라 재해석한 것을 주자학, 도학, 성리학이라고 불렀습니다. 주희(朱熹)도 젊었을 때는 선불교를 좋아했어요. 과거를 볼 때도 선불교 이론에 따라 답안지를 작성했죠. 합격은 했지만 높은 등수는 아니었어요.[8] 조선에서도 비슷한 일이 있었습니다. 이이(李珥)는 10대 후반에 어머니가 돌아가시자 슬픔에 빠져 세상을 버리고 잠시 스님이 된 적이 있습니다. 물론 이 때문에 두고두고 비난을 받기는 했지만, 사회 활동을 못할 정도는 아니었죠.[9] 동아시아에서는 유교든 불교든 도교든 다른 종교로 바꾸는 것이 별 문제가 되지 않았을 뿐만 아니라 각각의 사상을 섭렵하는 것이 문화적인 현상이었습니다.

개종은 이전의 나와 완전히 결별하고 새로운 나와 만나는 근원적인 사건입니다. 하지만 동아시아에서는 유교와 불교, 도교를 골고루 알면 사람과 세상에 대해 더 많은 것을 알 수 있고, 더 풍부한 지성을 갖춘 사람이 된다고 생각했습니다. 그래서 유자들도 《노자》나 《장자》뿐만 아니라 불교 서적을 읽는 것을 거부하지 않았죠. 이처럼 동아시아의 삼교는 서로 넘나드는 것이 특징이었습니다.

왜 그럴까요? 유교든 도교든 불교든 하나만 믿으면 충분하지, 왜 줏대도 없이 세 가지를 다 섭렵하려고 할까요? 먼저 유교와 도교, 불교가 각각 어디에 초점을 맞추고 있느냐를 살펴보는 게 중요합니다. 유교는 사람에게 강한 자기 절제를 요구합니다. 뭔가 하고 싶은 생각이 있고 욕망이 들더라도 그게 해야 될 일인지 안 해야 될 일인지 살펴야 합니다. 예를 들어 요즘 사람들은 집에 돌아오면 편한 옷으로 갈아입습니다. 그런데 《예기(禮記)》와 공자의 말에 따르면 집에 들어가서도 단정한 옷을 입고 꼿꼿하게 앉아 있어야 해요. 한번 흐트러지면 계속 흐트러질 수 있으니, 언제 어디서든 바른 자세를 하라는 겁니다. 이처럼 유교는 엄격한 자기 절제를 요구하면서 욕망에 굴복되지 않는 공적인 존재가 되라고 합니다. 이런 유교는 개인의 행복과 불행에 대해서는 대답하지 못합니다. 그런 건 사욕이라는 거예요. 그러면 질문을 더 이어갈 수 없죠.

도교는 건강이나 재산, 과거 합격 등 인간의 세속적인 욕망을 비난하는 시각으로 바라보지 않습니다. 실제로 도관에 찾아가면 건강이나 재물, 과거 합격과 관련되는 존재를 신격화해놓았어요. 그래서 사람들은 각자가 바라는 신전에 가서 향을 피워놓고 절을 하며 소원을 빌어요. 도교는 인간의 세속적인 궁금증이나 욕망에 대해 비교적 관대하게 응답해주는 편입니다. 그리고 불교는 사후 세계에 대해서 다른 교의보다 잘 설명해주는 장점을 가지고 있죠. 우리는 종종 죽음 이후의 세계를 두려워하는데, 유교와 도교에서는 그에 대해 적극적으로 설명하지 않으니까 불교를 통해 해답을 찾으려는 겁니다. 평소에는 종교를 가지고 있지 않다가 임종 순간에 종교에 귀의하는 분들도 있잖아요.

이처럼 유교와 도교, 불교는 각각 초점을 맞추고 있는 것이 다르기 때문에 사람들은 한 가지만 믿으면 해결되기 어렵다고 생각하는 거예요. 그러니까 자신이 처한 상황에 따라서 삼교를 아무런 모순 없이, 갈등 없이 한꺼번에 수용하고 넘나드는 현상이 일어나는 것이죠. 젊어서 관직에 있을 때는 유자가 되어 이상의 실현을 꿈꾸다가, 관직에서 물러나면 도사가 되어 개인의 행복을 추구하고, 또 죽을 때가 되면 불자가 되어 사후의 극락왕생을 바라는 것이죠. 유일신 문화에서는 이런 현상을 부정적으로 바라볼 수 있겠지만, 동아시아는 유일신 문화가 아니기 때문에 부정적인 현상으로 볼 수 없습니다.

도교의 창으로 본 동아시아

이제 중국을 벗어나 동아시아 차원에서 도교가 어떤 자취를 남겼는지 살펴보겠습니다. 불교 사찰에 가면 특이한 건물들을 볼 수 있습니

사진 6 칠성각

다. 사진 6에 보이는 건물은 칠성각(七星閣)입니다. 칠성각은 원래 불교와 아무런 관련이 없어요. 인간의 수명을 관장하는 별의 신에게 기도하는 곳이거든요. 또한 도교에서 의식을 치르는 곳이기도 하죠. 중국과 달리 한국에서는 도교가 커다란 세력을 형성하지 못했습니다. 요즘에는 한국의 민간 신앙이 중국의 도교와 상통하는 측면이 있다고 주장하는 사람도 있습니다. 그 주장에 따르면 한국에서도 도교는 꽤 큰 영향력을 행사했다고 말할 수 있겠죠. 사진에 보이는 것처럼 불교 사찰인데도 불교와 전혀 상관이 없는 칠성각이 있잖아요. 이처럼 도교 또는 민간 신앙의 요소가 불교 사찰에 동거를 하면서 자기의 영향력과 흔적을

사진 7 산신각

남기고 있습니다.

　사진 7 속의 건물은 산신각(山神閣)입니다. 산의 신, 자연의 신을 모시는 건물이죠. 불교의 사찰은 부처님을 모시는 곳이지, 자연물의 신을 모시는 곳이 아니잖아요. 그런데 산신은 불교와 아무런 상관이 없는데도 한국의 사찰 속에 남아 있습니다.

　중국에서 도교는 도관이라는 장소가 따로 있습니다. 그런데 우리나라 민간 신앙의 의례는 중국과 다른 점이 있습니다. 특정한 건물이 아니라 영험하다고 소문난 장소에서 의례를 행합니다. 바위나 나무 등 영험하기만 하면 어디든 상관하지 않습니다. 그 장소는 유동적이기도 하죠. 이곳이 영험하다고 소문이 나면 이곳에서 기도를 드리다가, 더 영험한 곳이 있다고 하면 그곳으로 옮겨갑니다. 이것이 우리의 민간 신앙이 중국의 도교와 다른 점입니다. 우리는 불교의 사찰이 중국의 도관이 하는 역할을 흡수했습니다. 물론 새마을운동이 일어났을 때나 조선시대에는 민간 신앙의 의례를 진행하는 공간을 미신이라고 하여 대대적으로 철거하기도 했습니다. 일종의 종교 탄압이라고 할 수 있지만 사회적 호응을 받지 못하고 많이 사라졌습니다.

중국 베이징에 있는 바이윈관(白雲觀)을 찾으면, 노자의 탄생과 관련되는 위황뎬(玉皇殿)이 있습니다. 혹시 베이징을 방문할 기회가 있으면 꼭 한번 찾아가 보세요. '白雲觀'은 '흰 白' 자에 '구름 雲' 자를 씁니다. 흰 구름이라는 뜻이죠. 이곳은 도교를 믿는 사람들이 의례를 치르는 도관으로, 중국 도교의 본산이기도 합니다. 그런데 이곳에는 재물신을 모시는 사당, 자식을 낳게 해달라고 비는 사당, 혼인과 관련된 사당, 건강과 관련된 사당 등 부속 건물들이 따로따로 있습니다. 그곳에 가면 자신이 빌고자 하는 소원을 신격화해놓은 존재가 있습니다. 그곳에서 향을 태우며 무릎을 꿇고 기도하는 거예요. 자신에게 좋은 일이 일어나기를 바라거나 나쁜 일이 물러나기를 바라는 의례 행위를 하는 거죠.

건물 앞에는 향을 피워놓는 곳이 있습니다. 연애라든가 결혼, 건강, 취업 등은 사람들이 많은 관심을 가지는 일이죠. 그런 일을 이루어달라고 기도하려면 아주 크고 굵은 향을 살라야 해요. 그래야 기도가 오랫동안 지속되고, 신에게 그 마음이 닿게 됩니다. 조그마한 향은 신에게 기원이 도달하기 전에 꺼져버릴 수 있습니다. 사람들은 노자의 사원인

사진 8 바이윈관의 수성노인성군

위황덴에 가서 자신의 세속적인 욕망이 이루어지기를 바라며 향불을
피워놓는 거예요. 중국에서 도교는 아직도 살아 있는 종교이자 문화이
자 사상이라고 말할 수 있습니다.

　사진 8은 바이윈관에 있는 수성노인성군(壽星老人聖君)입니다. 이것
은 무엇과 관련되어 있을까요? 장수와 관련되는 것이죠. 오래 살게 해
달라고 비는 대상이에요. 그런데 한 번만 빌면 될까요? 기회가 있을 때
마다 수성노인성군에게 찾아가서 명줄이 길게 이어지게 해달라고 빌
어야죠. 바이윈관에 가면 중국에서 도교가 살아 있다는 것을 확인할 수

있어요. 중국이 유교의 나라만이 아니라 도교의 나라이기도 하다는 것을 느낄 수 있죠.

마지막으로 이야기를 정리해보겠습니다. 우리가 중국을 제대로 이해하려면 '유교의 창'으로만 들여다볼 것이 아니라 '도교의 창', '불교의 창'으로도 들여다보아야 합니다. 그래야만 중국의 사상과 종교와 문화가 전체적인 모습을 드러냅니다. 유교의 특성만 생각한다면 도관에 가서 비는 행위를 이해할 수 없겠죠. 공자의 고향인 취푸나 맹자의 고향인 쩌우청에 가면 공자나 맹자의 사당이 있습니다. 그 사당에도 큰 향로가 있고, 향불을 피우며 기도하는 사람들이 많습니다. 그 사람들이 공자나 맹자의 학문을 숭모해서 기도하고 있을까요? 아마 자신의 세속적인 욕망을 이루어달라고 빌고 있을 거예요. 유교조차도 인간의 세속적인 질문에 응답하는 방식으로 활용되고 있는 거죠. 그러니 중국 문화를 오직 유교의 측면에서 이해하는 것은 제대로 된 방식이 아닙니다. 도교나 불교의 측면에서도 살펴봐야 하죠.

도교는 중국의 과거와 현재에 커다란 영향을 끼쳤습니다. 특히 일반 대중에게는 노자와 장자가 신적인 존재로 받아들여졌죠. 그렇다고 유일신 문화에서 말하는 신처럼 세상을 창조하거나 심판하는 존재가 아니라 사람들의 어려움을 들어주고 보호하는 정도의 역할을 하는 존재였습니다. 동아시아에서 유교와 불교, 도교는 서로 경쟁하면서도 한편으로는 연대하는 측면이 있었습니다. 그럼으로써 동아시아의 문화가 풍성해지고 다양한 특징을 가져서 세계의 다른 문화권과 구별되는 정체성을 이루는 데 중요한 요소가 되었습니다.

　강의를 마치기 전에 한마디를 더 보태고자 합니다. '도교' 하면 중국의 종교 문화라고 생각하지만, 이런 생각에서 좀 너그러울 필요가 있습니다. 도교를 중국적인 것이라고 설명하는 사람도 있고, 동아시아 공통적인 것이라고 설명하는 사람도 있습니다. 도교나 일본의 대표적인 종교인 신도(神道)도 그렇고, 동아시아 종교의 공통점 가운데 하나는 인간의 세속적인 욕망을 그다지 부정적으로 보지 않는다는 것입니다. 우리 민간 신앙에서도 남근석에 가서 자식을 낳게 해달라고 기도하는 걸 보고 저급하다고 생각하지 않잖아요.

　이런 흐름을 묶은 것이 도교라고 말할 수 있을 거예요. 도교가 중국의 사상이나 종교에 한정되는 것이 아니라 동아시아의 공통된 문화 현상이었던 거죠. 오늘날에도 대구 팔공산에 올라가서 자식이 대학 입학 시험을 잘 보도록 기도하고, 절에 가서 오래 살게 해달라고 기도하지 않습니까? 앞날이 궁금해서 점을 보는 사람도 있죠. 이런 것들이 모두 도교 문화의 현상이라고 할 수 있습니다. 다만 이 모든 걸 묶어서 도교로 생각하는 사람이 드물다 보니 도교가 우리에게 미치는 영향이 없다고 생각할 뿐이죠.

주

1) '이면적 사유' 하면 자칫 음모나 술수를 떠올 수 있다. 이면적 사유는 자신의 이익을 위해 다른 사람을 해치는 책략을 꾸미는 음모와 다르다. 이면적 사유는 사태와 현상의 원인을 찾고 대안을 모색할 때 근거와 확실성을 추구하면서 긍정보다 부정의 측면을 강조한다. 달리 말해서 '부(否)의 사유'라고 할 수 있는데, 이는 부정을 위한 부정을 말하거나 상대를 곤란에 빠뜨리기 위해 허점을 찾는 사유와는 다르다.

2) 《춘추(春秋)》는 140여 개의 나라가 차례로 망해가는 사실을 기록하고 있고, 《전국책(戰國策)》은 전국시대의 일곱 나라가 사활을 걸고 생존 투쟁을 벌이는 사실을 기록하고 있다. 한국어 번역은 신동준 옮김, 《춘추좌전》, 한길사, 2006; 임동석 옮김, 《역주 전국책》, 전통문화연구회, 2002 참조.

3) 근래에 진나라의 통일을 군사적 승리가 아니라 문화 충돌로 보는 흥미로운 관점이 제기되고 있다. 서부의 진나라는 농경 중심의 대륙 문화를, 동부의 제나라는 어업과 상공업을 장려하는 해양 문화를 대표한다. 고대 그리스의 도시국가에 비유하면 진나라는 스파르타, 제나라는 아테네 문화를 반영한다. 장웨이, 《제나라는 어디로 사라졌을까—춘추오패의 우두머리 제나라의 번영과 몰락》, 이유진 옮김, 글항아리, 2011.

4) 《맹자성적도》와 관련해서 신정근, 《맹자여행기—절망의 시대, 사람의 길을 묻다!》, h2, 2016, 310~321쪽 참조.

5) 《노자》 번역은 출간을 준비 중인 번역 자료에 따른다. 지금으로서는 최진석, 《노자의 목소리로 듣는 도덕경》, 소나무, 2001; 최재목 옮김, 《노자》, 을유문화사, 2006; 김학목 옮김, 《노자 도덕경과 왕필의 주》, 홍익출판사, 2012 등을 참조하면 좋겠다.

2강 │ 隱, 혼란스러운 세상을 떠나다

1) 사마천,《사기 5 열전 상》, 정범진 외 옮김, 까치, 1995: 1997 4판, 21~30쪽 참조.

2) 《사기》〈노자한비열전〉 "老子者, …… 姓李氏, 名耳, 字聃."

3) 《사기정의》 "張君相云: 老子者, 是號, 非名."

4) 《사기정의》 "張君相云: …… 老者, 考也. 子, 孶也. 考教衆理, 達成聖孶, 乃孶生萬物, 善化濟物無遺也."

5) 《사기》〈노자한비열전〉 "老子者, 楚苦縣厲鄕曲仁里人也."

6) 지명 런던의 어원은 '호수의 도시'를 뜻하는 켈트어 린딘(Llyn Din)에 뿌리를 두고 있다. '호수'는 오늘날 런던을 흐르는 당시의 템스강 하류를 가리킨다. 43년 로마의 클라우디우스 황제가 런던을 침공하여 2세기에 성벽이 구축되었다. 그 일부는 현재도 도시에 남아 있고 몇 곳의 성문은 지명으로서 자취를 남기고 있다.(《두산백과사전》참조) 서소문동, 동소문동, 혜화동, 서대문구, 동대문구 등 우리나라 한양 도성이 지명으로 남아 있는 경우와 비슷하다.

7) 《사기정의》 "《神仙傳》云: …… 周時人, 李母八十一年而生.《玄妙內篇》云: 李母懷胎八十一載, 逍遙李樹下, 迺割左腋而生." 이 문헌은 모두 장수절의 《사기정의》에 수록되어 있다.

8) 장자는 자신의 책에 노자와 공자를 즐겨 등장시켜서 자신이 하고자 하는 말을 대변하게 하거나 비판당하는 인물로 그리고 있다. 장자는 공자로 하여금 예컨대 장길산의 구월산처럼 당시 정부의 통제를 받지 않고 대규모 마을 공동체를 형성한 로적(盜跖)을 찾아가서 인의예지를 설교하다가 혼쭐이 난 이야기를 만들기도 했다.

9) 피휘와 관련해서 리중성(李中生),《언어의 금기로 읽는 중국문화》, 임채우 옮김, 동과서, 1999 참조.

10) 출토 문헌과 관련해서 임형석,《중국 간독시대, 물질과 사상이 만나다》, 책세상, 2002 참조.

3강 │ 有無, 경쟁과 갈등으로 내모는 시대

1) 묵자의 겸애와 별애에 대해 신정근,《노자와 묵자, 자유를 찾고 평화를 넓히다―무유(無有)의 세계를 대표하는 두 거장의 이야기》, 성균관대학교출판부, 2015 참조.

2) 상앙의 사상 소개와 원문은 장현근,《상군서》, 살림, 2005 참조.

3) 이항 대립 또는 이항 대립의 사고가 모두 폭력성으로 이어지지는 않는다. 페르디낭 드 소쉬르는 언어가 외부 대상의 지시 관계가 아니라 단어 사이에 존재하는 차이를 통해 의미를 생성한다고 본다. 예컨대 '아버지'는 '어머니'와의 차이에서 의미를 갖는 것이다. 이러한 특성은 언어만이 아니라 인류 문화의 발생을 설명하는 논법으로 사용되기도 한다. 반면 노자는 이항이 고정된 특성을 가지지 않고 상대적 차이만을 가질 뿐인데 이항을 대립 구도로 보려는 관점 자체를 비판하고 있다.

4) 《논어》의 분류와 번역은 신정근, 《공자씨의 유쾌한 논어》, 사계절, 2009 참조.

4강 | 道, 차갑지만 불편하지 않은 관계맺음

1) 《공자성적도》와 관련해서 김기주·황지원·이기훈 엮음, 《공자 성적도—고판화로 보는 공자의 일생》, 예문서원, 2003 ; 성균관대학교박물관 엮음, 《공자성적도—그림으로 보는 공자의 일생》, 성균관대학교 박물관 제25회 기획전, 2009 ; 강원기, 《《성적도》와 공자 우상화의 상관성》, 성균관대학교 석사학위논문, 2005 ; 신민규, 〈조선시대 공자도상 연구〉, 명지대학교 미술사학 석사학위논문, 2016 참조.

2) 니산은 높이가 해발 340여 미터이고, 산 중턱까지는 나무가 자라지만 중턱에서 정상까지는 온통 바위로 되어 있다. 니산에는 공자와 그 부모님을 기리는 사당, 공자 어머니가 기도하고 산을 내려오다 산기를 느껴 공자를 낳았다는 부자동(父子洞), 흘러간 시냇물을 보고 세상의 변화를 말한 관천정(觀川亭) 등이 있다. 흥미로운 일은 우리나라에도 니구산이 있다는 점이다. 니구산은 경남 산청군 단성면 남사리 마을의 주산 이름이다. 조선시대에 유교가 성행하자 사대부들은 자기 고향, 지방관의 부임지, 그리고 유배지 등의 지명을 유교 관련 이름 또는 한자어로 고치곤 했다. 《대동지지》(단성)에 "니구산(尼邱山)은 서쪽 5리에 있다."고 기록되어 있고, 《조선지도》(단성)와 《해동지도》(단성)에도 니구산이 표기되어 있다.

3) 《맹자》〈공손추〉 상 7 "夫仁, 天之尊爵也, 人之安宅也." 《맹자》〈고자〉 상 16 "有天爵者, 有人爵者. 仁義忠信, 樂善不倦, 此天爵也. 公·卿·大夫, 此人爵也."

4) 원천시의 등장과 의미에 대해 신정근, 《신정근 교수의 동양고전이 뭐길래?》, 동아시아, 2012 참조.

5) 맹자와 그 어머니의 관계에 대해 신정근, 《맹자여행기—절망의 시대, 사람의 길을 묻다!》,

h2, 2016, 166~177쪽 참조.

6) 이사의 정책과 그 배경에 대해 이연승,《이사》, 물레, 2008 참조.

7) 《노자》36장 "柔弱勝剛强."이 밖에도《노자》43장 "天下之至柔, 馳騁天下之至堅"《노자》 76장 "堅强者死之徒, 柔弱者生之徒" 등에 비슷한 사고가 나타나고 있다.《노자》52장 "守柔曰强"에 이르면 '强'이 '柔'를 떠나서 존재할 수 없는 관계로 재배치된다.

5강 | 無爲, 전쟁의 시대를 넘기 위한 해결책

1) 이야기의 출처는《삼국지(三國志) 촉서(蜀書)》〈제갈량전(諸葛亮傳)〉이다. 소설《삼국지연의》 에도 금을 연주하며 적을 쫓아냈다는 탄금주적(彈琴走敵)의 이야기가 나온다. 이중톈(易中天)은《품삼국(品三國)》에서 공성계의 역사적 실재를 부정했다. 당시 사마의는 형주 도독으로 완성(宛城)에 있었으므로 양평(陽平)에 있을 수 없기 때문이다. 이 이야기는 제갈량의 열렬한 팬이었던 곽충(郭沖)이 제갈량의 업적을 더 돋보이게 하느라 쓴 글에 나오는데, 훗날 배송지(裵松之)가《삼국지》의 주석에 인용하면서 사실처럼 되어버렸다고 한다. 이와 관련해서 이중톈,《삼국지 강의 2》, 홍순도 옮김, 김영사, 2007 참조.

2) 춘추전국시대 전쟁의 통계와 관련해서 자세한 논의는 신정근,《사람다움의 발견—仁사상의 역사와 문화》, 이학사, 2005 참조.

3) 춘추전국시대의 전쟁과 관련해서 신정근,《사람다움의 발견—仁사상의 역사와 문화》, 이학사, 2005 참조.

4) '양공지인'의 고사성어는 옛 시대의 가치를 지키는 막내이자 새 시대의 가치를 모르는 어리석은 자의 두 가지 모습을 절묘하게 포착하고 있다. 우리는 보통 이 고사성어를 후자의 측면에서만 바라보는데, 그러면 절반만 이해하는 셈이다. 함께할 수는 없다고 하더라도 옛 시대의 가치를 지키는 마지막 한 사람도 위대하다고 할 수는 없지만 대단하다고 할 수 있다.

5) 묵자의 전쟁관과 관련해서 신정근,《노자와 묵자, 자유를 찾고 평화를 넓히다—무유의 세계를 대표하는 두 거장의 이야기》, 성균관대학교출판부, 2015 참조.

6) 이 말은 흔히 '勝敗兵家之常事(승패병가지상사)'로 쓰인다. 출처는《신당서(新唐書)》〈배도전(裵度傳)〉"帝曰: 一勝一負, 兵家常勢."에 있다. 제는 당 제국의 헌종을 가리킨다.

7) 양왕은《맹자》제일 앞에 나오는 양혜왕의 아들이다. 전국시대 위나라의 네 번째 군주이고, 재

위 기간은 기원전 318~296년이다. 내용을 보면 그 아버지에 그 아들이라는 느낌이 든다.

8) 《노자》 57장 "天下多忌諱, 而民彌貧. 民多利器, 國家滋昏. 人多伎巧, 奇物滋起. 法令滋彰, 盜賊多有. 故聖人云: 我無爲而民自化, 我好靜而民自正, 我無事而民自富, 我無欲而民自樸."

6강 | 自然, 스스로 변화하는 힘

1) 난득호도의 글은 아래쪽의 작은 글씨와 짝을 이루어 널리 회자된다. "放一着, 退一步, 當下心安, 非圖後來福報也(방일저, 퇴일보, 당하심안, 비도후래복보야)"(집착을 내려놓고 한 걸음 물러나서 마음을 놓아버리면 편안하다. 뒤에 복을 받고자 도모하여 그런 게 아니다.) 정판교의 작품 세계를 깊이 알려면 정섭,《정판교집》, 양귀숙 옮김, 소명출판, 2017 참조.

2) 이 구절이 바로 조선 후기 정약용이 자신의 호를 여유당(與猶堂)으로 지은 출처이다. 정조 사후 사방에서 자신을 공격하는 위세에 버티기 위해 '여유'의 지혜를 살리고자 했던 것이다.

7강 | 政, 소국과민이 가져다주는 자유

1) 《맹자》〈진심〉 상 21 "廣土衆民, 君子欲之, 所樂不存焉."

2) 《장자》〈마제〉 "及至伯樂, 曰: 我善治馬. 燒之剔之, 刻之雒之, 連之以羈馽, 編之以皁棧, 馬之死者十二三矣. 飢之渴之, 馳之驟之, 整之齊之, 前有橛飾之患, 而後有鞭筴之威, 而馬之死者, 已過半矣."

3) 도연명은 노자의 사상을 문학적으로 승화시켰는데, 문집을 보면 도연명의 문학 세계를 더 깊이 들여다볼 수 있다. 도연명,《도연명전집》, 이치수 옮김, 문학과지성사, 2005 참조.

8강 | 聖人, 같은 개념에 부여한 새로운 의미

1) 《장자》〈제물론(齊物論)〉 "彼是莫得其偶, 謂之道樞. 樞始得其環中, 以應無窮. 是亦一無窮, 非亦一無窮也."

2) 《노자》10장 "專氣致柔, 能嬰兒乎?" 《노자》28장 "爲天下谿, 常德不離, 復歸於嬰兒."

3) 이와 관련해서 장리원(張立文), 《도》, 권호 옮김, 동문선, 1995 참조.

4) 동아시아의 운명관과 관련해서 이택용, 《중국 고대의 운명론─삶의 우연성에 대한 대응》, 문사철, 2014; 성균관대학교 동양철학·문화연구소 2017년 춘계학술대회 〈인간의 자유와 운명〉(2017. 2. 17.); 성균관대학교 유교문화연구소와 동양철학·문화연구소 2017년 하계학술대회 〈인간의 운명과 자유의지〉(2017. 6. 2.) 자료집 참조.

5) 《논어》〈위령공〉5(400) "無爲而治者其舜也與? 夫何爲哉? 恭己正南面而已矣."

6) 유가와 도가 중 어느 사상이 과학 발전에 기여했는가라는 오랜 질문이 있다. 사실 특정 학파만 과학 발전에 기여했다고 할 수 없다. 두 학파 이외에 묵가와 법가도 과학적 사고를 통해 과학 발전에 기여했다고 볼 수 있다. 이와 관련해서 김영식, 《유가전통과 과학》, 예문서원, 2013; 김영식, 《동아시아 과학의 차이─서양 과학, 동양 과학 그리고 한국 과학》, 사이언스북스, 2013 참조.

9강 | 道家, 노자를 계승한 사람들

1) 이와 관련해서 신정근, 《동중서: 중화주의의 개막》, 태학사, 2004 참조.

2) 공자의 인생과 관련해서 신정근, 《공자의 인생 강의─논어, 인간의 길을 묻다》, 휴머니스트, 2016 참조.

3) 《장자》〈천운(天運)〉과 〈전자방(田子方)〉에서 공자는 노자를 만나서 인의(仁義)를 두고 논의를 펼치고 있다. 〈천하(天下)〉에서 노자 사상의 요지를 설명하고 있다. "關尹老聃聞其風而悅之. 建之以常无有, 主之以太一, 以濡弱謙下爲表, 以空虛不毁萬物爲實." 〈천운〉에서 《노자》28장을 인용하기도 한다. "知其雄, 守其雌, 爲天下谿. 知其白, 守其辱, 爲天下谷."

4) 《장자》〈선성(繕性)〉 "喪己於物, 失性於俗者, 謂之倒置之民."

5) 왕필의 원전을 직접 확인하려면 왕필, 《왕필의 노자주》, 임채우 옮김, 한길사, 2005; 왕필, 《주역 왕필 주》, 임채우 옮김, 길, 2006 참조.

6) 陳炎 主編, 《中國審美文化簡史》, 高等教育出版社, 2007, 119~140쪽 참조. 이 책은 동아시아예술미학총서 제6권으로 국내에 소개되었다. 천옌 외, 《동아시아 미의 문화사》, 신정근 외 옮김, 성균관대학교출판부, 2017 참조.

7) 《손자》〈세(勢)〉"孫子曰: 凡治衆如治寡, 分數是也; 鬪衆如鬪寡, 形名是也."《주역》〈계사전〉 하에도 비슷한 사고가 나타난다. "天下之動, 貞夫一者也."

8) 도와 무의 철학사적 의의에 대해 신정근, 《철학사의 근원—동아시아적 사유의 전개와 그 터닝 포인트》, 글항아리, 2012 참조.

10강 | 三敎, 《노자》와 동아시아 문명

1) 노자와 황로학의 관련에 대해 이석명, 《노자와 황로학》, 소와당, 2010 참조.

2) 《사기》〈유림열전(儒林列傳)〉 "竇太后好《老子》書, 召轅固生問《老子》書. 固曰: 此是家人言耳. 太后怒曰: 安得司空城旦書乎? 乃使固入圈刺豕."

3) 동중서의 사상사적 의의와 관련해서 신정근, 《동중서: 중화주의의 개막》, 태학사, 2004 참조.

4) 이와 관련해서 에릭 쥐르허, 《불교의 중국 정복—중국에서 불교의 수용과 변용》, 최연식 옮김, 씨아이알, 2010 참조.

5) 당 제국 시절 도교의 세력 확장과 관련해서 머우중지엔(牟鐘鑒), 《중국 도교사—신선을 꿈꾼 사람들의 이야기》, 이봉호 옮김, 예문서원, 2015 참조.

6) 도교는 인간의 세속적 욕망과 관련해서 기존의 종교에서 모시는 신을 가리지 않고 포섭하는 일종의 만신전(萬神殿)의 특성을 갖는다. 도교에서는 노자와 장자를 비롯하여 질병은 화타(華陀), 과거 시험은 공자와 주자를 신격화하고 있다. 따라서 도교의 신들을 보면 당시 사람들이 어떤 세속적 욕망을 중시했는가를 알 수 있다. 도교의 신과 관련해서 진기환, 《중국의 토속신과 그 신화》, 지영사, 1996; 마노 다카야, 《도교의 신들》, 이만옥 옮김, 들녘, 2001; 구보 노리타다, 《도교의 신과 신선 이야기》, 이정환 옮김, 뿌리와이파리, 2004 참조.

7) 삼교합일은 동아시아 사상에서 중요한 현상인데도 학파의 대립 때문에 주목을 받지 못하고 있다. 삼교합일의 관점에서 동아시아 사상사를 기술한다면 기존의 사상사와 다른 논의가 가능해질 것이다.

8) 미우라 쿠니오, 《인간 주자》, 김영식·이승연 옮김, 창작과비평사, 1996 참조.

9) 한영우, 《율곡 이이 평전—조선 중기 최고의 경세가이자 위대한 스승》, 민음사, 2013 참조.

참고문헌

• 원전

《공자성적도(孔子聖迹圖)》

《노자(老子)》

《논어(論語)》

《맹자(孟子)》

《맹자성적도(孟子聖迹圖)》

《사기(史記)》

《사기정의(史記正義)》

《삼국지(三國志) 촉서(蜀書)》

《상군서(商君書)》

《서경(書經)》

《손자(孫子)》

《순자(荀子)》

《시경(詩經)》

《신당서(新唐書)》

《장자(莊子)》

《주역(周易)》

• 원전 번역서

공자, 《공자씨의 유쾌한 논어》, 신정근 옮김, 사계절, 2009.

김기주·황지원·이기훈 엮음, 《공자 성적도—고판화로 보는 공자의 일생》, 예문서원, 2003.

노자, 《노자 도덕경과 왕필의 주》, 김학목 옮김, 홍익출판사, 2012.

노자, 《노자》, 최재목 옮김, 을유문화사, 2006.

도연명, 《도연명 전집》, 이치수 옮김, 문학과지성사, 2005.

사마천, 《사기》, 정범진 외 옮김, 까치, 1997.

성균관대학교박물관 엮음, 《공자성적도―그림으로 보는 공자의 일생》, 성균관대학교 박물관 제
    25회 기획전, 2009.

왕필, 《왕필의 노자주》, 임채우 옮김, 한길사, 2005.

왕필, 《주역 왕필주》, 임채우 옮김, 길, 2006.

임동석, 《역주 전국책》, 전통문화연구회, 2002.

정섭 지음, 《정판교집》, 양귀숙 옮김, 소명출판, 2017.

좌구명, 《춘추좌전》, 신동준 옮김, 한길사, 2006.

최진석, 《노자의 목소리로 듣는 도덕경》, 소나무, 2001.

• 연구자료

강원기, 《〈성적도〉와 공자 우상화의 상관성〉, 성균관대학교 석사학위논문, 2005.

구보 노리타다(窪德忠), 《도교의 신과 신선 이야기》, 이정환 옮김, 뿌리와이파리, 2004.

김영식, 《동아시아 과학의 차이―서양 과학, 동양 과학 그리고 한국 과학》, 사이언스북스, 2013.

김영식, 《유가전통과 과학》, 예문서원, 2013.

리중성(李中生), 《언어의 금기로 읽는 중국문화》, 임채우 옮김, 동과서, 1999.

마노 다카야(眞野隆也), 《도교의 신들》, 이만옥 옮김, 들녘, 2001.

머우중지엔(牟鐘鑒), 《중국 도교사―신선을 꿈꾼 사람들의 이야기》, 이봉호 옮김, 예문서원,
    2015.

미우라 쿠니오(三浦國雄), 《인간 주자》, 김영식 · 이승연 옮김, 창작과비평사, 1996.

성균관대학교 동양철학 · 문화연구소 2017년 춘계학술대회 〈인간의 자유와 운명〉(2017. 2. 17)
    자료집.

성균관대학교 동양철학 · 문화연구소/유교문화연구소 2017년 하계학술대회 〈인간의 운명과 자
    유의지〉(2017. 6. 2) 자료집.

신민규, 〈조선시대 공자도상 연구〉, 명지대학교 미술사학 석사학위논문, 2016.

신정근,《공자의 인생 강의—논어, 인간의 길을 묻다》, 휴머니스트, 2016.

신정근,《노자와 묵자, 자유를 찾고 평화를 넓히다—무유(無有)의 세계를 대표하는 두 거장의 이야기》, 성균관대학교출판부, 2015.

신정근,《동중서: 중화주의의 개막》, 태학사, 2004.

신정근,《맹자여행기—절망의 시대, 사람의 길을 묻다!》, h2, 2016.

신정근,《사람다움의 발견—仁 사상의 역사와 문화》, 이학사, 2005.

신정근,《신정근 교수의 동양고전이 뭐길래?》, 동아시아, 2012.

신정근,《철학사의 근원—동아시아적 사유의 전개와 그 터닝 포인트》, 글항아리, 2012.

에릭 쥐르허(Erik Zurcher),《불교의 중국 정복—중국에서 불교의 수용과 변용》, 최연식 옮김, 씨아이알, 2010.

이석명,《노자와 황로학》, 소와당, 2010.

이연승,《이사》, 물레, 2008.

이중톈(易中天),《삼국지 강의 2》, 홍순도 옮김, 김영사, 2007.

이택용,《중국 고대의 운명론—삶의 우연성에 대한 대응》, 문사철, 2014.

임형석,《중국 간독시대, 물질과 사상이 만나다》, 책세상, 2002.

장리원(張立文),《도》, 권호 옮김, 동문선, 1995.

장웨이(張煒),《제나라는 어디로 사라졌을까—춘추오패의 우두머리 제나라의 번영과 몰락》, 이유진 옮김, 글항아리, 2011.

장현근,《상군서》, 살림, 2005.

진기환,《중국의 토속신과 그 신화》, 지영사, 1996.

陳炎 主編,《中國審美文化簡史》, 高等教育出版社, 2007.

한영우,《율곡 이이 평전—조선 중기 최고의 경세가이자 위대한 스승》, 민음사, 2013.

노자의 인생 강의

지은이 | 신정근

1판 1쇄 발행일 2017년 11월 27일

발행인 | 김학원
편집주간 | 김민기 황서현
기획 | 문성환 박상경 임은선 김보희 최윤영 전두현 최인영 이보람 김진주 정민애 임재희 이효온
디자인 | 김태형 유주현 구현석 박인규 한예슬
마케팅 | 이한주 김창규 김한밀 윤민영 김규빈 송희진
저자·독자서비스 | 조다영 윤경희 이현주(humanist@humanistbooks.com)
스캔·출력 | 이희수 com.
조판 | 홍영사
용지 | 화인페이퍼
인쇄 | 청아문화사
제본 | 정민문화사

발행처 | (주)휴머니스트 출판그룹
출판등록 | 제313-2007-000007호(2007년 1월 5일)
주소 | (03991) 서울시 마포구 동교로23길 76(연남동)
전화 | 02-335-4422 팩스 | 02-334-3427
홈페이지 | www.humanistbooks.com

ⓒ 신정근, 2017

ISBN 979-11-6080-092-0 03150

• 이 도서의 국립중앙도서관 출판예정도서목록(CIP)은 서지정보유통지원시스템 홈페이지(http://seoji.nl.go.
  kr)와 국가자료공동목록시스템(http://www.nl.go.kr/kolisnet)에서 이용하실 수 있습니다.(CIP제어번호:
  CIP2017028042)

만든 사람들
편집주간 | 황서현
기획 | 전두현(jdh2001@humanistbooks.com) 박상경 이효온
디자인 | 유주현